Europa und Globalisierung

Reihenherausgeber:
Gudrun Biffl, Thomas Pfeffer

AF204026

Gudrun Biffl, Thomas Pfeffer
(Hrsg.)

Europa auf der Suche nach Zusammenhalt und Sicherheit

Ausgewählte Beiträge zum
Globalisierungsforum 2016-17

EDITION
DONAU-UNIVERSITÄT
KREMS

Bibliographische Information der Deutschen Nationalbibliothek: Die Deutsche Nationalbibliothek verzeichnet diese Publikation in der Deutschen Nationalbibliografie; detaillierte bibliografische Daten sind im Internet über http://dnb.d-nb.de abrufbar.

Die in der Publikation geäußerten Ansichten liegen in der Verantwortung der Autor/inn/en und geben nicht notwendigerweise die Meinung der Donau-Universität Krems wieder.

Verlag: Edition Donau-Universität Krems
Herstellung: tredition GmbH, Hamburg
ISBN Taschenbuch: 978-3-903150-36-2
ISBN e-Book: 978-3-903150-37-9

Kontakt:
Department für Migration und Globalisierung
Donau-Universität Krems
www.donau-uni.ac.at/mig
migration@donau-uni.ac.at

Coverfoto: www.fotalia.de
Satz: Thomas Pfeffer
Umschlaggestaltung: Michael Zehndorfer, Marion Lanser

Zitiervorschlag: Biffl, Gudrun, Pfeffer, Thomas (Hrsg.) (2018) Europa auf der Suche nach Zusammenhalt und Sicherheit. Ausgewählte Beiträge zum Globalisierungsforum 2016-17. Reihe Europa und Globalisierung. Krems (Edition Donau-Universität Krems).

Inhaltsverzeichnis

Vorwort

Dieses Buch ist das zweite der Publikationsreihe „Europa und Globalisierung" in der Edition Donau-Universität Krems. Es gibt Einblick in aktuelle Themen der Europäischen Union und Österreichs, die im Rahmen des Globalisierungsforums des Departments Migration und Globalisierung der Donau-Universität Krems in den Jahren 2016 und 2017 im Haus der Europäischen Union diskutiert wurden. Das Globalisierungsforum wird vom Department Migration und Globalisierung in Kooperation mit dem Haus der Europäischen Union organisiert. Im Fokus steht ein Diskurs zwischen Wissenschaft, Politik und der Zivilgesellschaft.

Beim Globalisierungsforum handelt es sich um ein Instrument des Dialogs, in dem Expertinnen und Experten aus verschiedenen Disziplinen Einblicke in europäische Herausforderungen und Problemfelder geben. Es steht ganz im Zeichen der Kooperation der Donau-Universität Krems mit dem Österreichischen Institut für Internationale Politik (oiip) und der Mitarbeit von Herrn Mag. Dr. Karas, Ehrenprofessor der Donau-Universität Krems und erfahrenes Mitglied des Europaparlaments.

Das Globalisierungsforum fand in den Jahren 2016 und 2017 dreimal statt. Am 13. Juni 2016 stand das Thema Sicherheit in Europa auf dem Programm, am 25. November 2016 Europa und die Entwicklungszusammenarbeit und am 19. Juni 2017 waren es die Europäischen Struktur- und Investitionsfonds.

Die vorliegende Publikation bringt einen Auszug aus den Themenfeldern und Inhalten. Damit wollen wir einen Beitrag zur europäischen politischen Bildung leisten. Das vorrangige Ziel ist, die Zivilbevölkerung zu einer verstärkten Teilhabe an demokratischen Prozessen zu motivieren. Dies geschieht dadurch, dass komplexe Zusammenhänge und Herausforderungen der EU und ihrer Mitgliedsstaaten auf eine klare und verständliche Weise präsentiert und zur Diskussion gestellt werden. Wir wollen damit eine informierte Diskussion anregen und Perspektiven und mögliche Weichenstellungen für eine Weiterentwicklung der europäischen Demokratie aufzeigen.

Gudrun Biffl,
Krems, März 2018

Einleitung

Der vorliegende zweite Band der Reihe „Europa und Globalisierung" geht in zwei Abschnitten den unterschiedlichen Dimensionen der Rolle Europas in einer Welt, die von großen Umbrüchen geprägt ist, nach. Thematisiert werden im ersten Abschnitt Fragen zur Sicherheitspolitik Europas und zur Rolle der Migrationen. Im zweiten Abschnitt werden Fragen zum Europäischen Zusammenhalt aufgeworfen und zur globalen Governance am Beispiel der Entwicklungszusammenarbeit.

Dem Sicherheitsaspekt wird im ersten Abschnitt aus mehreren Perspektiven Augenmerk geschenkt. Am Beginn steht der Beitrag von Othmar Karas. Er verweist auf Krisenherde innerhalb und außerhalb Europas, auf Klimawandel und Ressourcenknappheit, die Migrations- und Flüchtlingsströme zur Folge haben, sowie auf neue Sicherheitsfragen wie zum Beispiel Cyber-Bedrohungen, die nach einer gemeinsamen Außen-, Sicherheits- und Verteidigungsunion rufen. Er meint, dass heute kein Staat mehr die derzeitigen Sicherheitsfragen allein in Angriff nehmen könne. Erschwerend sei, dass sich Europa auf die bisher bestehende Außen-, Sicherheits- und Verteidigungspolitik der Vereinigten Staaten von Amerika im Rahmen des Nordatlantischen Verteidigungsbündnisses (NATO) nicht mehr verlassen könne. Karas macht weiters darauf aufmerksam, dass Österreich schon jetzt in hohem Maße an Auslandseinsätzen der Vereinten Nationen, der NATO und der EU beteiligt sei, und zwar mit 1.058 Soldaten in 17 Missionen bei militärischen und zivilen Einsätzen. Bekannt sei meist, dass Österreich in Bosnien und Herzegowina mit 312 Soldaten mehr als die Hälfte des gesamten Personals stelle. Weniger bekannt sei hingegen, dass Österreich an militärischen Mittelmeer-Einsetzen zur Bekämpfung des Schlepperwesens und zur Rettung von Flüchtlingen beteiligt ist.

Zur Rolle des Militärs in der Gemeinsamen Sicherheits- und Verteidigungspolitik der EU bringt Wolfgang Wosolsobe seine langjährige Erfahrung an der Spitze des EU-Militärstabes ein. Er hat das breitere Sicherheitsumfeld der EU im Visier und damit die Rolle der NATO, der Vereinten Nationen und der Organisation für Zusammenarbeit und Sicherheit (OSZE). Er weist auf Möglichkeiten und Grenzen von Operationen und Missionen im Rahmen des politischen Systems und der Entscheidungsmechanismen der EU hin und, damit verbunden, auf die Entwicklungsaussichten in den kommenden Jahren.

Eine weitere Dimension der Sicherheitsdebatte bringt die Terrorismus- und Radikalisierungsforscherin Daniela Pisoiu ins Spiel. Sie weist darauf hin, dass Terrorismus und Radikalisierung zu den größten Bedrohungen für europäische Gesellschaften zählen. Dabei handelt es sich zum Teil um europäische, hausgemachte Radikalisierung. Auch in Österreich gibt es, Verfassungsschutzberichten zufolge, eine lebendige dschihadistische Szene. Erklärungen für individuelle Radikalisierungsprozesse variieren. Trotz der Versuchung, auf einfache kausale Zusammenhänge zurückzugreifen, spricht sie einer Differenzierung das Wort, wobei sie allerdings in der Anziehungskraft von Subkulturen und dem Einsatz sozialer Medien gewisse Promotoren von Terror und Radikalisierung sieht.

Im Anschluss daran gibt Biffl einen Überblick in das zunehmend komplexe Forschungs- und Spannungsfeld von Migrationen und Sicherheit. Sie weist darauf hin, dass eine ‚Versicherheitlichung' der Migrationspolitik Gefahr läuft, wirtschaftliche Entwicklungsprozesse zu behindern und Menschenrechtsverletzungen in Kauf zu nehmen. Das Zusammenwirken von Sicherheitspolitik und Migrationspolitik sei komplex und bedürfe eines konstruktiven öffentlichen Diskurses, der zwischen grenzüberschreitender Kriminalität und legaler Migration unterscheidet. Zur Sicherung des gesellschaftlichen Zusammenhalts empfähle es sich, Integrationsmassnahmen zu setzen, zum Wohle der Stammbevölkerung und der Migranten/innen. Wenn man das nicht mache, liefe unsere Gesellschaft Gefahr, im Namen der Sicherheit Errungenschaften demokratischer Gesellschaften zu opfern. Die Folge sei eine Dominanz der Exekutive gegenüber der Politik.

Den Abschluss zum Sicherheitskapitel macht Wolfgang Bogensberger mit seinem Beitrag zum Strafrecht und der EU. Er weist darauf hin, dass das Verhältnis zwischen dem mitgliedstaatlichen Strafrecht und dem Rechtssystem der Union eine Wandlung durchgemacht hat. Während das Strafrecht in den ersten 36 Jahren seit dem Bestehen der (Vorläufer der) Europäischen Union keine Rolle in der gemeinsamen Politik gespielt hat - handelt es sich doch hier um einen Kernbereich der mitgliedstaatlichen Souveränität -, jedoch wurde es in den letzten beiden Jahrzehnten zunehmend in einen Integrationsprozess eingebunden. Die europäische Integration des nationalstaatlichen Strafrechts reiche von der Verbesserung und Vereinfachung der strafrechtlichen Zusammenarbeit zwischen justiziellen Behörden der Mitgliedstaaten (im Wege der gegenseitigen Anerkennung von strafgerichtlichen Entscheidungen), über die Rechtsannäherung im materiellen Strafrecht (Schaffung gemeinsamer Zugänge für zahlreiche Straftaten) sowie im Strafverfahrensrecht (Schaffung von Mindestrechten für Opfer wie für Beschuldigte) bis hin zur Gründung von europäischen Einrichtungen mit strafrechtlichem Kooperations- und Koordinationsauftrag (Europäisches Justizielles Netz, Eurojust). Mit dem Aufbau einer Europäischen Staatsanwaltschaft in den kommenden Jahren werde zudem eine qualitativ neue Ära für das „europäisierte Strafrecht" eingeleitet.

Der zweite Abschnitt beginnt mit einem Beitrag von Peter Mayerhofer und mit der Frage, ob - und wenn ja - wozu die Europäische Union die Kohäsionspolitik brauche. Er gibt auch gleich eine Antwort darauf, dass nämlich die erheblichen makroökonomischen Ungleichgewichte innerhalb der EU Instrumente der Kohäsionspolitik zur Stärkung des Zusammenhalts notwendig machten. Das sei nicht zuletzt im Zuge der Finanzmarkt- und Wirtschaftskrise offenkundig geworden. Die wirtschaftspolitische Debatte in dem Zusammenhang habe aber auch zu Reformen in der Architektur und der Funktionslogik der Kohäsionspolitik geführt. Wichtig sei aber vor allem, dass den Menschen in den EU-Mitgliedstaaten gesagt werde, worum es dabei gehe, welche Ziele damit verfolgt würden und welche Ergebnisse erzielt würden unter dem Motto: „Tue Gutes und rede darüber".

Im Anschluss daran geht Gudrun Biffl auf einen der wichtigsten und den ältesten Fördertopf der EU, den Europäischen Sozialfonds (ESF), ein. Er feierte 2017 sein 60-jähriges Bestehen. Die Förderungen aus dem ESF dienten der Sicherung der Beschäftigungsfähigkeit der Arbeitskräfte und der Bekämpfung von Diskriminierung, Armut und Ausgrenzung. Aus den Mitteln des ESF würden regionale und lokale Projekte kofinanziert mit dem Ziel der Anhebung der Beschäftigungsquote, der Verbesserung der Qualität der Arbeitsplätze und der Integration marginalisierter Personengruppen, viele davon Migranten/innen. Die innereuropäische Migration und die Förderungen aus dem ESF seien wesentliche Instrumente der Verringerung der Ungleichgewichte innerhalb der Europäischen Union, gemessen an der Arbeitslosenquote, dem kaufkraftbereinigten Bruttoinlandsprodukt pro Kopf und der Produktivität. Sie hätten aber nicht verhindern können, dass die Finanz- und Eurokrise Südeuropa und Irland in eine schwierige wirtschaftliche und gesellschaftliche Situation gebracht hat.

Kurt Bayer stellt die geopolitischen Herausforderungen in der Europäischen Entwicklungszusammenarbeit (EZA) ins Zentrum seiner Ausführungen. Er verweist darauf, dass die Dominanz Europas in einer „multipolaren Welt" stetig abnähme; es würden vermehrt bilaterale Abkommen und vielfältige Allianzen gebildet. Durch diese vielen „Parallelwelten" werde die Versorgung mit den globalen öffentlichen Gütern immer schwieriger. Zwar gäbe es auch positive Zeichen, beispielsweise im Bereich des Klimaschutzes, doch: „The proof of the pudding is in the eating, d.h. liegt in der Implementierung", so Bayer, und da bräuchte es Institutionen, die für eine Implementierung sorgen.

Cengiz Günay wiederum verweist auf die Kluft zwischen dem Anspruch europäischer Entwicklungszusammenarbeit und ihrer Realität. In einem Forschungsprojekt zur Europäischen Nachbarschaftspolitik wurde am Beispiel Tunesiens deutlich, dass weniger der Aufbau der Zivilgesellschaft als vielmehr die für Europa wichtigen Wirtschaftszweige und –sektoren im Zentrum der Zusammenarbeit stehen. Profiteure dieser Strategie seien vor allem große Firmen, die meist mit Europa oder den jeweiligen nationalen Machthabern verbunden sind, tendenzielle Verlierer seien hingegen die kleinen und mittleren Betriebe sowie der informelle Produktionsbereich, der für viele die Überlebensgrundlage darstellt.

Zum Abschluss präsentiert Vedran Dzihic die neue Erweiterungsstrategie der EU. Im Jahr 2018 soll es nämlich zu einer intensiveren Hinwendung der EU zum Westbalkan kommen. Dabei stellt sich die Frage, ob die in der letzten Zeit zunehmend autoritär regierenden politischen Eliten in vielen Staaten des Westbalkans bereit und willens seien, den von der EU geforderten Weg der demokratischen und rechtsstaatlichen Reformen konsequent zu verfolgen. In der Region gäbe es nämlich vermehrte Anzeichen für eine neue geopolitische Front, in der sich Russland, die Türkei, die USA, aber auch Staaten wie China um Einfluss bemühten, was die Position der EU schwäche.

Gudrun Biffl,
Krems, April 2018

EUROPA: SICHERHEIT UND MIGRATIONEN

Warum die Europäische Union in der Sicherheit und Verteidigung intern stärker zusammenwachsen muss, um langfristig global bestehen zu können.

Othmar Karas

Zusammenfassung

In einer sich stetig verändernden Welt mit konstant neuen Herausforderungen und globalen Veränderungen muss die Europäische Union bestrebt sein, eine wirkliche gemeinsame Außen-, Sicherheits- und Verteidigungspolitik (GASP/GSVP) zu schaffen. Die Grundlage dafür bietet der Vertrag von Lissabon, der auch neutralen Staaten erlaubt, in vollem Umfang an der Entwicklung einer Sicherheits- und Verteidigungsunion teilnehmen zu können. Die Schaffung eines wettbewerbsfähigen europäischen Verteidigungsmarktes ist eine Chance zur langfristigen Verwirklichung dieser Ziele. Dabei darf die EU keine Konkurrenz zur NATO werden, sondern muss enger mit ihr kooperieren.

Einleitung

Globalisierung, demografischer Wandel, Migrationsströme, instabile Krisenlandschaften wie in der Ukraine oder Syrien, Terrorismus und neue Formen der Kriegsführung durch Hybrid- und Cyberbedrohungen sind hoch komplexe Herausforderungen unserer Zeit, die auch die Europäische Union (EU) auf eine neue Probe stellen. Mittlerweile stellt sich die Frage, ob Nationalstaaten die heutigen Herausforderungen alleine bewältigen können, aufgrund der zunehmend verschwimmenden Grenzen der äußeren und inneren Sicherheit, nicht mehr. Russland zeigt bis heute in der Ukrainekrise, dass es bereit ist, seine Interessen in anderen Staaten gegen das Völkerrecht und auch mit militärischen Mitteln durchzusetzen. Kein Staat kann die derzeitigen Sicherheitsfragen alleine in Angriff nehmen. Deshalb wird es immer dringlicher, dass die EU mehr Eigenverantwortung für die Sicherheit auf unserem Kontinent und darüber hinaus übernimmt. Während die NATO seit Jahrzehnten als Europas Schutzpatron betrachtet wurde und in weiten Teilen heute noch wird, verlangen die globalen Verschiebungen im Einklang mit den politischen Entwicklungen eine stärkere gemeinsame Sicherheits- und Verteidigungspolitik der EU. Die jüngsten politischen Treffen der führenden Weltmächte beim G20-Gipfel im Juli 2017, sowie dem G7- und NATO-Gipfel im Mai 2017 haben zudem deutlich gemacht, dass sich Europa auf die bisher bestehende Außen-, Sicherheits- und Verteidigungspolitik der Vereinigten Staaten von Amerika (USA) unter dem derzeitigen

US-Präsidenten nicht verlassen kann. Schon im Wahlkampf hatte Donald Trump mehr Geld von Europa für die militärische Verteidigung gefordert. Spätestens nach seinen Auftritten in Hamburg, Sizilien und Brüssel ist klar, dass Europa sich noch viel mehr auf die eigenen Beine stellen muss. Der US-Präsident verfolgt seit seinem Amtsantritt einen beispiellosen Zickzackkurs und leistet sich dabei grobe Schnitzer, die die globale Sicherheitsarchitektur potentiell gefährden könnten. Man denke nur an die unbedarfte Weitergabe von israelischen Geheimdienstinformationen an Russland. Die USA jedoch nur auf Präsident Trump zu reduzieren, wäre ein schwerer Fehler. Die USA sind und bleiben ein essentieller strategischer und geopolitischer Partner Europas. Die EU muss deshalb Wege finden, zuverlässige Kommunikationskanäle zur US-Administration zu etablieren. Klar ist aber auch, dass Europa mehr Verantwortung übernehmen muss, um die Globalisierung zu formen und nicht von ihr geformt zu werden.

Aus diesem Grund muss auch die Gemeinsame Sicherheits- und Verteidigungspolitk (GSVP) als integraler und substanzieller Bestandteil der Gemeinsamen Außen- und Sicherheitspolitik (GASP) vorangetrieben werden. Nicht um als Bedrohung aufzutreten oder aktiv Krieg zu führen, sondern um die Werte der EU – die Achtung der Menschenwürde und Menschenrechte, Freiheit, Demokratie, Gleichheit, Rechtsstaatlichkeit – zu schützen. Dafür muss die EU zum Sprecher des Kontinents in der Welt und zugleich Stabilisator in der globalen Sicherheitsarchitektur werden. In diesem Zusammenhang ist auch Österreich gefordert, sich wie bisher aktiv zu engagieren und seinen Beitrag zu leisten.

Unter den EU-Bürgern herrscht große Unterstützung, diesen Weg gemeinsam zu gehen. Laut einer Eurobarometer-Umfrage vom Herbst 2017 befürworten gut zwei Drittel aller EU-Bürger „eine gemeinsame Verteidigungs- und Sicherheitspolitik der EU-Mitgliedstaaten" (Europäische Kommission 2016a: S. 5). Laut einer Umfrage des Pew Research Center sind 74% der Befragten aus zehn ausgewählten Mitgliedstaaten der Meinung, dass die EU eine aktivere Rolle in der Weltpolitik spielen sollte (vgl. Pew Research Center 2016: S. 4).

Wenn die EU eine ernsthafte Verteidigungspolitik betreiben will, müssen in diesem Bereich endlich alle EU-Staaten miteinander und nicht mehr nebeneinander forschen, beschaffen, investieren und handeln. Das 2017 veröffentliche Reflexionspapier über die Zukunft der europäischen Verteidigung legt drei Szenarien für die Entwicklung der Sicherheit- und Verteidigungsunion vor: Zusammenarbeit, geteilte Verantwortung, gemeinsame Verteidigung und Sicherheit (vgl. Europäische Kommission 2017: S. 4).

Es liegt an den Mitgliedstaaten, sich auf eines dieser Szenarien zu einigen (Anthony et al. 2015). Ein viel stärkeres und einheitliches Auftreten der EU in der globalen Außenpolitik und langfristig eine Sicherheits- und Verteidigungsunion ist jedoch essentiell, um zum Anker der Stabilität zu werden. Die EU muss sich auf ihre eigenen Stärken besinnen und nationale Egoismen zurückstellen.

Von Verträgen und Rollenverteilung

Bereits im Jahr 1950 in der Vorbereitung zur der Gründung der Europäischen Gemeinschaft für Kohle und Stahl (EGKS) entwickelte der französische Premierminister René Pleven einen Plan für die Europäische Verteidigungsgemeinschaft (EVG). Dieser sogenannte Pleven-Plan beinhaltete das Konzept einer EU-Armee sowie die Idee zur Ernennung eines europäischen Verteidigungsministers (vgl. Brunn 2002: S. 344-347).

Obwohl alle sechs Gründungsmitglieder der EGKS den Vertrag unterschrieben, scheiterte die Ratifizierung letztendlich im Jahre 1954 an einer fehlenden Mehrheit in der französischen Nationalversammlung. In Anbetracht der Entstehung der EGKS aus den sicherheitspolitischen Konsequenzen des zweiten Weltkriegs verdeutlicht der Pleven-Plan bereits die frühen Ambitionen der erweiterten Integration im Bereich der Sicherheit und Verteidigung. Es sollte aber noch rund 40 Jahre dauern bis durch die Verträge von Maastricht (1993) und Amsterdam (1999) die rechtlichen Grundlagen zur Gründung der GASP sowie der GSVP geschaffen wurden und dadurch der Weg für die heutige Sicherheits- und Verteidigungspolitik durch den Vertrag von Lissabon geebnet wurde.

Schon bald nach der vertraglichen Verankerung der GASP und GSVP fand 1998 in der nordwestfranzösischen Hafenstadt Saint-Malo ein Treffen zwischen dem damaligen Präsidenten Jacques Chirac und seinem britischen Gegenpart Premierminister Tony Blair statt. Dabei wurde die „Erklärung zur Europäischen Verteidigung" unterzeichnet (vgl. CVCE 2015). Ziel der Erklärung war der Ausbau der gemeinsamen Sicherheits- und Verteidigungspolitik bei gleichzeitiger Sicherstellung des autonomen Handelns der EU-Mitgliedsstaaten, um Europa in diesem Bereich als Global Player auf dem internationalen Parkett zu etablieren. Die Erklärung beinhaltete, dass Entscheidungen auf intergouvernementaler Ebene, im Europäischen Rat beziehungsweise im Allgemeinen Rat, unter Einbeziehung der Verteidigungsminister getroffen werden sollten. Die Europäische Kommission sowie das Europäische Parlament sollten zur Wahrung der nationalen Hoheitsrechte in den entscheidenden Fragen der Verteidigung keine Mitbestimmungsrechte erhalten. Bis heute hat sich dieses Konzept in Bezug auf Entscheidungsprozesse in der Sicherheits- und Verteidigungspolitik durchgesetzt. Mit Unterzeichnung der Erklärung positionierte Premierminister Tony Blair das Vereinigte Königreich als einen Vorreiter einer zukünftigen gemeinsamen EU-Verteidigungspolitik, hatte das Vereinigte Königreich sich doch bis zu diesem Zeitpunkt ausnahmslos am Verteidigungsbündnis NATO orientiert.

Durch die Terroranschläge vom 11. September 2001 und den Beginn des Irakkrieges mit Unterstützung des Vereinigten Königreichs richtete sich die britische Verteidigungsdoktrin wiederum völlig an der Bündnispartnerschaft NATO aus. Diese Politik hat sich im Laufe des letzten Jahrzehnts weiter fortgesetzt und sich durch den praktisch durchgehenden Gebrauch des Vetorechts des Vereinigten Königreichs in sicherheits- und verteidigungspolitischen Entscheidungen im Rat noch mehr verdeutlicht. Somit bleibt vom bedauerlichen Brexit zumindest in der Verteidigungspolitik ein realpolitischer Hoffnungsschimmer. Der Ausstieg des Vereinigten Königreichs aus der EU muss als eine Chance verstanden werden, um die vertiefte Integration der GASP sowie der GSVP voranzutreiben.

Auch einigten sich Deutschland, Frankreich, Belgien und Luxemburg ohne das Vereinigte Königreich bereits 2003 im Rahmen des sogenannten „Pralinengipfels" in Tervuren (Belgien) auf das Konzept einer Europäischen Sicherheits- und Verteidigungsunion (ESVU) (Link 2007: S. 139). Dieses war zuvor von den ehemaligen Außenministern Frankreichs und Deutschlands, Dominique de Villepin und Joschka Fischer vorgeschlagen worden. Manche der damaligen Forderungen und Vorschläge, wie die Beistandserklärung oder die Vertiefung der militärischen Kooperation, wurden umgesetzt oder sind in den Vertrag von Lissabon geflossen, der den heute geltenden primärrechtlichen Rahmen darstellt.

Vertrag von Lissabon

„Die GSVP [...] sichert der Union eine auf zivile und militärische Mittel gestützte Operationsfähigkeit. Auf diese kann die Union bei Missionen außerhalb der Union zur Friedenssicherung, Konfliktverhütung und Stärkung der internationalen Sicherheit [...] zurückgreifen." (Art. 42 Abs. 1 EU-Vertrag)

Bereits mit dem Vertrag von Maastricht (1993) wurde die GASP eingerichtet. Sie umfasst eine rein intergouvernementale Kooperation, sprich die Zusammenarbeit zwischen Mitgliedstaaten. Wichtige Beschlüsse können daher grundsätzlich nur einstimmig von allen Mitgliedstaaten im Europäischen Rat oder im Rat der EU gefasst werden. Die GSVP unterliegt hierbei als integraler Bestandteil der GASP, demselben rechtlichen Rahmen, zeigt jedoch auch einige Besonderheiten auf, welche in Artikel 42 bis 46 (EU-Vertrag) des Vertrags von Lissabon geregelt sind und die rechtlichen Möglichkeiten definieren. Dabei werden Beschlüsse im Bereich der GSVP grundsätzlich einstimmig beschlossen. Anders als für die (übrige) GASP gilt für die GSVP auch nicht die „Passerelle-Klausel" (Art. 48 Abs. 7 EU-Vertrag), durch die der Europäische Rat für Fälle, in denen im Rat im Grunde die Einstimmigkeit vorgesehen ist, Mehrheitsregelungen einführen kann. Dabei liegt hier die größte Schwäche in der Weiterentwicklung der GSVP.

Um die Handlungsfähigkeit zu stärken bzw. zurückzugeben und um den Teufelskreis aus Vertrauensverlust und Blockaden zu durchbrechen, braucht die EU effiziente und transparente Entscheidungsprozesse. Nur so kann die bisherige Selbstlähmung Europas beendet werden. Es darf keine Einstimmigkeit unter allen Mitgliedstaaten mehr notwendig sein. Die nationalen Vetorechte müssen weg, weil sie die EU erpressbar machen, da sie im Grunde undemokratisch sind und Europa daran hindern, die globalen Herausforderungen anzupacken. Bei ausnahmslos allen Entscheidungen der EU müssen die Mitgliedstaaten und das Europäische Parlament gemeinsam entscheiden. Wie in anderen Demokratien wären dies eine Länderkammer und eine Bürgerkammer als die zwei Arme des demokratischen Entscheidungsprozesses. Im Parlament soll das Prinzip der einfachen Mehrheit und unter den Mitgliedstaaten das Prinzip der „doppelten Mehrheit" gelten. Das heißt, eine Mehrheit ist dann eine Mehrheit, wenn sie sowohl die Mehrheit der Mitgliedstaaten als auch gleichzeitig die Mehrheit der EU-Bevölkerung ist. Das wäre demokratisch, transparent und effizient.

Seit Inkrafttreten des Vertrages von Lissabon hat das EP in mehr als 20 Resolutionen eine verstärkte Verteidigungszusammenarbeit gefordert. In zehn Resolutionen hat das EP die Einrichtung eines ständigen operativen Hauptquartiers für militärische Einsätze gefordert, das erste Mal bereits 2009. Der Beschluss (ABl 2017 L 146/133) der Außen- und Verteidigungsminister zur Gründung eines Planungs- und Durchführungsstabs (MPCC), besser bekannt unter gemeinsames EU-Hauptquartier, im März 2017, war somit ein begrüßenswerter aber längst überfälliger Schritt. Denn Missionen im Bereich der GSVP können gemeinsame Abrüstungsmaßnahmen, humanitäre Aufgaben und Rettungseinsätze, militärische Beratung, Aufgaben zur Konfliktverhütung und Friedenserhaltung sowie Kampfeinsätze zur Krisenbewältigung und Friedensschaffung umfassen (Art. 43 EU-Vertrag). Dieser ist ein essentieller Beschluss für die Europäische Union, um verstärkt, gemeinsam und koordinierter die globale Sicherheitsarchitektur mitzugestalten.

Derzeit unterhält die EU 15 GSVP-Operationen und -Missionen, davon sechs militärische[1] und neun zivile Missionen[2] Fünf Militäroperationen und 13 zivile Missionen wurden bisher im Rahmen der GSVP abgeschlossen (vgl. Europäischer Auswärtiger Dienst 2016). Auch sollten die Bestrebungen, eine *Ständige Strukturierte Zusammenarbeit (SSZ)* einzurichten, für einzelne Mitgliedsstaaten, die in bestimmten Bereichen der GSVP intensiver zusammenarbeiten wollen, vorangetrieben werden (Art. 46 EU-Vertrag).

Laut Entschließung des Europäischen Parlaments vom März 2017 gehört zu den Möglichkeiten des Vertrags von Lissabon *„eine gemeinsame Verteidigungspolitik festzulegen, die zu einer gemeinsamen Verteidigung führt, und so ihre Einheit, strategische Autonomie und Integration zu stärken, um Frieden, Sicherheit und Stabilität in der Nachbarschaft Europas und in der Welt zu fördern".* (P8_TA(2017)0092 lit A).

Im Dezember 2017 wurde auf dem EU-Gipfel in Brüssel mit einem rechtlich verbindlichen Ratsbeschluss mit qualifizierter Mehrheit die Gründung einer ständigen strukturierten Zusammenarbeit (Pesco) innerhalb der EU beschlossen. Auch Österreich hat gemeinsam mit 24 weiteren Ländern die Erklärung unterzeichnet

---

[1] EUFOR Althea (Bosnien und Herzegowina, seit 2004); EU NAVFOR ATLANTA (Somalia, seit 2010); EUTM (Somalia, seit 2008); EUTM (Mali, seit 2013); EUTM RCA (Zentralafrikanische Republik, seit 2016); EU NAVFOR MED Sophia (Mittelmeer, seit 2015).

[2] EUBAM Rafah (Palästina, seit 2005); EUPOL COPPS (Palästina, seit 2006); EUMM (Georgien, seit 2008); EULEX (Kosovo, seit 2008); EUCAP SAHEL (Niger, seit 2012); EUCAP Nestor (Somalia, seit 2012); EUBAM (Libyen, seit 2013); EUCAP SAHEL (Mali, seit 2014); EUAM (Ukraine, seit 2014).

(insgesamt 25 mit Österreich). Darin gehen EU-Staaten 20 bindende Verpflichtungen ein. Unter anderem regelmäßig real steigende Verteidigungsbudgets, ver-
pflichtende Teilnahme an mindestens einem Projekt und verstärkte Unterstützung
und Bereitstellung von relevanten Mitteln wie Personal, Material, sowie finanzielle
Unterstützung.

Die Rolle Österreichs im Kontext der Neutralität

Die im Juli 2013 angenommene Österreichische Sicherheitsstrategie stellt treffend
fest: *„Die komplexen Probleme in Sicherheitsfragen können nur mehr durch internationale Kooperation gelöst werden. Damit wird die Rolle von Internationalen
Organisationen [...] und deren Zusammenwirken [...] immer bedeutender. Jene von
Einzelstaaten hingegen nimmt, relativ gesehen, in aller Regel ab"* (Bundeskanzleramt 2013: S. 5).

Österreich wirkt gemäß dem Artikel 23j der B-VG, in Kraft seit 8. November
2010, vorbehaltslos und vollinhaltlich an der GASP/GSVP mit. (Jandl 2014) Das
Neutralitätsgesetz wurde an sich durch den EU-Beitritt nicht geändert. Diese Bestimmung ist anlässlich des EU-Beitritts in die Verfassung aufgenommen und
schließlich an den Vertrag von Lissabon angepasst worden. Sie geht als „spätere
und speziellere Norm" aus dem Neutralitätsgesetz hervor. Einer österreichischen
Mitwirkung an einer gemeinsamen europäischen Verteidigung und europäischen
Armee steht weder die Verfassung noch das Neutralitätsgesetz im Wege.

Allenfalls könnte sich Österreich kraft der sogenannten „irischen Klausel",
Rücksichtnahme auf den „besonderen Charakter der Sicherheits- und Verteidigungspolitik bestimmter Mitgliedstaaten", nach Art. 42 Abs. 2 EU-Vertrag, davon
ausnehmen. Gemäß diesem Artikel berührt die GSVP nicht den „besonderen Charakter der Sicherheits- und Verteidigungspolitik bestimmter Mitgliedstaaten". Dies
spielt sowohl auf die „Neutralität" von Österreich, Schweden und Irland als auch
auf die NATO-Mitgliedschaft der 22 von 28 Mitgliedsstaaten an.

Die Neutralität ist somit durch Artikel 23j B-VG „eingeschränkt" und nicht mehr
auf die GASP/GSVP anwendbar. Dies gilt ebenso für die Verpflichtung zu gegensei-
tigem Beistand bei bewaffneten Angriffen: „Beistandsklausel" des Vertrages von Lissabon (Art. 42 Abs. 7 EU-Vertrag). Präsident Francois Hollande aktivierte erstmals
diese Klausel nach den schweren Terroranschlägen in Paris 2015. Auch Österreich
sagte seine umfassende Unterstützung zu.

Der österreichische Verfassungsjurist Walter Berka dazu: *„Die Beteiligung an
der gemeinsamen Verteidigungspolitik der EU, [...] das sind friedenserhaltende und
friedenschaffende Maßnahmen zur Krisenbewältigung und die damit verbundenen
Kampfeinsätze, sind nach Maßgabe der in Artikel 23j B-VG enthaltenen verfahrensrechtlichen Regelungen zulässig"* (Berka 2010: Randziffer 214).

Das zeigt, dass die Neutralität Österreichs eine immer geringere Rolle spielt. Sie
ist de facto ein sicherheitspolitisches Konstrukt des 19. Jahrhunderts und keine si-
cherheits- und verteidigungspolitische Antwort des 21. Jahrhunderts. Es wäre eine

Illusion zu glauben, sich von den internationalen Trends abkoppeln und gleichzeitig ein ernst zu nehmender und angesehener Akteur bleiben zu können.

Herrschende Ansicht ist, dass das Neutralitätsgesetz nicht zu den verfassungsrechtlichen Baugesetzen Österreichs gehört. Dadurch wäre es ohne eine zwingende Volksabstimmung durch ein einfaches Bundesverfassungsgesetz abänderbar und aufhebbar (Berka 2010: Randziffer 211).

Es liegt im Interesse Österreichs, als gestaltendes Mitglied der EU und als aktiver Partner der NATO relevant und angesehen zu bleiben. Wir dürfen gegenüber unseren außenpolitischen Konkurrenten nicht ins Hintertreffen geraten. Österreich muss sein Engagement in der GASP/GSVP und in der NATO-Partnerschaft verstärken. Das gilt auch für die Mitwirkung in der OSZE, im Europarat und bei den Vereinten Nationen. Derartige Beteiligungen sind kein Selbstzweck, sondern ein wesentlicher Solidarbeitrag Österreichs zur Bewältigung von Krisen, zur Stärkung von Frieden und Sicherheit in der Welt, damit zur Stärkung der Sicherheit unseres eigenen Landes und nicht zuletzt zur Verbesserung des internationalen Ansehens Österreichs als verantwortungsvoller und verlässlicher außenpolitischer Akteur.

Der Vertag von Lissabon (2009) sieht die Möglichkeit einer gemeinsamen Verteidigung vor. Bedingung hierfür ist ein einstimmiger Beschluss des Europäischen Rates nach Artikel 42 Abs. 2 EU-Vertrag.

Wenn also im Rahmen der GASP/GSVP eine gemeinsame europäische Verteidigung und/oder eine europäische Armee kommen sollten, dann würde einer österreichischen Mitwirkung kraft Artikels 23j B-VG weder die Verfassung im Allgemeinen noch das Neutralitätsgesetz im Besonderen im Wege stehen.

Sollte eine EU-Armee in weiterer Folge nicht mehr nur militärisches Krisenmanagement, sondern auch eine gemeinsame Verteidigung wahrnehmen, könnte eine Teilnahme Österreichs zwar immer noch völlig verfassungskonform, aber völkerrechtlich deliktisch ausgelegt werden, da eine dauernde Neutralität eine Mitgliedschaft in einem Verteidigungsbündnis per definitionem ausschließt. Österreich könnte sich aber jedenfalls nicht auf sein Neutralitätsgesetz berufen, um sich herauszuhalten; es könnte sich allenfalls kraft der sogenannten „irischen Klausel" auf den *„besonderen Charakter der Sicherheits- und Verteidigungspolitik bestimmter Mitgliedsstaaten"* (Art. 42 Abs. 2 EU-Vertrag) unter Berufung auf seine Neutralitätspolitik davon ausnehmen. Diese Entscheidung wäre schlussendlich eine politische Frage.

Die Diskussion einer Europäischen Armee soll hier nicht als Aufforderung zur Formation verstanden werden. Es ist jedoch essentiell, die rechtlichen Grundlagen zu analysieren und ein Verständnis für die bestehende Faktenlage zu schaffen. Eine reale Diskussion um die Schaffung einer Europäischen Armee stellt sich zu diesem Zeitpunkt aus politischer Sicht und aufgrund der Komplexität nicht. Dies wird am Beispiel der EU-Battlegroups verdeutlicht, die bereits seit 2007 als funktionstüchtige Einheiten bestehen, jedoch bis heute keinen Einsatz durchgeführt haben. Aus heutiger Sicht muss der Begriff ‚europäische Armee' vielmehr als Synonym für intensive Kooperation und vertiefte Integration verstanden werden.

Die neue Österreichische Sicherheitsstrategie als auch das noch geltende Regierungsübereinkommen stellen den „Ausbau" der Beteiligung an zivilen, und die „Erhaltung auf hohem Niveau" der Beteiligung an militärischen, Krisenmanagement-Missionen in Aussicht. Um dies effektiv umsetzen zu können, müssen die Mitgliedsstaaten die entsprechenden Entscheidungen treffen, Kompetenzen vergeben und im Besonderen enger kooperieren, Kräfte bündeln und effizienter mit Ressourcen umgehen.

Ein gemeinsamer EU-Verteidigungsmarkt als Chance

„None of us can any longer afford to sustain a healthy and comprehensive DTIB on a national basis. [...] The future health, maybe even survival, of Europe's defence industry requires a European approach, and a European strategy", sagte Javier Solana 2007 (European Defence Agency 2007: S. 1).

Um den Ausbau der Kooperation, Zusammenarbeit und Effizienzsteigerung voranzutreiben, hat Kommissionspräsident Jean-Claude Juncker zu Beginn seiner Amtszeit die GASP und GSVP als eine der zehn Prioritäten identifiziert. Bereits im Jahr 2013 hat die Kommission eine Mitteilung mit dem Titel *„Auf dem Weg zu einem wettbewerbsfähigeren und effizienteren europäischen Verteidigungs- und Sicherheitssektor"* veröffentlicht: Ein neuer Deal für die europäische Verteidigung, die den Weg zur Verbesserung der GSVP durch das langfristige Ziel der Schaffung einer wettbewerbsfähigen technologischen und industriellen Basis der europäischen Verteidigung verfolgt (European Defence Technological and Industrial Base (EDTIB)) (vgl. Europäische Kommission 2013b). Diese Basis soll in der Lage sein, unabhängig von anderen führenden Verteidigungsmärkten außerhalb der EU zu operieren. Des Weiteren soll die interne Zusammenarbeit mehr Kooperation und Vertrauen unter den Mitgliedstaaten schaffen, was langfristig eine Stärkung des gemeinsamen politischen Auftretens nach Außen darstellt. Denn der EU-Binnenmarkt dient seit jeher als Katalysator für politische Entscheidungsprozesse.

Heute erreicht die europäische Rüstungsindustrie einen Jahresumsatz von rund 100 Milliarden Euro, mit 1,4 Millionen Beschäftigten in der Verteidigungsindustrie. Der europäische Verteidigungsmarkt ist stark fragmentiert, da 80% der nationalen Verträge auch auf nationaler Ebene vergeben werden (vgl. Europäische Kommission 2016a). Dadurch entsteht eine Vielzahl an Duplizierungen und Überkapazitäten in der EU. Während die USA einen Typ Kampfpanzer im Dienst seiner Streitkräfte hat, sind es innerhalb der EU 17 unterschiedliche Typen. Gleichzeitig wird ein massiver Rückgang von Verteidigungsforschungsausgaben von 20% in den letzten sechs Jahren innerhalb der EU Mitgliedsstaaten festgestellt (vgl. Europäische Kommission 2017). Aus diesem Grund hat das Europäische Parlament vor kurzem die Bereitstellung von 25 Millionen Euro für die Forschung und Entwicklung im Verteidigungsbereich durch das Instrument der Vorbereitenden Maßnahme zur Verteidigungsforschung im ersten Jahr beschlossen. In den nächsten Jahren sollen insgesamt 75 Millionen Euro zu Verfügung gestellt werden, welche im nächsten mehrjährigen Finanzrahmen der EU durch ein Pilotprojekt in der Höhe von 500 Millionen Euro aufgestockt werden soll (vgl. Europäische Verteidigungsagentur 2018). Dadurch sollen langfristig jährliche Investitionen im der Höhe von 5,5 Milliarden Euro generiert werden. Diese Programme sind Teil des vor kurzem beschlossenen Europäischen Verteidigungsfonds. Ziel ist hierbei die Stärkung des gesamten Verteidigungsmarktes durch paneuropäische Projekte in der Forschung und Entwicklung, die die starke Fragmentierung des Marktes aufheben sollen.

Laut einer Studie des wissenschaftlichen Dienstes des Europäischen Parlaments könnte eine verstärkte Integration der EU-Mitgliedstaaten im Verteidigungsbereich Effizienzgewinne von mindestens 26 Milliarden Euro und bis zu 100 Milliarden Euro pro Jahr bedeuten. (Ballester 2013: S. 8) Die größten Zugewinne wären demnach bei der Forschung und Entwicklung sowie der Beschaffungs-Zusammenarbeit möglich. Allein 500 Millionen Euro könnten durch ein gemeinsames System zur Zertifizierung von Munition eingespart werden, 600 Millionen durch die Nutzung gemeinsamer Infanteriefahrzeuge (Ballester 2013: S. 7).

US-Präsident Trump hat im vergangenen Jahr die Militärausgaben um € 44 Milliarden auf rund € 546 Milliarden gesteigert (vgl. Office of Management and Budget 2017: S. 17). Gleichzeitig geben die EU-Mitgliedstaaten jährlich rund € 227 Milliarden Euro (vgl. Europäische Kommission 2017) für die Verteidigung aus, erreichen damit aber nur 10-15% der Effizienz des amerikanischen Verteidigungssystems (P8_TA(2017)0092 lit C). Dabei finden sich ähnliche Truppenstärken unter den Global Players. Während die USA rund 1,43 Millionen Soldaten beschäftigen, befinden sich in den derzeit noch 28 EU Staaten 1,53 Millionen Soldaten im Dienst (vgl. European Political Strategy Centre 2015: S. 3).

Aufstrebende Player wie Russland mit 771.000 Soldaten und € 64 Milliarden Euro Verteidigungsbudget, und China mit 2,33 Millionen Soldaten und Aufwendungen von € 163 Milliarden haben ihre Verteidigungsausgaben im letzten Jahrzehnt erhöht und ihre militärische Kapazitäten verbessert (vgl. European Political Strategy Centre 2015: S. 3). Gleichzeitig sind, vor allem aufgrund der Wirtschafts- und Finanzkrise, die Verteidigungsausgaben der EU 28 in den letzten zehn Jahren zurückgegangen und erst wieder 2014 um 2,3% angestiegen (vgl. European Defence Agency 2016a: S. 3).

Die Mitgliedstaaten der EU weisen bei der Landesverteidigung ein Budget-, ein Effizienz- und ein Kostenproblem auf. Daher müssen wir die Zusammenarbeit und Interoperabilität zwischen den Heeren in Europa, insbesondere im Planungs- und Beschaffungswesen, vorantreiben.

So muss die Europäische Verteidigungsagentur (EVA) ausgebaut und mit entsprechenden Kompetenzen ausgestattet werden. Auch müssen die Zuständigkeiten zwischen den Mitgliedsstaaten der Kommission und der EVA klar geregelt sein. Denn obwohl nach Artikel 42 Abs. 3 EU-Vertrag *„die Agentur für die Bereiche Entwicklung der Verteidigungsfähigkeiten, Forschung, Beschaffung und Rüstung"* tituliert wird, entspricht dies nicht ihren vollen Kompetenzen. So werden Beschaffungsentscheidungen weiterhin ausschließlich von Mitgliedsstaaten getroffen. Die EVA übernimmt zumeist nur komplettierende Aufgaben. Dabei sollte man weiterdenken: In Zukunft könnten einzelne Länder beim rein nationalen Ankauf von Rüstungsgegenständen auf die EVA zurückgreifen oder ihr das Vergabeverfahren als unabhängige Einrichtung zur Gänze übertragen. So würde Fällen wie dem Eurofighter Skandal vorgebeugt und eine unabhängige Entscheidung im Einklang der Interoperabilität der EU getroffen werden.

Österreich im Globalen Kontext

Tatsächlich ist Österreich viel stärker an Auslandseinsätzen der Vereinten Nationen, der NATO und der EU beteiligt, als vielen bewusst ist. Mit 1.058 Soldaten in 17 Missionen ist Österreich aktiv bei militärischen und zivilen Einsätzen engagiert. In Bosnien und Herzegowina stellen wir mit 312 Soldaten mehr als die Hälfte des gesamten Personals. Bei der militärischen Mittelmeer-Operation „Sophia" retten Österreicher Menschenleben und legen Schleppern das Handwerk. Seit 1995 ist Österreich angesehener NATO-Partner in der Partnerschaft für den Frieden und stellt im Kosovo mit rund 450 Soldaten das größte Kontingent eines Nicht-NATO-Mitglieds und das viert größte Kontingent überhaupt (vgl. Bundesheer 2018). Das Land sollte zu dem stehen, was es tut. Anstatt gegenüber der österreichischen Öffentlichkeit so zu tun, als ob uns die sogenannte Neutralität an der Zusammenarbeit in Europa hindern würde, wäre es besser, Verantwortung zu übernehmen und eine Weiterentwicklung der europäischen Sicherheits- und Verteidigungspolitik aktiv mitzubetreiben. Es ist im Interesse Österreichs als engagiertem, gestaltendem außenpolitischem Player verlässlich und angesehen zu bleiben.

Man darf jedoch nicht Gefahr laufen, das transatlantische Bündnis in Frage zu stellen, sondern muss es sinnvoll ergänzen. In Anbetracht dessen, dass 22 der noch 28 EU-Staaten auch NATO-Mitglieder sind, ist dies auch der einzig sinnvolle Weg, eine gemeinsame europäische Strategie im Interesse aller umzusetzen. Die Weiterentwicklung der GSVP muss daher in vollständiger Kohärenz und Komplementarität mit der NATO stattfinden. Das „Pooling und Sharing" von militärischen Kapazitäten und Schlüsselfähigkeiten zwischen der EU und NATO ist essentiell in diesem Prozess. Seit Unterzeichnung der gemeinsamen Erklärung über den Ausbau der praktischen Zusammenarbeit im August 2016 ist die Zusammenarbeit zwischen der EU und NATO in der Erklärung von Warschau formell in ausgewählten Bereichen beschlossen worden. Auch soll die bereits 2014 von der NATO beschlossene Erhöhung der Verteidigungsausgaben in den nächsten zehn Jahren auf 2% des BIP mitunter diesen Zielsetzungen dienen. 2016 haben nur vier NATO-Mitgliedstaaten, Estland, Griechenland, Polen und Großbritannien, das NATO-Ziel aus 2014 erreicht, 2% des BIP für die Verteidigung auszugeben. Rumänien erfüllt als fünftes Land diese Anforderung erst seit Anfang des Jahres 2017 (vgl. NATO 2017: S. 3).

Der generelle Durchschnitt der Verteidigungsausgaben innerhalb der EU[3] liegt derzeit bei 1,4% des BIP. Österreich wendet derzeit 0.68% seines BIP für Verteidigung auf (vgl. European Defence Agency 2016b: S. 6). Obwohl die genaue Zusammensetzung des oft geforderten und viel diskutierten Prozentsatzes für NATO Mitgliedsstaaten ein Politikum bleibt, steht außer Frage, dass auch die Weiterentwicklung der Europäischen Verteidigungsunion mit Investitionen verbunden sein wird. So kann die von der NATO für seine Bündnispartner veranschlagte Erhöhung der Verteidigungsbudgets einen Spill-Over Effekt auf die Europäische Union erzeugen, der die Entwicklung einer Verteidigungsunion vorantreibt. Auch Österreich muss seinen Beitrag leisten, um die Europäische Sicherheitsstruktur mitzugestalten.

Denn besonders neue Bedrohungen verlangen präventives Engagement. So hat Cyber-Security an Wichtigkeit stark zugenommen. Dies gilt nicht nur für den politischen oder militärischen Bereich sondern stellt ein Gefahrenpotential für die Wirtschaft und Gesellschaft darf. Fast alle Aspekte des täglichen Lebens, der Wirtschaft und unseres Zugangs zu Informationen finden über das Internet statt. Somit steigt die Anzahl an Schützenswertem und demnach das Potential für Cyberangriffe. Weiter ist nicht nur die Privatwirtschaft und Banken, durch online Transaktionen und Zahlungsmethoden, sondern auch der öffentliche Sektor in Gesundheits-, Wasser-, und Stromversorgung potentiell bedroht (vgl. Europäische Kommission 2013a). Nicht zuletzt der Cyberangriff auf den britischen National Health Service (NHS) vergangenes Jahr macht dies deutlich (vgl. UK National Cyber Security Centre 2017).

Auch bedrohen Informations- und Desinformationskampagnen die Sicherheit und öffentliche Ordnung, da sie oft die Grundlage für Leaks sind und so ein Gefahrenpotential aufweisen. Prominenteste Beispiele der jüngsten Zeit sind die Einflussnahmen auf den US-Präsidentschaftswahlkampf 2016, das Brexit-Votum und die Krise in Katalonien.

Schlussfolgerungen

Die Europäische Union und ihre Mitgliedstaaten müssen auch weiterhin mehr tun, um die komplexen, inneren und äußeren Herausforderungen zu bewältigen. Dabei darf nicht wieder auf Initialzündungen von außen gewartet werden, sondern jeder muss selber Motor einer wirklichen gemeinsamen Außen-, Sicherheits-, und Verteidigungsunion sein. Die Unberechenbarkeit der USA, die Situation im Mittleren und Nahen-Osten, der sich fortsetzende Konflikt in der Ost-Ukraine und das unveränderte Verhalten Russlands sowie Hybride und andere neue Bedrohungen, nach innen und außen, machen deutlich, dass Europa seine Sicherheit und Verteidigung stärker selbst in die Hand nehmen muss. Die EU muss schneller, besser und effizi-

---

[3]   Ausgenommen Dänemark, da es sich nicht an der Europäischen Verteidigungsagentur (EVA) beteiligt.

enter werden. Das betrifft nicht nur die Zusammenarbeit zwischen den Mitgliedsstaaten und Institutionen, sondern auch die Zusammenarbeit untereinander und mit
Dritten. Dazu gehört ebenfalls, die Entscheidungsprozesse zu optimieren und den
tatsächlichen Herausforderungen anzupassen. Die Weichen sind gestellt. Es wird
sich aber erst an der Umsetzung heutiger und zukünftiger Projekte zeigen, mit welcher Ernsthaftigkeit die Mitgliedsstaaten ihre Verantwortung für die EU und Europas Rolle in der Welt wahrnehmen.

Literatur

Anthony, Ian, Camille Grand und Patricia Lewis (2015): Towards a new European security strat-
egy? Assessing the impact of changes in the global security environment, Bericht für den Aus-
schuss für Sicherheit und Verteidigung im Europäischen Parlament (Generaldirektion Externe
Politikbereiche der Union), Belgien.
Ballester, Blanca (2013): The Cost of Non-Europe in Common Security and Defence Policy. (Wis-
senschaftlicher Dienst des Europäischen Parlaments), Brüssel.
Berka, Walter (2010): Verfassungsrecht. 3. Edition, Wien: Springer Verlag.
Brunn, Gerhard (2002): Die Europäische Einigung von 1945 bis heute, Stuttgart: Reclam.
Bundesheer (2018): Auslandseinsätze des Bundesheeres, [online] http://www.bundes-
heer.at/ausle/zahlen.shtml [21.03.2018].
Bundeskanzleramt (2013): Österreichische Sicherheitsstrategie. Sicherheit in einer neuen Dekade
– Sicherheit gestalten, [online] http://www.bmi.gv.at/502/files/130717_Sicherheitsstrate-
gie_Kern_A4_WEB_barrierefrei.pdf [21.03.2018].
CVCE (2015): Franco–British St. Malo Declaration (4 December 1998), [online]
https://www.cvce.eu/obj/franco_british_st_malo_declaration_4_december_1998-en-
f3cd16fb-fc37-4d52-936f-c8e9bc80f24f.html [21.03.2018].
Europäischer Auswärtiger Dienst (2016): Military and civilian missions and operations, [online]
https://eeas.europa.eu/topics/military-and-civilian-missions-and-operations/430/military-and-
civilian-missions-and-operations_en [21.03.2018].
Europäische Kommission (2013a): Cybersecurity Strategy of the European Union: An Open, Safe
and Secure Cyberspace, [online] http://eeas.europa.eu/archives/docs/policies/eu-cyber-secu-
rity/cybsec_comm_en.pdf [21.03.2017].
Europäische Kommission (2013b): Pressemitteilung. Auf dem Weg zu einem wettbewerbsfähigeren und effizienteren europäischen Verteidigungs- und Sicherheitssektor, [online] http://eu-
ropa.eu/rapid/press-release_IP-13-734_de.pdf [21.03.2018].
Europäische Kommission (2016a): European Defence Action Plan. Factsheet, [online] http://eu-
ropa.eu/rapid/attachment/IP-16-4088/en/20161130%20Factsheet_EDAP.pdf [21.03.2018].
Europäische Kommission (2016b): Standard-Eurobarometer 86 Herbst 2016. Ansichten der Euro-
päer zu den Prioritäten der Europäischen Union, [online] https://ec.europa.eu/commfron-
toffice/publicopinion/index.cfm/ResultDoc/download/DocumentKy/79403 [21.03.2018].
Europäische Kommission (2017): Reflexionspapier zur Zukunft der europäischen Verteidigung,
[online] https://ec.europa.eu/commission/publications/reflection-paper-future-european-de-
fence_de [21.03.2018].
Europäische Verteidigungsagentur (2018): Preparatory Action for Defence Research, [online]
https://www.eda.europa.eu/what-we-do/activities/activities-search/preparatory-action-for-de-
fence-research [21.03.2018].
European Defence Agency (2007): Press Release. Solana, Verheugen, Svensson at EDA Confer-
ence – Radical change and true European market needed to secure future of European Defence

Industry, [online] https://www.eda.europa.eu/docs/news/070201_-_Press_release.pdf?Status=Master [21.03.2018].

European Defence Agency (2016a): Defence Data 2014, [online] https://www.eda.europa.eu/docs/default-source/documents/eda-defencedata-2014-final [21.03.2018].

European Defence Agency (2016b): National Defence Data 2013-2014 and 2015 (est.) of the 27 EDA Member States, [online] https://www.eda.europa.eu/docs/default-source/documents/eda-national-defence-data-2013-2014-(2015-est)5397973fa4d264cfa776ff000087ef0f.pdf [21.03.2018].

European Political Strategy Centre (2015): Zur Verteidigung Europas. Integrierte Verteidigungsfähigkeiten als Antwort auf Europas strategischen Moment, Strategiepapier im Auftrag der Europäischen Kommission, [online] https://ec.europa.eu/epsc/sites/epsc/files/strategic_note_issue_4_de.pdf [21.03.2018].

Jandl, Gerhard (2014): Anforderungen an das zukünftige österreichische Profil in der europäischen Sicherheitspolitik. In: Strategie und Sicherheit 2014(1), 763-774.Link, Werner (2007): Die Überwindung der Spaltung Europas und die transatlantischen Beziehungen. In: Schmidt, Siegmar, Werner Link, und Reinhard Wolf, (Hrsg.) Handbuch zur deutschen Außenpolitik, Wiesbaden: VS Verlag für Sozialwissenschaften.

NATO (2017): Defence Expenditure of NATO Countries (2010-2017). Pressemitteilung, [online] http://www.nato.int/nato_static_fl2014/assets/pdf/pdf_2017_06/20170629_170629-pr2017-111-en.pdf [21.03.2018].

Office of Management and Budget (2017): Budget of the U.S. Government. A New Foundation For American Greatness, Fiscal Year 2018, [online] https://www.whitehouse.gov/sites/whitehouse.gov/files/omb/budget/fy2018/budget.pdf [21.03.2018].

Pew Research Center (2016): Europeans Face the World Divided, [online] http://assets.pewresearch.org/wp-content/uploads/sites/2/2016/06/14095145/Pew-Research-Center-EPW-Report-FINAL-June-13-2016.pdf [21.03.2018].

UK National Cyber Security Centre (2017): Latest statement on international ransomware cyber attack, [online] https://www.ncsc.gov.uk/news/latest-statement-international-ransomware-cyber-attack-0 [21.03.2018].

Europäische Sicherheit:
Der Beitrag des Militärs
im Rahmen der Europäischen Union

Wolfgang Wosolsobe

Zusammenfassung

Der vorliegende Beitrag ist eine Momentaufnahme (vom Juli 2017) zum Stand der militärischen Dimension der Europäischen Union. Der Schwerpunkt der Betrachtung liegt dabei, der persönlichen Erfahrung des Verfassers entsprechend, in der Darstellung von Operationen und Missionen und ihrer Entwicklungsmöglichkeiten. Diese werden in den Rahmen des politischen Systems und der Entscheidungsmechanismen der EU gestellt, um ihre Funktionsweise, Stärken und Schwächen besser erfassen zu können. Der Beitrag schließt mit den Entwicklungsaussichten für die militärische Komponente der Gemeinsamen Sicherheits- und Verteidigungspolitik, aus der Sicht von Juli 2017.

Vorbemerkung

Im Jahr 2016 hat ein in der breiteren Öffentlichkeit kaum beachtetes Jubiläum stattgefunden. Die Gemeinsame Sicherheits- und Verteidigungspolitik der EU (GSVP, bis 2009 Europäische Sicherheits- und Verteidigungspolitik - ESVP) hat sich ihres 15-jährigen Bestandes erinnert. Das ist ein noch relativ junges Alter für einen derart sensiblen Bereich der Zusammenarbeit und es konnten beträchtliche Fortschritte erzielt werden. Dennoch ist die Verbindung von Europäischer Union und Militär weiterhin keine Selbstverständlichkeit. Die derzeitige Rolle des Militärs im Zusammenhang mit den Aktionen der EU wird nicht mit ausreichender Klarheit kommuniziert und mögliche künftige Rollenzuweisungen bleiben unklar bzw. im Konflikt mit dem Souveränitätsanspruch der Mitgliedsstaaten.

Der vorliegende Text wird daher versuchen, einen Beitrag zur Darstellung der aktuellen Rolle des Militärs im Zusammenhang der EU zu leisten und auf mögliche weitere Entwicklungen hinzuweisen. Der Zeitpunkt für eine solche Darstellung ist günstig gewählt, weil die sicherheitspolitische Diskussion in und über Europa in diesem Jahr deutlich an Dynamik zugenommen hat. Diese Dynamik nährt sich aus einer Kombination von Faktoren, wie der geänderten Politik der USA, den Wahlen in Frankreich und in Deutschland. Die Zunahme von Terrorismus, der erhöhte Migrationsdruck und ein dicht verflochtenes Bild neuer Bedrohungsformen verstärken diese Entwicklungen. Sie machen Antworten dringender, gleichzeitig aber auch komplizierter. Die im Rahmen der EU bereits eingeleiteten Reflexionsprozesse zur Sicherheitspolitik sollen die Handlungsfähigkeit der EU in diesen Bereichen verbessern, in engem Zusammenwirken mit den Mitgliedsstaaten.

Der aktuelle Stand und die Entwicklungsmöglichkeiten der Zukunft sollen hier aus der Perspektive praktischer militärischer Erfahrung dargestellt werden. Diese wird vor allem aus der Funktion des Verfassers als Generaldirektor des EU-Militärstabes der Europäischen Union von 2013 bis 2016 geschöpft.[1]

Dieser Beitrag strebt keine akademische Darstellung der GSVP an. Solche Darstellungen sind zahlreich verfügbar und werden stets an die Entwicklungen angepasst. Ein besonderes Verdienst kommt bei dieser ständigen Bearbeitung dem EUISS (European Union Institute for Security Studies) in Paris zu. Auf dessen Veröffentlichungen darf in diesem Zusammenhang besonders verwiesen werden.

Die erste Zielsetzung ist also eine Darstellung der aktuellen Rolle des Militärs im Zusammenhang mit der Europäischen Union. Diese Rolle steht in engem Zusammenhang mit dem Wirken anderer Akteure des außen- und sicherheitspolitischen Handelns der EU. Die Verfügbarkeit militärischer Mittel hat eine wesentliche und relativ gut beschriebene ergänzende Rolle im Rahmen dieses Handelns. Diese Rolle findet vor allem im Vertrag von Lissabon ihre Grundlage.[2]

Über die Ergänzung des außenpolitischen Handelns hinaus hat die Möglichkeit der EU, militärische Missionen und Operationen durchzuführen, auch politische Funktionen, die sich nicht direkt aus den Verträgen ableiten, aber durchaus die Gestaltung der Verträge motiviert haben können. Es geht dabei um zwei einander ergänzende Zielsetzungen.

Zum einen ist es der Wunsch, dem Handeln der Europäischen Union in ihrem globalen politischen und geostrategischen Umfeld zusätzliches Gewicht zu verleihen, indem die Verfügbarkeit eines militärischen Instrumentes demonstriert wird. Es wird hier, mit wechselnder Intensität und unterschiedlicher Akzeptanz durch die Mitgliedsstaaten angestrebt, die EU von außen als einen Akteur auf der Weltbühne erscheinen zu lassen, der über alle Attribute von Stärke in den internationalen Beziehungen verfügt, eben auch über entsprechende militärische Fähigkeiten.

Zum anderen besteht die Auffassung, dass eine vertiefte militärische Kooperation nach innen auch als Katalysator für die allgemeine politische Vertiefung der EU wirken kann. Hier stellt sich stets die Frage nach Ursache und Wirkung, nämlich ob ein hoher Grad an militärischer Integration am Anfang oder am Ende des politischen Integrationsprozesses zu stehen hat. Die Entwicklung der letzten Jahre hat das Streben nach politischer Integration eher in den Hintergrund rücken lassen.

Dementsprechend werden diese beiden politischen Zielsetzungen kontrovers diskutiert. Beide Aspekte stehen in enger Verbindung mit den aktuellen Ansätzen der Kommission und des Auswärtigen Dienstes, die militärische Leistungsfähigkeit der

---

[1]   Zum umfassenderen Verständnis dieser persönlichen Erfahrung siehe Wosolsobe 2016

[2]   Im Vertrag von Lissabon (Europäische Union 2007) sind es vor allem die Artikel 42-46, welche den Rahmen für die militärischen Aspekte der GSVP (Gemeinsame Sicherheits- und Verteidigungspolitik) bilden.

EU zu stärken. Wesentlich intensivere Kooperation bis hin zu teilweiser Integration steht dabei im Mittelpunkt der Zielsetzungen.

Diese Bestrebungen geben dem Themenkomplex *EU und Militär* auch eine rüstungspolitische Dimension. Diese wird von der Absicht geleitet, die in den Mitgliedsstaaten der EU vorhandenen Rüstungsindustrien stärker zu verknüpfen, die Streitkräfte der Mitgliedsstaaten von Rüstungslieferungen und Spitzentechnologie aus Nicht-EU Staaten unabhängiger zu machen und der eigenen Rüstungsindustrie eine langfristige Überlebensfähigkeit zu sichern. Die generelle politische und die operationelle Dimension europäischer Verteidigungspolitik hängen mit der rüstungspolitischen Seite zusammen. Es wird eine der Herausforderungen der kommenden Monate und Jahre sein, diesen Zusammenhang transparent und plausibel zu gestalten und ihn so weit wie möglich auch zu steuern.

Die militärische Dimension der Europäischen Union umfasst also mehr als die aktuellen Beiträge zur Außen-, Sicherheits- und Verteidigungspolitik. Sie ist breiter als die GSVP, besonders in den Bereichen der Rüstungspolitik. Abgrenzung von der NATO und Zusammenwirken mit dieser sind stete Begleiter jedes Entwicklungsschrittes der militärischen Dimension der EU.

Zivile und militärische Aktionen im Rahmen der GSVP können als Instrumente des Krisenmanagements außerhalb des Staatsgebietes der EU-Mitgliedsstaaten, aber nicht zur Verteidigung des Territoriums dieser Staaten verwendet werden. Der schon in den 1990er Jahren von Frankreich geprägte Begriff *Europe de la défense* (Europa der Verteidigung) lässt diese Kontur allerdings verschwimmen. Die Globalstrategie aus 2016 nutzt diesen Graubereich, indem sie die militärische Leistungsfähigkeit jener Mitgliedsstaaten, die sowohl Vollmitglieder der NATO als auch der EU sind, als im Interesse der EU gelegen darstellt (vgl. EEAS 2016). Hier scheint die ursprünglich vor dem Entstehungszeitpunkt der ESVP (jetzt: GSVP) relevante Idee des europäischen Pfeilers in der NATO durch.

Die zweite Zielsetzung dieses Beitrages ist es deshalb, die Entwicklungsmöglichkeiten der GSVP im etwas weiteren Verständnis der Europäischen Globalstrategie zu skizzieren. Noch stärker als die Wirksamkeit des aktuell verfügbaren militärischen Instrumentes hängen die künftigen Entwicklungen von der nachhaltigen politischen Bereitschaft der Mitgliedsstaaten ab, schrittweise Aufgaben und Verantwortung in den Politikfeldern Außen-, Sicherheits- und Verteidigungspolitik an die Europäische Union abzutreten. Es wird nicht Gegenstand dieser kurzen Betrachtung sein können, die politische Wahrscheinlichkeit zu erörtern, ob und unter welchen Bedingungen ein derartiger Transfer von Souveränität eintreten kann. Es wird viel mehr darum gehen, die militärischen Prioritäten für den Fall einer solchen Entwicklung zu skizzieren.

Das bestehende militärische Instrument

Die folgende Darstellung gibt einen allgemeinen Überblick. Die Schwerpunktbildung ist dabei subjektiv und ergibt sich aus der persönlichen Erfahrung des Verfassers.

Entscheidungsmechanismen

Die hauptsächlichen Instrumente der GSVP sind zivile und militärische Operationen und Missionen. Diese sind Bestandteile der weiter gezogenen Kreise von Außen- und Sicherheitspolitik. Derartige Missionen können nur außerhalb des Staatsgebietes von EU-Mitgliedsstaaten durchgeführt werden und dienen nicht der Verteidigung des Territoriums der Mitgliedsstaaten. Diese Aufgabe ist der NATO – für deren Vertragsgebiet – zugeordnet. Die Instrumente der GSVP kommen hingegen inhaltlich im gesamten Bogen des Krisenmanagements und geographisch überwiegend in den Krisenräumen im Umfeld der Europäischen Union zum Einsatz. Theoretisch können derartige Einsätze weltweit erfolgen, aber das besondere Gewicht auf der Peripherie Europas wurde mehrfach deutlich hervorgehoben, zuletzt in der Europäischen Globalstrategie.

Die Europäische Union verfügt, im Gegensatz zur NATO, über keine eigenen militärischen Strukturen und Einsatzmittel. Alle diese Ressourcen werden im Bedarfsfall durch die Mitgliedsstaaten freiwillig zur Verfügung gestellt. Dieser Umstand und das Konsensprinzip in allen Angelegenheiten der Sicherheits- und Verteidigungspolitik unterstreichen, dass die Staaten diesen Bereich weiterhin sehr deutlich als Domäne nationaler Souveränität betrachten. Das Handeln der EU in diesen Bereichen ist daher intergouvernemental. Daran hat auch der Umstand nichts geändert, dass der Vertrag von Lissabon die Hohe Vertreterin für Außen- und Sicherheitspolitik mit der Vorsitzführung bei den Treffen der Außen- und der Verteidigungsminister beauftragt hat.

Das zentrale Element der intergouvernementalen Entscheidungsvorbereitung und Entscheidungsfindung auf operativer Ebene ist das Politische und Sicherheitskomitee (PSK) in Brüssel. Entscheidungen im Bereich der GSVP werden regelmäßig durch die Räte der Außenminister getroffen, langfristige Richtlinien werden durch die Europäischen Räte (Ebene der Staats- und Regierungschefs) erteilt. Diese Entscheidungsprozesse stellen die Abstimmung und Abwägung mit den in den jeweiligen Situationen zu berücksichtigenden nationalen Interessen sicher und prüfen gleichzeitig die Kohärenz der unterschiedlichen Stränge von Maßnahmen, welche von den Institutionen der Europäischen Union ins Werk gesetzt werden.

Diese Institutionen sind vor allem der Europäische Auswärtige Dienst (EAD) und die Dienste der Europäischen Kommission. Kommission und EAD unterscheiden sich in fundamentaler Weise in ihrer Arbeitsweise und bisherigen Entwicklung. Während der EAD seit seiner Schaffung im Jahre 2009 mit sicherheitspolitischen Fragen befasst war, beginnt die Kommission – trotz ihres wesentlich längeren Bestehens- erst jetzt, diesem Thema größere Beachtung zu schenken. Die für die Kohärenz der Aktion notwendige Klammer zwischen beiden Institutionen wird durch die Hohe Vertreterin sichergestellt, die neben diesen Funktionen und jener als Leiterin des EAD auch Vizepräsidentin der Kommission ist. Das Akronym ihrer vollen Amtsbezeichnung lautet daher auf Englisch HR/VP (High Representative/Vice President of the European Commission). Die Kombination dieser Funktionen ist für die Kohärenz der Maßnahmen der EU ein wesentlicher Fortschritt, aber gleichzeitig eine stete Herausforderung.

Militärische Missionen und Operationen entstehen nicht ohne Vorstufen und Vorbereitung. Fast immer sind in den Räumen oder Ländern, in denen solche Aktionen stattfinden sollen, schon andere internationale Akteure und einzelne Staaten aktiv. Meist sind auch Dienste der Europäischen Kommission schon seit Längerem in solchen Räumen präsent. Ein wesentlicher Ausgangspunkt für die Planung ist daher die Frage, wie eine mögliche Aktion der EU sich zweckmäßig in dieses größere Ganze einfügen könnte.

Auslöser für militärisches Handeln der EU sind meist krisenhafte Steigerungen von bereits bekannten, schwelenden Situationen. Nur in wenigen Fällen tritt eine gänzlich neue Situation auf. Die erste Erörterung findet meist innerhalb des EAD im Rahmen einer interdisziplinären Krisenplattform statt. Schon zu einem frühen Zeitpunkt werden jene Staaten, die an einer derartigen Aktion entweder besonderes Interesse haben bzw. sich an einer solchen signifikant beteiligen könnten, informell auch über ein frühes Stadium der Überlegungen informiert.

Sobald diese ersten Überlegungen der politisch-strategischen Ebene politisch und sachlich genügend ausgereift erscheinen, werden sie dem PSK zugeleitet. Während die internen Überlegungen des EAD bei Bedarf sehr rasch ablaufen können, verringert sich das Tempo der Entscheidungsfindung nach Befassung der Mitgliedsstaaten meist deutlich. Es sind in der Regel mehrere Sitzungen des PSK notwendig, um dem Rat der Außenminister ein Konzept für das Krisenmanagement vorlegen zu können. Auch danach bedarf es mehrerer Entscheidungsvorgänge, um eine Operation oder Mission endgültig einrichten zu können. Der Ablauf vom Auslöser bis zur tatsächlichen Verlegung militärischer Kräfte kann Wochen bis Monate dauern. Dabei ist der Gesamtablauf bis zum ersten Wirksamwerden in einem Einsatzraum bei militärischen Aktionen meist deutlich schneller als bei zivilen Missionen. Für Maßnahmen der militärischen Unterstützung nach Katastrophenfällen sind die Abläufe deutlich schneller, allerdings bevorzugen es die Mitgliedsstaaten in solchen Fällen meist, national zu agieren. Hier agiert die GSVP vor allem in Unterstützung der befassten Dienste der Kommission.

Führungsstruktur

Die wirkungsvolle Durchführung von Operationen und Missionen erfordert eine geeignete Führungsstruktur. Zivile Missionen im Rahmen der GSVP können dabei auf eine ständige Struktur im Rahmen des EAD zurückgreifen, während die militärische

Seite für jede Operation eine eigene Kommandokette einrichten muss. Diese Einschränkung könnte nur durch die Einrichtung eines ständigen militärischen Hauptquartiers beseitigt werden. Ein derartiger Schritt ist allerdings bisher aus politischen Gründen nicht gesetzt worden, weil vor allem Großbritannien jede ständige militärische Führungsstruktur der EU als Duplizierung mit der NATO aufgefasst und beeinsprucht hat. Ob sich nach dem Ende der Verhandlungen über die Modalitäten des Brexit an dieser Situation etwas ändert ist derzeit schwer abzuschätzen. Auf einen ersten Fortschritt in diesem Bereich soll später hingewiesen werden.

Nach diesen jüngsten Entwicklungen hat die EU drei Optionen für die Gestaltung einer Kommandokette. Erstens kann sie im Rahmen des so genannten *Berlin-Plus* Abkommens anstreben, dass die NATO Planungs- und Führungsstruktur zur Verfügung stellt. Dieser Modus wurde im Jahr 2004 für die Operation *ALTHEA* in Bosnien-Herzegowina gewählt und seither beibehalten. Das ist aber auch wahrscheinlich für die vorhersehbare Zukunft das einzige praktische Beispiel für dieses Führungsmodell, weil der Konflikt zwischen Zypern und der Türkei eine neuerliche Verwendung des *Berlin-Plus* Abkommens als unwahrscheinlich gelten lässt.[3]

Die zweite Möglichkeit ist der Rückgriff auf ein nationales Hauptquartier der strategischen Führungsebene. Derzeit haben sich Deutschland, Frankreich, Griechenland, Italien und Großbritannien bereit erklärt, solche Hauptquartiere zur Verfügung zu stellen. Die Methode hat sich bewährt und derzeit sind zwei dieser Hauptquartiere in Verwendung (Rom für die Operation im Mittelmeer, *SOPHIA* und Northwood in Großbritannien für die Operation *ATALANTA* am Horn von Afrika). Seit dem Bestehen der GSVP waren alle diese Hauptquartiere bereits für unterschiedliche Operationen aktiviert. Diese Lösung unterstreicht die Vielfalt der EU und verteilt die Last, allerdings sind die Planungskapazitäten meist begrenzt und der Zeitbedarf für die Aktivierung eines dieser Hauptquartiere ist deutlich höher als bei einem stehenden Hauptquartier. Die EU ist damit durchaus in der Lage, exekutive Operationen durchzuführen, ist aber bei Reaktionsfähigkeit und Komplexität und Umfang der angestrebten Operationen eingeschränkt.

Die dritte Möglichkeit wurde erst 2017 eingerichtet und ist inzwischen weitgehend einsatzbereit. Es handelt sich dabei um eine Planungs- und Führungszelle innerhalb des bestehenden EU-Militärstabes.[4] Es wird erwartet, dass mit dieser Lösung die Führungslage der bestehenden nicht-exekutiven Operationen deutlich verbessert werden kann. Theoretisch besteht die Möglichkeit, diese Zelle so auszubauen, dass sie auch für die Führung exekutiver Operationen befähigt ist. Technisch stellen sich dabei durchaus lösbare Fragen, wie etwa die Trennung vom bestehenden EUMS, oder die bestmögliche Einbeziehung der Planung, Führung und Unterstützung ziviler Missionen. Politisch allerdings wäre ein derartiger Schritt ein Quantensprung, weil er die Handlungsautonomie der EU entscheidend verbessern würde.

---

[3]   Das 2003 vereinbarte Berlin-Plus Abkommen bildet die Grundlage für das gemeinsame (militärische) Handeln zwischen NATO und EU. Siehe dazu eine sehr brauchbare Übersicht in Hofmann & Reynolds 2007.

[4]   *Military Planning and Conduct Capability* (MPCC). Es ist vor allem die Hinzufügung der Funktion *Führung* (*conduct*), welche hier die wesentliche politische Neuerung darstellt.

Wünschte man ein starkes Europa, dann wäre das der richtige Weg, aber derzeit haben nicht alle diesen Wunsch. Immerhin besteht jetzt ein konkreter Ansatzpunkt, von dem ausgehend eine dauerhafte Lösung entwickelt werden könnte. Die Schaffung dieses Nukleus einer Führungszelle innerhalb des EUMS ist ein wesentliches politisches Signal und kann als deutlicher Fortschritt bewertet werden.

Der bestehende EU-Militärstab (EUMS) ist eigentlich die einzige militärische Struktur, welche der EU ständig zur Verfügung steht. Es handelt sich dabei allerdings um einen Planungsstab, wenn man von der oben erwähnten neuen Entwicklung einmal absieht. Neben der konkreten Planung möglicher oder tatsächlich durchzuführender militärischer Missionen und Operationen, ist dieser Stab das Beratungsorgan des EU-Militärkomitees, der Hohen Vertreterin und der EU-Institutionen. Er ist organisatorisch ein Teil des EAD und ist dort hoch angesiedelt. Derzeit verfügt der Stab über 200 Personen, weitaus überwiegend Militärpersonen aus den (noch) 28 Mitgliedsstaaten.

Das EU-Militärkomitee (EUMK) ist das Organ der Generalstabschefs der Mitgliedsstaaten und damit Ausdruck der Souveränität der Staaten für den Einsatz ihrer Streitkräfte. Das Komitee wird von einem durch den Rat für drei Jahre bestellten Vier-Sterne-General geleitet, der in der Regel durch die Generalstabschefs aus deren Kreis gewählt wird. Die wesentlichste Aufgabe des EUMK ist die Erarbeitung und Vorlage von Militärratschlägen an das PSK. Damit verkörpert das EUMK, unterstützt durch den EUMS, die militärische Dimension des intergouvernementalen Handelns.

Diese Führungsstruktur mag komplex erscheinen, ist aber die Garantie für die souveräne Beteiligung aller Mitgliedsstaaten. Was die EU von der Fähigkeit zur Durchführung rasch ablaufender, intensiver und wenn notwendig risikoreicher militärischer Operationen trennt, ist nicht in erster Linie diese Struktur, sondern die oft fehlende Bereitschaft der Staaten, in diesem politischen Rahmen rasch Entscheidungen zu treffen und dann auch die erforderlichen militärischen Ressourcen zur Verfügung zu stellen. Keine Vision von intensiveren Formen der Zusammenarbeit, von der *Ständigen Strukturierten Zusammenarbeit* über eine *Europäische Verteidigungsunion* bis hin zu den akademischen Ansätzen einer *Europäischen Armee*, kann dieses Hindernis überwinden, so lange die Staaten nicht selbst bereit sind anzuerkennen, dass für gemeinsames Handeln, dort wo es zweckmäßig ist, der EU größere Verantwortung und Autonomie zugeordnet werden müssen.

Grundsätzlich stellen sich im Rahmen der NATO die gleichen Fragen. Allerdings bestehen zwischen der NATO und der EU, was militärische Operationen anlangt, zumindest zwei große Unterschiede: In der NATO gibt es einen bestimmenden Partner, die USA, dessen Wort letztlich den Ausschlag gibt und der über erfolgsentscheidende militärische Ressourcen verfügt. Dieser Partner ist in der NATO als Leitnation anerkannt. Darüber hinaus verfügt die NATO über eine eigene militärisch-strategische Planungs- und Führungsstruktur. Von anderen Unterschieden abgesehen tragen diese Faktoren wesentlich zu einer raschen und nachhaltigen Entscheidungsfindung bei. Dennoch haben sich in den letzten Jahren auch die Entschei-

dungsprozesse der NATO nicht durch besonderes Tempo ausgezeichnet, nicht zuletzt deshalb, weil die außenpolitische Richtung der USA oft nicht ausreichend klar
war.

Der umfassende Ansatz

Das soeben über die NATO Gesagte gilt dort allerdings nur für den militärischen
Bereich, wie es der Natur dieser Organisation entspricht. Im Gegensatz zur EU verfügt die NATO nicht über nachhaltig wirksame nicht-militärische Mittel zur Krisenbewältigung. Wenn die EU auch im Bereich des militärischen Krisenmanagements langsamer und weniger wirksam ist als die NATO, wobei auch das vom be-
trachteten Raum abhängt,[5] steht ihr ein breites Instrumentarium nicht-militärischer
Mittel zur Verfügung. Der Bogen spannt sich dabei von den Mitteln der Entwicklungszusammenarbeit, über humanitäre Hilfe, Handelskooperation bis hin zu nach-
barschaftlichen Beziehungen, um nur einige zu nennen. Diese Instrumente werden
durch mehr als 150 EU-Delegationen in Staaten oder bei internationalen Organisationen unterstützt.

Es ist diese Vielzahl der Instrumente, welche theoretisch die Stärke der EU aus-
macht. Die Palette reicht von den genannten umfangreichen Möglichkeiten der
Kommission über politische und diplomatische Instrumente bis eben zu den zivilen
und militärischen Aktionen der GSVP. In der Praxis ist das Zusammenspiel dieser
Instrumente allerdings noch nicht reibungslos und nachhaltig. Zu groß sind noch
die methodischen, rechtlichen und generellen Auffassungsunterschiede zwischen
dem EAD und den jeweils betroffenen Diensten der Kommission. Das gilt sowohl
auf der Brüsseler Ebene als auch in den Einsatzräumen. Die Außenbeauftragte Mo-
gherini legt weiterhin besonderes Gewicht auf diese Zusammenarbeit und einige
Brücken konnten hier schon geschlagen werden. Vieles bleibt aber noch zu tun.
Dabei sollte nicht übersehen werden, dass es hier nicht um die militärische Dimension selbst geht, sondern um das wirksame Zusammenführen aller Mittel, einschließlich der militärischen. Je vielfältiger allerdings das militärische Instrument
zum Einsatz gebracht werden kann, desto wirkungsvoller ist auch sein Zusammenwirken mit den anderen Instrumenten.

Die Zusammensetzung der Mittel ist dabei nicht statisch, sondern ist je nach
Phase des Krisenmanagements dem Bedarf anzupassen. Dabei sollte angestrebt
werden, dass der militärische Einsatz an Intensität abnimmt, während die Präsenz
ziviler Mittel zunimmt. Deshalb strebt die EU auch an, in ihren Planungen nicht von
exit strategies, sondern von *transition strategies* zu sprechen.

Allerdings kann auch die EU einen umfassenden Ansatz nicht im Alleingang
sicherstellen. Koordination mit den anderen Akteuren in den Einsatzräumen ist notwendig. Es ist zum Beispiel keineswegs sichergestellt, dass EU-Staaten ihre bilateralen Aktivitäten in einem Empfangsstaat mit der EU koordinieren, geschweige

---

[5] Die NATO wird, im Gegensatz zur EU, in der Tiefe des afrikanischen Kontinentes praktisch
    nicht wirksam.

denn Nicht-EU Staaten. Je nach Interessenlage der Staaten kann allerdings eine derartige Koordination durchaus erfolgreich sein. Das kann bis zur Finanzierung von Aktivitäten der EU durch Drittstaaten führen, wie etwa in Mali durch Kanada.[6]

Ein weiterer wesentlicher Aspekt ist hier die Zusammenarbeit mit internationalen Organisationen, vor allem mit den Vereinten Nationen. Diese kann in allen Feldern der Zusammenarbeit sehr unterschiedliche Formen annehmen. Die enge Zusammenarbeit der EU mit den Vereinten Nationen im Rahmen des Krisenmanagements hat für alle Akteure der EU in Kommission und EAD besondere Priorität. Den Möglichkeiten der Unterstützung von Aktionen der Vereinten Nationen durch die EU kommt dabei Gewicht zu. Die stetige Vertiefung der Zusammenarbeit zwischen den Vereinten Nationen und der EU wird auch in Zukunft ein wesentliches Anliegen sein.

Aktuelle zivile und militärische Operationen und Missionen- eine Übersicht

Alle Missionen und Operationen, wie sie in Tabelle 1 angeführt sind, beruhen auf Ratsbeschlüssen. Nicht-exekutive Missionen erfolgen darüber hinaus über Einladung des Empfangsstaates.

Alle exekutiven militärischen Operationen wurden darüber hinaus durch UN-Mandate unterstützt bzw. wurden im Einvernehmen mit den Vereinten Nationen organisiert. Die grundsätzliche Forderung ist hier, dass alle Aktionen der EU vollkommen im Einklang mit der UN-Charta zu stehen haben.

Der Umfang der oben dargestellten Missionen und Operationen beläuft sich auf insgesamt ca. 1.500 Personen in zivilen Missionen und 3.500 in militärischen Missionen. Auf der militärischen Seite bedeutet das für den überwiegenden Teil dieses Personals, dass es 3- bis 4mal verfügbar sein muss, um Vorbereitung, Nachbereitung und Reservenbildung sicherzustellen. Dazu kommt das System der Battle Groups, das verlangt, jederzeit mindestens 3.000 Militärpersonen (Mindestumfang von zwei Battle Groups) verfügbar zu haben. Auch hier ergibt sich in Wirklichkeit ein dreifacher Bedarf, wenn man Vor- und Nachbereitung einschließt. Das ergibt einen ständigen Bedarf an der EU zugeordneten Kräften von 20-25.000 Militärpersonen. Das ist nur ein kleiner Bruchteil der in EU-Mitgliedsstaaten theoretisch verfügbaren ca. 1,5 Millionen Soldaten!

Es ist auch nur ein Bruchteil der im so genannten *Headline Goal* vorgesehen Kräfte von mehr als 100.000.[7] Die Stärke der eingesetzten Kräfte war in der Vergangenheit schon größer, etwa 2008/9, als die Operation ALTHEA noch deutlich

---

[6] Kanada hat in Unterstützung von EUTM Mali den Aufbau eines Personalverwaltungssystems für die malischen Streitkräfte finanziell entscheidend unterstützt.

[7] Das *Helsinki Headline Goal* wurde ab 2001 entwickelt und bestimmt den Bedarf der EU an einsatzbereiten militärischen Kräften und Fähigkeiten anhand von Krisenmanagement-Szenarien. Dieser theoretisch ermittelte Bedarf wird regelmäßig mit den tatsächlich von den Mitgliedsstaaten angekündigten Kräftebeiträgen verglichen und daraus die Fähigkeitslücken ermittelt. Die Ankündigungen der Staaten sind allerdings theoretischer Natur, weil es den Staaten in der Praxis vollkommen frei steht, für eine konkrete Aktion mehr, weniger oder andere Kräfte

mehr Personal hatte, ATALANTA schon gestartet war und die Operation im Tschad noch unter EU-Flagge lief. Der Kräftebedarf nach den hier erörterten Kriterien lag damals bei ca. 35.000 Militärpersonen.

Zivile Fähigkeitsentwicklungsmissionen	Seit:
Beratungsmissionen, dzt.:	
• EUAM Ukraine	2014, Dezember
• EUAM Iraq	2017, November
Polizeiunterstützungsmissionen, dzt.:	
• EUPOL COPPS Ramallah	2006, Jänner
Grenzunterstützungsmissionen, dzt.:	
• EUBAM Rafah	2005, November
• EUBAM Libya	2013
• EUBAM Moldova	2005
Fähigkeitsaufbaumissionen, dzt.:	
• EUCAP Somalia	2012, Juli
• EUCAP SAHEL Mali	2015, Jänner
• EUCAP SAHEL Niger	2012
Überwachungsmissionen, dzt.:	
• EUMM Georgia	2008, Oktober
Rechts/Justizmissionen, dzt.:	
• EULEX Kosovo[a]	2008, Dezember
Militärische Fähigkeitsentwicklungsmissionen	**Seit:**
• EUTM Somalia	2010, April
• EUTM Mali	2013, Februar
• EUTM RCA	2016, Juli
Militärische Exekutivoperationen	**Seit:**
• EUFOR ALTHEA (Bosnien-Herzegowina)	2004, November
• EUNAVFOR SOMALIA (ATALANTA)	2008, Dezember
• EUNAVFOR MED SOPHIA (südliches/zentrales Mittelmeer)	2015, Mai

[a]*einzige zivile Mission mit Exekutivmandat*

Tabelle 1: Übersicht über zivile und militärische Operationen und Missionen

Der Großteil der Missionen und Operationen finden auf dem afrikanischen Kontinent oder vor dessen Küsten statt. Man kann daraus sicher einen bewussten Schwerpunkt der Aktivitäten im Rahmen der GSVP ablesen. Der afrikanische Kontinent wird auch für die absehbare Zukunft ein Bereich bleiben, in dem die EU alle Aspekte des auswärtigen Handelns weiter entfalten kann. Das sicherheitspolitische Interesse der USA an diesem Raum konzentriert sich vor allem auf Terrorbekämpfung und die Verbindungsaufnahme der NATO mit afrikanischen Organisationen hat bisher keine nachhaltigen Ergebnisse gezeigt. Vielversprechend ist dagegen die Zusammenarbeit der EU mit den Vereinten Nationen. Eine wesentliche Ergänzung

---

zur Verfügung zu stellen, als sie ursprünglich für das *Headline Goal* angekündigt haben. Welche Fähigkeiten sie tatsächlich verfügbar machen hängt von ihrem politischen Interesse an der jeweiligen Aktion ab.

dazu ist die Unterstützung afrikanischer Regionalorganisationen und der Afrikanischen Union.

Zu dieser Übersicht zählt auch die Feststellung, dass dem Zusammenwirken zwischen zivilen und militärischen Aktionen große Bedeutung zukommt, wenn sich diese im gleichen Raum befinden. Diese Abstimmung findet sowohl auf Brüsseler Ebene als auch in den Einsatzräumen statt.

Die Darstellung der Einsätze ist eine Momentaufnahme. Sie ist durch die Feststellung zu ergänzen, dass die EU im Rahmen der GSVP seit 2001 über 30 zivile und militärische Aktionen durchgeführt hat, auch in Afghanistan und im Irak (beide zivil).

Anspruch und Wirklichkeit

Überlegungen zur Wirksamkeit militärischer Aktionen im Rahmen der GSVP

Die Wirksamkeit der Operationen und Missionen der EU wird regelmäßiger Überprüfung unterzogen: Durch die Mitgliedsstaaten in Verbindung mit dem EAD, durch den weiteren Bogen der EU-Institutionen, einschließlich des Europäischen Parlaments und durch interessierte Kreise außerhalb der EU.

Die dabei auftretende Kritik an den militärischen Aktionen im Rahmen der GSVP lässt sich im Wesentlichen in zwei Kategorien einteilen: Jene, welche die von der EU dargestellten Motivation für solche Aktionen in Zweifel zieht und jene, die diesen Aktionen die Wirksamkeit abspricht. Beide Argumente schließen einander nicht aus. In der ersten Gruppe, welche vor allem außerhalb der EU-Institutionen weiterhin anzutreffen ist, wird besonders der postkoloniale Charakter von Interventionen angeprangert, vor allem dann, wenn es um Staaten unter ehemals französischer Kontrolle, weitaus weniger um Staaten unter ehemaliger Kolonialherrschaft anderer EU-Staaten geht. Der Vorwurf lautete hier in der Substanz, dass Frankreich sein Engagement im Rahmen der EU dazu nütze, sein nationales Engagement zu verlängern, und dass dieses nationale Engagement eben postkoloniale Interventionspolitik sei. Diese Kritik bezieht sich vor allem auf Aktionen auf dem afrikanischen Kontinent.

Sowohl in Mali (Jänner 2013) als auch in der Zentralafrikanischen Republik (Herbst 2013) haben nationale Einsätze der französischen Streitkräfte Lageentwicklungen verhindert, die ohne diese Aktionen zu langfristigem und wahrscheinlich irreversiblem Schaden für die Stabilität der jeweiligen Regionen geführt hätten. Das galt übrigens auch für die Phase vor dem Einsatz der EU im Tschad im Jahre 2008 oder für den Einsatz in der Provinz Nord-Kivu im äußersten Nordosten der Demokratischen Republik Kongo im Jahre 2003. Angesichts der immer bedrohlicher werdenden Terrorlage, die auch aus diesen Regionen gespeist wird oder werden könnte, waren diese Einsätze durchaus im Interesse der EU gelegen und das wurde von den EU-Mitgliedsstaaten auch durchwegs rasch anerkannt. Allerdings führte das in Mali nicht zur Unterstützung im Sinne einer exekutiven Operation im Rahmen der GSVP.

Die Schlussfolgerung, dass eigentlich die EU selbst in der Lage sein sollte, derartige initiale Operationen durchzuführen, wurde bisher nicht gezogen. Es ist durchaus möglich, dass der aktuelle Strategieprozess hier neue Impulse gibt. Voraussetzung für eine solche Entwicklung wäre eine verstärkte Bereitschaft der Mitgliedsstaaten, sich auch dann für Sicherheit auf dem afrikanischen Kontinent zu interessieren und dementsprechend zu engagieren, wenn deren kurzfristige nationale Sicherheitsanalyse ergibt, dass von dort kein nennenswertes oder national nicht bewältigbares Risiko für die eigene Sicherheit ausgeht. Das allerdings würde wesentlich intensivere Aufklärungsarbeit gegenüber den jeweiligen Bevölkerungen erfordern, die letztlich die Außen- und Sicherheitspolitik ihrer jeweiligen Staaten mittragen müssen.

Die zweite Frage war die nach der Effizienz und der dauerhaften Wirksamkeit solcher Missionen. Hier ist eine kurze Antwort schwieriger, weil sich in allen Missionen bisher gezeigt hat, dass der ursprünglich angestrebte Endzustand nicht in der vorgesehenen Zeit oder auch nicht in der erwarteten Form erreicht werden kann. Das gilt nicht nur für die Aktionen der EU, sondern generell. Die bei weitem umfassendste Erfahrung mit *capacity building* haben die Vereinten Nationen. Diese haben auch das neutralste Mandat und den breitesten Ansatz, zwei entscheidende Voraussetzungen für politische Glaubwürdigkeit und Zugang zu den Akteuren des Empfangsstaates. Die EU hat sich nicht nur an den Prinzipien der Vereinten Nationen inspiriert, um ihre eigenen Aktivitäten zum Fähigkeitsaufbau zu gestalten, sondern arbeitet auch eng mit den VN zusammen, sowohl in den Einsatzräumen, als auch im ständigen Austausch zwischen den Hauptquartieren in Brüssel und New York.

Nicht-exekutive Missionen

Das Hauptziel der nicht-exekutiven Ausbildungs- und Beratungsmissionen ist es, die jeweiligen Empfangsstaaten in die Lage zu versetzen, ihren Sicherheitssektor selbständig, dauerhaft und wirksam so zu gestalten, dass sich wirtschaftliche Prosperität und ein freies Zusammenleben aller Bürger frei entwickeln können. Das sollte, so weit umsetzbar, nach den Prinzipien westlicher Demokratien und Rechtsordnungen erfolgen, wobei sich in Zukunft verstärkt die Frage stellen wird, wie weit diese Modelle tatsächlich auf die Empfangsstaaten übertragen werden können. Die jüngsten Arbeiten an der Globalstrategie haben hier eine Veränderung im Zugang europäischer Akteure sichtbar gemacht, mit der Einsicht, dass die Zielsetzung der Vermittlung von Werten nicht losgelöst von der Wahrung europäischer Interessen verfolgt werden kann. Nur wenn diese isolierte Betrachtung aufgegeben wird, kann die Vermittlung von Werten einen Beitrag zur Sicherheit der europäischen Union leisten. Es wird auch zunehmend anerkannt, dass die Vermittlung von Werten an schwer überwindbare, in den sozio-kulturellen Verhältnissen der Empfangsstaaten begründete Grenzen stoßen kann.

Im Verlauf dieser Entwicklung wurde auch die Notwendigkeit immer klarer artikuliert, dass die Bereitstellung von Mitteln aus den Entwicklungsfonds der Europäischen Kommission für Fähigkeitsentwicklung in den Zielstaaten der GSVP ein dringendes Erfordernis wäre. Gleichzeitig wurde deutlicher, dass die Projekte und Programme der Kommission in solchen Empfangsstaaten enger mit den Aktivitäten im Rahmen der GSVP im Sinne des angestrebten umfassenden Ansatzes abgestimmt werden sollten.

Eine wesentliche Entwicklung war die intensivierte Abstimmung zwischen zivilen und militärischen Missionen. Besonders in Mali konnten hier sehr gute Fortschritte erzielt werden. Das lag auch daran, dass die zivile Mission der EU *EUCAP Mali* die Verantwortung für die nicht-militärischen Komponenten des Sicherheitssektors trug. Das erleichterte die gegenseitige Unterstützung zwischen der militärischen und der zivilen Mission, logistisch und zunehmend auch inhaltlich. Dieses Modell sollte auch auf andere Einsatzräume übertragen werden. Es ist durchaus überlegenswert, auch völlig neue Modelle kombinierter Missionen zu entwerfen, die auch eine entsprechend veränderte Führungsstruktur benötigen würden.

Eine weitere strategische Frage ist, wie die dargestellte militärische Präsenz der EU auf dem afrikanischen Kontinent weitergeführt werden soll. Die drei aktuellen nicht exekutiven Missionen sind überwiegend aus jeweils lokalen Entwicklungen heraus entstanden, und nicht als operative Ableitung etwa aus der EU-Afrika Strategie aus 2007, deren Zielsetzungen entwicklungspolitischer Natur sind.[8]

EUTM Somalia war eine Konsequenz von EUNAVFOR ATALANTA, weil erkannt wurde, dass Bekämpfung von Piraterie ohne Stärkung der Durchsetzungsfähigkeit des Staates auf dem Land nur ein Bekämpfen von Symptomen bleiben würde. Das schmälert den inzwischen sehr klar erzielten Erfolg von ATALANTA nicht, unterstreicht aber die Herausforderung an die landgestützten Komponenten.

EUTM Mali folgte der Erkenntnis, dass die durch Frankreich auf nationaler Basis unternommene Operation *Serval* zwar den Vormarsch islamistischer Elemente in Richtung Bamako nachhaltig stoppen konnte, diese Operation aber nicht dazu angelegt war, die nach den Niederlagen des Jahres 2012 schwer angeschlagenen malischen Streitkräfte wieder aufzubauen. Mali bietet damit ein Beispiel für die Notwendigkeit, den Charakter und Umfang der militärischen Präsenz an die jeweilige Lageentwicklung anzupassen.

Auch die Präsenz der EU in der Zentralafrikanischen Republik ist hier eine gute Illustration. Auf Ersuchen der VN wurde durch die EU zunächst eine etwa bataillonsstarke Kraft im Rahmen einer exekutiven Operation entsandt, um Teilkräfte der VN im Raum Bangui freizuspielen. Das war notwendig, um den VN einen dichteren Einsatz von Kräften in anderen Landesteilen zu ermöglichen. Nach etwa einem Jahr wurde diese Operation in eine wesentlich kleinere Beratungsmission übergeleitet, die sich ab Mitte 2016 zu der derzeit laufenden und wiederum umfangreicheren Ausbildungsmission weiterentwickelte.

---

[8]   Der Dialog über diese Strategie wird aktuell wieder aufgenommen, mit Hinblick auf den EU-Afrika Gipfel im Herbst 2017.

Für die kommenden Jahre stellt sich die Herausforderung, zivile und militärische Aktivitäten zur Fähigkeitsentwicklung in einen umfassenderen und langfristigeren Zusammenhang zu stellen. Dieser Zusammenhang kann in Bezug auf Einzelstaaten, aber auch regional hergestellt werden. Die Unterstützung der Staaten des Tschad-see-Beckens bei der Bekämpfung von Boko Haram oder die sich entwickelnde Ko-operation zwischen den Staaten des Sahel sind solche regionale Ansätze. Die EU hat das Interesse der Unterstützung regionaler Vorhaben erkannt. Die Herausforde-rung dabei ist, derartige Projekte im Sinne des umfassenden Ansatzes dauerhaft und flexibel zu gestalten.

Die Wirksamkeit der aktuellen exekutiven Operationen

Zur Operation *EUFOR ALTHEA* in Bosnien-Herzegowina blieb die allgemeine Ein-schätzung, dass sie gegen ein allfälliges Aufkeimen insbesondere von interethni-scher Gewalt ausreichende abschreckende Wirkung entfaltet. Besonders hervorzu-heben ist der hohe Stellenwert Österreichs im Zusammenhang mit dieser Operation. Der bedeutende österreichische Truppenbeitrag hat wesentlich zum Weiterbestand der Operation als EU-Operation mit exekutivem Mandat beigetragen. Österreich unterstreicht durch diesen Beitrag, ebenso wie durch jenen zu KFOR, sein Interesse an Stabilität auf dem Westlichen Balkan konsequent und glaubwürdig.

EUNAVFOR ATALANTA vor den Küsten Somalias und im Indischen Ozean konnte weiterhin seinen Auftrag erfüllen, Piratenangriffe in diesem Raum zu ver-hindern. Tatsächlich haben nun schon seit mehreren Jahren kaum noch derartige Angriffe stattgefunden. Die wesentliche Diskussion der letzten Jahre behandelte die Frage, ob der gleiche Effekt nicht auch mit geringerem Aufwand erzielbar sei. Da-bei war in Rechnung zu stellen, dass die Aktivitäten der Piraten auf See zwar unter-drückt werden konnten, die dahinter stehenden kriminellen Netzwerke aber intakt geblieben sind. Die kriminellen Akteure haben ihre Aktivität in andere Bereiche verlagert, könnten aber Aktionen auf See jederzeit wieder aufnehmen, wenn die Wahrscheinlichkeit wirksamer Gegenmaßnahmen sinkt.[9] Kritischer ausgedrückt könnte man sagen, die Operation hat zwar die Symptome bekämpft, aber nicht die Ursachen. Für die Bekämpfung der Ursachen wäre es erforderlich, die staatliche Autorität Somalias zu konsolidieren. Selbst wenn das in den kommenden Jahrzehn-ten gelingen sollte, wäre die Frage immer noch berechtigt, ob die Bekämpfung von Piraterie dann zu einer Priorität des somalischen Staatswesens würde.

Die Operation *EUNAVFOR MED*, später *SOPHIA* genannt, war die Antwort der EU auf das Unglück von Lampedusa im Frühjahr 2015, bei dem hunderte von Flüchtlingen und Migranten zu Tode kamen. Bereits vorhandene Planungen für eine

---

[9]   Hier ist hervorzuheben, dass die Operationskommandanten es seit dem Bestehen dieser Ope-ration verstanden haben, militärische Maßnahmen und Maßnahmen der zivilen Schifffahrtsin-dustrie zunehmend aufeinander abzustimmen. Deshalb ist auch letztlich der durchschlagende Einsatzerfolg der Operation nur zum Teil auf die militärische Präsenz zurückzuführen, sondern sehr deutlich auf die Bereitschaft der Industrie, wirksame Selbstschutzmaßnahmen zu ergrei-fen.

maritime Operation im Raum konnten leicht herangezogen werden um eine Aktion zur Bekämpfung der Schmugglernetzwerke zu entwickeln. Wie bei der Operation in der Zentralafrikanischen Republik war es hier gelungen, die Planungen auf strategischer Ebene sehr rasch abzuschließen. Im Gegensatz zur Situation in der Zentralafrikanischen Republik konnte auch der Kräfteaufbau rascher erfolgen. Das lag nicht zuletzt am hohen Interesse Italiens, dieser Operation die notwendige Initialzündung zu geben. Generell kommt hinzu, dass die Kräftebereitstellung (*force generation*) für maritime Kräfte wesentlich rascher ablaufen kann, als für Landstreitkräfte. Der Schwerpunkt in der ersten Phase der Operation lag allerdings in der Informationsgewinnung. Das machte über eine ausreichende Zahl schwimmender Einheiten hinaus auch eine ausreichend dimensionierte Kombination luft- und seegestützter Aufklärungsmittel erforderlich.

Die schon in ihrer Entstehung angelegte Schwierigkeit der Operation *SOPHIA* im südlichen/zentralen Mittelmeer lag in dem Umstand begründet, dass eine wirksame Bekämpfung von Schmugglernetzwerken das Vorhandensein einer libyschen Regierung voraussetzt. Nur eine libysche Einladung, ausgehend von einer national und international anerkannten Regierung, kann der Operation die Legitimität und Sicherheit verleihen, die für die Durchführung von Aktionen an Land notwendig sind. Immer wieder wurde während der ersten Phase der Operation der politischen Hoffnung Ausdruck gegeben, dass die Bildung einer allgemein anerkannten Regierung in Tripolis nur noch eine Frage kurzer Zeit wäre. Diese Hoffnung war trügerisch und die Operation stagnierte längere Zeit in der Kombination von Rettungsaktionen und dem Einholen weiterer Aufklärungsergebnisse.[10] Im Verlauf des Jahres 2016 wurde der Auftrag auf Ausbildung der libyschen Küstenwache und Monitoring von Waffenschmuggel auf hoher See erweitert. Beide Zusatzaufträge haben der Operation eine neue Wirksamkeit verliehen. Dabei kommt der Befähigung der libyschen Küstenwache zumindest zur teilweisen Bewältigung der Flüchtlingsströme besondere Bedeutung zu. In den letzten Wochen wurde durch die Mitgliedstaaten der EU auch eine Kontrollaufgabe im Bereich des Schmuggels von Erdöl und Erdölprodukten bestätigt.

Die Zukunft von Operationen und Missionen

Zu den Operationen und Missionen kann abschließend festgehalten werden, dass sie neben ihrer tatsächlichen Wirkung in den Einsatzräumen das wohl sichtbarste Zeichen für die Handlungsfähigkeit der EU geben. Die GSVP wäre in der Öffentlichkeit nicht wahrnehmbar, würden keine Operationen stattfinden und keine neue Dynamik in diesen Operationen erkennbar sein.

Das sollte allerdings keine wesentliche Begründung für die Durchführung von GSVP Operationen sein und ist es wohl auch nicht. Während der letzten vier Jahre

---

[10] Inzwischen hat *EUNAVFOR MED SOPHIA* mehr als zehntausend Migranten und Flüchtlinge aus dem Mittelmeer gerettet. Auch wenn das nicht das Mandat der Operation ist, ergeben sich die Rettungsaktionen klar aus den Vorschriften des internationalen Seerechts.

waren vier militärische Operationen bzw. Missionen neu gestartet worden. Dazu kam ein stetig wachsendes Risiko in nahezu allen neuen und bestehenden Aktionen.

Das führte häufig zur Frage, ob dadurch eine Inflation bewirkt würde, die zwangsläufig zu einem Nachlassen des Interesses der Mitgliedsstaaten führen müsste. Diese Frage war auch mit der Kritik verbunden, dass die Gesamtstrategie nicht wirklich zu erkennen sei, aus der sich Start und Weiterführung ziviler und militärischer Aktionen hätte ergeben sollen. Auch aus der persönlichen Anschauung des Verfassers kann bestätigt werden, dass Aktionen aus dem unmittelbaren Bedarf oder aus Initiativen entstehen und nicht systematisch aus einem alle relevanten Räume umfassenden Leitdokument heraus. Es ist auch nicht zu erwarten, dass sich das ändern kann, weil die Dringlichkeit und Komplexität von Lageentwicklungen eine solche systematische Ableitung meist ausschließen wird. Notwendig bleibt aber, einen möglichst umfassend und langfristig angelegten Blick auf eine Gesamt-situation zu werfen und dafür entsprechend umfassende strategische Basisdoku-mente als initialen Leitfaden für die Planungen verfügbar zu haben. Der EAD hat dazu das Potential, vor allem in Verbindung mit der Europäischen Kommission, aber derzeit fehlt die gemeinsam angelegte umfassende Analyse.

In Verbindung damit muss aber auch die Frage gestellt werden, wie die EU die Bandbreite von Aktionen von Krisenprävention bis Krisennachsorge in Zukunft be-wältigen soll. Dieser Frage kommt angesichts der aktuellen Bedrohungslage beson-dere Bedeutung zu. Weder die Auswirkungen gewaltsamer Extremismen und von Terrorismus, noch die Folgen weiter zunehmender Migration können ausschließlich an den Außengrenzen der EU bewältigt werden. Das Wesentliche muss an den Aus-gangspunkten dieser Bedrohungen und Risikofaktoren geschehen. Es wird notwen-dig sein, dass die EU systematisch mit Ländern und Regionen an ihrer Peripherie zusammenarbeitet. Um das zu tun, wird es in Zukunft nicht ausreichen, erst beim Aufflammen von Krisen, vor allem auf dem afrikanischen Kontinent, Aktionen zum Krisenmanagement zu starten. Die Aktion der Europäischen Union muss früher ein-setzen. Dazu ist es notwendig, den „Normalzustand" der Ursprungsländer mit Hin-blick auf potentielle Bedrohungen und Risiken kontinuierlich zu erfassen. Nur so kann Krisen- und Konfliktprävention Aussicht auf dauerhaften Erfolg haben. Die neue Globalstrategie der EU bringt dieses Erfordernis deutlich zum Ausdruck. In den kommenden Jahren wird es darauf ankommen, die innerhalb der EU bestehen-den institutionellen Barrieren zu überwinden und die Bereitschaft der Mitglieds-staaten zu voller Mitarbeit zu erreichen, um das Potential der EU für einen breiten, systematischen und langfristig angelegten Ansatz in der Zusammenarbeit mit ihrer Peripherie zu erwirken. Dafür besteht Zeitdruck, weil der Migrationsdruck[11]vor al-lem aus Afrika heraus vorhersehbar stark anwachsen wird.[12] Wenn hier realistische

---

[11] Africa Population. (2017-11-14). Retrieved 2018 02-19, from http://worldpopulationreview. com/continents/africa-population/

[12] Die sich hier aus demographischen Hochrechnungen ergebenden Zahlen sind alarmierend. Wie immer bei plakativen Zahlen wäre es zweckmäßig, tiefer zu analysieren, und dabei zu einer

Maßnahmen zur Unterstützung afrikanischer Staaten und Gesellschaften gesetzt werden sollen, dann muss die bisher üblich gewesene Methodik der Unterstützung grundlegend überdacht werden. Es wird notwendig sein, die Verbindung zwischen innerer und äußerer Sicherheit nicht nur theoretisch anzuerkennen, sondern diese Einsicht auch in neue Konzepte umzugießen und letztlich in die Praxis umzusetzen.

Dabei wird es immer wieder darauf ankommen, die Mitgliedsstaaten mit an Bord zu haben. Das wird angesichts der Einstellungen großer Teile europäischer Bevölkerungen keinesfalls einfach sein. Es besteht die starke Tendenz, nationale Lösungen gegenüber gemeinsamen, insbesondere europäischen Lösungen zu bevorzugen. Einer Abschottung der Staaten oder Staatengruppen und allenfalls der EU wird deutlich mehr Erfolgsaussicht zugestanden, als weiter ausgreifenden und die Peripherie einbeziehenden Lösungen. Demgegenüber sollte die Einsicht gefördert werden, dass nur die EU als Ganzes, nicht aber Einzelstaaten dauerhaft in der Lage sein werden, Sicherheit in die Peripherie Europas hinauszutragen. Dabei ist die Grundidee eines in die Tiefe gestaffelten Systems der Bewältigung von Migration beizubehalten. Das schließt auch den Schutz der Außengrenzen mit ein.

Die militärische Komponente der EU wird auch in Zukunft Teil des Instrumentariums sein, das notwendig ist, um die oben skizzierten Maßnahmen umzusetzen. Dabei werden sich quantitative (Status quo oder eine größere Zahl desselben Typs von Aktionen) und qualitative Fragen stellen (andere als die bisher geführten Aktionen). Diese Fragestellungen stehen derzeit im Mittelpunkt des Prozesses zur Implementierung der Globalstrategie und sind zunehmend mit den Bemühungen der Kommission verschränkt, den Staaten stärkere Anreize zur gemeinsamen Entwicklung von Fähigkeiten zu bieten.

Ausblick

Die unmittelbare Zukunft

Die gemäß der Europäischen Globalstrategie und den daraus abgeleiteten Implementierungsplan angestrebte Leistungsfähigkeit für den Einsatz militärischer Kräfte im Rahmen der GSVP zielt auf ein deutlich höheres Niveau ab, als es durch die dargestellten aktuellen Aktionen verwirklicht ist. Es geht hier also nicht um das Beibehalten eines Status quo, auch nicht um eine bloß quantitative Vermehrung, sondern um einen substanziellen Schritt nach vorne. So spricht die Globalstrategie etwa von der Durchsetzung von Flugverbotszonen, einem sehr aufwändigen militärischen Einsatz.

Die Zielsetzung bleibt aber im Rahmen der in diesem Beitrag präsentierten Grundlagen der GSVP, vor allem was die Entscheidungsfindung und Souveränität

---

differenzierten Darstellung des afrikanischen Kontinentes zu gelangen. Anhand auf der Grundlage dieser Analyse erstellter Szenarien sollte ermittelt werden, wie sich nach Intensität (und Ressourceneinsatz) gestaffelte Unterstützung der Internationalen Gemeinschaft und besonders der EU auf die Reduzierung des Migrationspotentials auswirken würden.

der Mitgliedsstaaten angeht. Es geht darum, die Mitgliedsstaaten darauf vorzube-
reiten, dass die EU künftig auch anstreben wird, anspruchsvollere Operationen
durchzuführen. Damit ist vor allem gemeint, rascher und in schwierigeren Situationen operieren zu können. Die Methode, wie das vor allem erreicht werden soll, ist,
die Zusammenarbeit zwischen den Mitgliedsstaaten zu fördern, vor allem was die
Bereitstellung von militärischen Fähigkeiten anbetrifft. Dazu sind die Planungspro-
zesse zur Fähigkeitsentwicklung transparenter zu gestalten und – wo immer möglich – Ressourcen gemeinsam einzusetzen. Beides entspricht auch dem Wunsch und
der allgemeinen Einsicht, in behutsamen Schritten von der heute praktizierten weitgehend unkoordinierten Verwendung von 27 (ohne Dänemark, das sich aus der militärischen GSVP optiert hat) verschiedenen nationalen Verteidigungsbudgets weg-
zukommen, damit mehr Ressourcen für gemeinsame Projekte verfügbar gemacht
werden können. Das liegt auch im Interesse einer nach größerer Autonomie und
Nachhaltigkeit strebenden Rüstungsindustrie. Diese würde auf diese Weise auch
auf eine besser harmonisierte Nachfrage antworten können.

Die Europäische Kommission hat deshalb in Abstimmung mit dem EAD Pläne
entwickelt, wie unter Respektierung der aktuellen Rechtslage nennenswerte Mittel
für Forschung und Entwicklung verfügbar gemacht werden können. Der *European
Defence Action Plan* mit dem dort enthaltenen Verteidigungsfonds geht in diese
Richtung. Alle diese Maßnahmen zielen darauf ab, die EU-Mitgliedsstaaten besser
in die Lage zu versetzen, so koordiniert wie möglich militärische Kräfte bereit zu
stellen, die sowohl Aufträge im Rahmen der EU, als auch der NATO, der Vereinten
Nationen oder in einem multinationalen Kontext erfüllen können. Diese Maßnahmen wurden durch die Staats- und Regierungschefs in ihrem Treffen vom 22. Juni
bestätigt.[13]

Längerfristige Aspekte

Diese Maßnahmen sind wichtig und weisen in die richtige Richtung. Es sollte jedoch auch die Frage gestellt werden, ob sie alleine ausreichen werden, dem militärischen Instrument der EU tatsächlich deutlich größeres Gewicht im Sinne der ein-
gangs dargestellten politischen Zielsetzungen zu geben. Erfolgreiche Operations-
führung in rasch ablaufenden schwierigen Lagen erfordert auch eine gut vorberei-
tete und leistungsfähige Führungsstruktur in der gesamten militärischen Führungs-
kette, rasche Entscheidungsmechanismen auf der politisch-strategischen Ebene und
frühzeitig, stetig und unabhängig verfügbare umfassende nachrichtendienstliche Informationen.

Alle diese Faktoren sind notwendig, um verantwortungsvoll eine rasche militärische Reaktionsfähigkeit zu ermöglichen. Das gut funktionierende System der Be-

---

[13] Die Ratsschlussfolgerungen vom 22. Juni bestätigen und verstärken jene vom Dezember 2016.
Das dort angestrebte Ambitionsniveau wird akzeptiert und besondere kooperative Maßnahmen
zur Verbesserungen der Fähigkeiten gefördert. (vgl. http://www.consilium. europa.eu/media/
23985/22-23-euco-final-conclusions.pdf)

reitstellung der *Battle Groups* ist dabei nur ein Baustein. Diese raschen Einsatzverbände sind taktische Elemente, denen es derzeit an der notwendigen breiteren militärischen Einbettung fehlt.

Die gerade in dieser Periode zunehmender sicherheitspolitischer Dynamik vermehrt geforderte enge Kooperation zwischen EU und NATO sollte für den militärischen Bereich vor allem zwei Dinge bewirken. Erstens die Schaffung eines Pools von eng koordinierten militärischen Kräften und Fähigkeiten vor allem jener Mitgliedsstaaten, die sowohl Mitglieder der NATO als auch der EU sind. Die Frage der Einbeziehung jener Staaten, die jetzt oder künftig nur einer dieser Organisationen angehören darf dabei nicht außer Acht gelassen werden. Dieser Kräftepool muss der NATO ebenso wie der EU oder multinationalen Aktionen oder solchen zur Unterstützung etwa der Vereinten Nationen zur Verfügung stehen. Das leitet zur zweiten Forderung über, nämlich der regelmäßigen vorausschauenden politisch-strategischen Abstimmung zwischen EU und NATO.

Verbesserungsmaßnahmen in den genannten Bereichen könnten durchaus im bestehenden rechtlichen Rahmen der GSVP bzw. des Vertrages von Lissabon bleiben, gingen aber politisch über den aktuellen Konsens zur Realität der GSVP hinaus. Bei allen diesen Vorgängen wird auch in Zukunft das Gewicht der Souveränität der Mitgliedsstaaten zu berücksichtigen sein. Es wird aber auch notwendig sein, das politische Bewusstsein dahingehend zu erweitern, dass GSVP wesentlich mehr sein sollte, als die aktuelle, allenfalls oberflächlich verbesserte Praxis. Dieses Mehr ist im Vertrag von Lissabon angelegt, aber letztlich sind auch die sicherheitspolitischen Bestimmungen dieses Vertrages eine Momentaufnahme des zu einem bestimmten Zeitpunkt erreichbaren Konsenses. Derartige Entwicklungen werden naturgemäß intensive Informations- und Überzeugungsarbeit erfordern.

Nach Ansicht des Verfassers ist es eher eine Frage der Begriffswahl als eine der tatsächlichen Inhalte, ob sich die Umsetzung aller dieser Maßnahmen in Zukunft einer Form der Zusammenarbeit nähert, welche die Bezeichnung *Europäische Armee* verdient. Aus militärischer Sicht ist diese Frage nachrangig, entscheidend ist vielmehr, auf europäischer Ebene zu einer Intensität der militärischen Zusammenarbeit zu kommen, die von der gemeinsamen vorausschauenden Analyse des Umfeldes über gemeinsame budgetäre Engagements bis hin zu verlässlichen Einsatzzusagen auch für komplexe Einsätze reicht.

Sobald ein derart verbessertes militärisches Instrument die Handlungsfähigkeit der Europäischen Union sichtbar erhöht, wird es auch zur Vermehrung des außenpolitischen Gewichtes der EU beitragen. Dabei wird die militärische Komponente immer Bestandteil eines breiten und langfristig angelegten Ansatzes sein, im Krisenmanagement, und, sollten sich die Mitgliedsstaaten eines Tages dazu bereit finden, auch für Verteidigungsaufgaben.

Literatur

EEAS (2016) Shared Vision, Common Action: A Stronger Europe. A Global Strategy for the European Union's Foreign And Security Policy. Brussels:European External Action Service. http://eeas.europa.eu/archives/docs/top_stories/pdf/eugs_review_web.pdf

Europäische Union (2007) Vertrag von Lissabon zur Änderung des Vertrags über die Europäische Union und des Vertrags zur Gründung der Europäischen Gemeinschaft, unterzeichnet in Lissabon am 13. Dezember 2007. Amtsblatt der Europäischen Union. http://eur-lex.europa.eu/legal-content/DE/TXT/PDF/?uri=OJ:C:2007:306:FULL&from=de

Hofmann, S., Reynolds, C. (2007) Die EU-Nato-Beziehung: Zeit für Tauwetter. SWP-Aktuell Nr. 37. Berlin: Stiftung Wissenschaft und Politik (SWP), Deutsches Institut für Internationale Politik und Sicherheit. https://www.swp-berlin.org/fileadmin/contents/products/studien/2007_S20_DemmelRoll_ks.pdf

Wosolsobe, W. (2016) Gemeinsames militärisches Handeln in der EU: Zwischen realem Fortschritt und Illusion. In: Rapatz, T., Urrisk, R. (Hrsg.) Der militärdiplomatische Dienst in der österreichischen Armee. Militärwissenschaftliche Publikationsreihe der Landesverteidigungsakademie, Nr. 25. Wien: Landesverteidigungsakademie, S. 447-494.

Terrorismus und Radikalisierung in Europa – die größten Herausforderungen unserer Zeit?[1]

Daniela Pisoiu

Zusammenfassung

Terrorismus wird gegenwärtig als eine der größten Bedrohungen für europäische Gesellschaften wahrgenommen. Vor dem Hintergrund eines auf europäischer Ebene bestehenden Problems der hausgemachten Radikalisierung, bestätigen Verfassungsschutzberichte immer wieder, dass es eine durchaus lebendige dschihadistische Szene in Österreich gibt. Erklärungen für die Anwendung des Terrorismus und individuelle Radikalisierungsprozesse variieren und scheinen von den neusten empirischen Entwicklungen in Frage gestellt zu werden. Trotzdem bleibt die grundsätzlich strategische und rationale Natur des Terrorismus weiterhin bestehen, trotz der Versuchung, auf einfache kausale Zusammenhänge zurückzugreifen. Gleichzeitig stellen sich die Anziehungskraft von Subkultur und der Effekt sozialer Medien als die neusten Vorzüge von Terrororganisationen heraus.

Einleitung

Terrorismus wird gegenwärtig als eine der größten Bedrohungen für europäische Gesellschaften wahrgenommen. Tatsächlich ist es nach manchen Berechnungen wahrscheinlicher von einem Meteoriten getroffen zu werden als Opfer eines Terroranschlages zu werden. Gleichzeitig verunsichert der neue modus operandi des islamistischen Terrorismus durch die zunehmend willkürliche Anwendung von Gewalt und die Zufälligkeit der Attentäter. Tatsächlich werden Sympathisanten auf einschlägigen Kanälen dazu aufgerufen, die Ungläubigen überall, mit beliebigen Waffen (wie z.B. Messer oder Fahrzeugen), zu töten. Die Wirkung von Terrorismus wird nicht durch den eigentlichen Schaden ersichtlich, sondern durch die subjektive Angst, es könnte jedem jederzeit passieren. Terrorismus ist der Einsatz symbolischer Gewalt, um einer Bevölkerung(sgruppe) Angst zu machen und Zugeständnisse der jeweiligen Regierung zu erzwingen. Im Gegenteil zur allgemein gängigen Vorstellung sind Terroristen nicht nur nicht-staatliche Akteure, sondern auch Staaten selbst können terroristisch aktiv sein; sämtliche staatliche Maßnahmen, die unter Terrorismus einzuordnen sind, verursachen deutlich mehr materiellen und mensch-

---

[1] Erstellt im Rahmen der Kooperation des Österreichischen Instituts für Internationale Politik (oiip) mit der Donau-Universität Krems

lichen Schaden als Terrorgruppen. Man spricht vom Einzelhandelsterror vs. Groß-
handelsterror. Die meisten Autoren, die sich mit Staatsterror beschäftigen, argumentieren für eine allgemein gültige Definition. Eine ältere Definition aus dem Jahr
1969 listet folgende Komponente von Terrorismus im Allgemeinen: Gewalt oder
die Androhung von Gewalt; die Unterscheidung zwischen zwei Arten von Opfern:
das Opfer der direkten Gewalt vs. das terrorisierte Opfer; und die Erwartung, dass
das Letztere in einer direkten oder indirekten Weise etwas tun oder darauf verzichten würde, etwas zu tun (Walter 1969).

Wie bereits oben angedeutet, ist der Hauptmechanismus terroristischer Akteure
symbolischer Natur. In der Regel wollen Terroristen *nicht, dass viele Menschen
sterben, sondern dass viele Menschen zuschauen.* Diese Phrase hat der Terrorex-
perte Brian Jenkins berühmt gemacht. Nach den vom Al Qaida orchestrierten Terroranschlägen hat der Experte seine Aussage revidiert: *Terroristen wollen, dass
viele Menschen zuschauen und viele Menschen sterben* (Jenkins 2006: 119). Man
könnte darin eine grundsätzliche Veränderung der terroristischen Taktik, oder im
Gegenteil eine Fortsetzung der grundsätzlichen Logik des Terrorismus sehen, wofür
die öffentliche Aufmerksamkeit essentiell ist. Aufgrund von Gewöhnungseffekten,
‚muss' man zu immer spektakuläreren Aktionen greifen, um Aufmerksamkeit zu
erlangen. So grausam es klingen mag, sind Aktionen, die zivile Opfer fordern, im
terroristischen Sinne, wirksamer als Angriffe auf militärische Ziele. Vor den be-
rüchtigten 9/11 Anschlägen in New York hatte Al Qaida im Oktober 2000 das Mi-
litärschiff USS Cole und im August 1998 die US Botschaften in Dar es Salaam und
Nairobi angegriffen, mit immerhin 200 Toten, ohne dass die Medien, das Publikum
oder die US-Regierung in dem Ausmaß reagiert hat, wie es später der Fall war.

Die Emotionen des Terrorismus

Da es bei Terrorismus sehr stark um Emotionen geht, werde ich im Folgenden auf
drei dieser Emotionen eingehen: Angst, Wut und Empörung. Wie bereits angedeutet, agiert Terrorismus auf der emotionalen Ebene, indem er Angst im vermeintli-
chen Publikum schürt. Konsultiert man eine rezente Statistik zu Sterbeursachen in
Österreich, ist es wenig überraschend, dass Terrorismus darin nicht vorkommt.
Trotzdem befürchten ein durchaus bedeutender Teil der österreichischen Bevölkerung, Opfer terroristischer Anschläge werden zu können. Eine Umfrage aus dem
Jahre 2016 hat ergeben, dass 66% der Befragten Terroranschläge fürchten (Kurier
2016). Es stimmt natürlich, dass es auch in Österreich zu Anschlägen kommen kann.
Wie die Verfassungsschutzberichte immer wieder bestätigen, gibt es eine durchaus
lebendige dschihadistische Szene, sowie andere extremistische Strömungen in Österreich. Im neuesten Bericht von 2016 wird die Lage wie folgt eingeschätzt:

> *„In Bezug auf Radikalisierungs- und Rekrutierungsaktivitäten kann es kurz- bis
> mittelfristig zu einer Intensivierung sowie zu einem weiteren Ansteigen der Ge-
> waltbereitschaft kommen. Es sind weiterhin Tendenzen in Richtung eines aktiven*

Engagements in der salafistisch-dschihadistischen Szene feststellbar." (BVT 2016: 23)

In der Tat hat sich in europäischen Gesellschaften spätestens nach den sogenannten 7/7 Anschlägen (London am 7. Juli 2005) das Problem der hausgemachten Radikalisierung herauskristallisiert. Die ersten Analysen der Hintergründe dieses Phänomens haben zum einen mangelnde Integration als Ursache der Radikalisierung identifiziert; zum anderen die ‚Wut' der europäischen Muslime. Robert Leiken diagnostizierte 2005 in einem Foreign Affairs Artikel das Problem so:

> *„As a consequence of demography, history, ideology, and policy, western Europe now plays host to often disconsolate Muslim offspring, who are its citizens in name but not culturally or socially... downwardly mobile slum dwellers and upwardly mobile achievers replicate in western Europe the two social types that formed the base of Islamist movements in developing countries such as Algeria, Egypt, and Malaysia: the residents of shantytowns and the devout bourgeoisie."* (Leiken 2005)

Solche früheren Analysen, die hauptsächlich mit Makrovariablen gearbeitet haben, ignorierten aber die Handlungsfähigkeit der Akteure. In neueren Studien wurden letztere nicht als passive Instanzen, die von äußeren Mächte getrieben werden, angesehen, sondern als bewusste Akteure, die aus Eigeninteresse agieren. Auf der emotionalen Ebene wurde mehr Empörung, vor allem hervorgerufen durch Onlinevideos als ‚nur' Wut festgestellt.[2] Reale oder konstruierte Ungerechtigkeit motiviert soziale Bewegungen weltweit. Aufgrund eigener Schwäche hinsichtlich der Verfügbarkeit anderer wirksamer oder als wirksamer wahrgenommenen Maßnahmen greifen manche dieser Bewegungen zu terroristischen Mitteln. Entsprechend dieser Logik war es nicht überraschend, dass es in Europa vermehrt zu Terroranschlägen kam, als der Islamische Staat zunehmend militärische Verluste hinnehmen musste. Im Juni 2016 sah dies auch eine Einschätzung der UN voraus:

> *„Truppen der neuen libyschen Einheitsregierung haben sich nach Angaben der neuen Führung in Tripolis in Teile der IS-Hochburg Sirte vorgekämpft. ... Die Vereinten Nationen warnten vor der gestiegenen Gefahr von Anschlägen durch die Terrormiliz IS."* (orf.at 2016)

Die Rationalität des Terrorismus

Anders als Staaten stehen Terrororganisationen außenpolitische Instrumente wie Sanktionen und militärische Interventionen zur Durchsetzung der eigenen Interessen nicht zur Verfügung. Terrororganisationen erreichen fast nie ihre Ziele, müssen aber wie alle anderen Organisationen ums Überleben kämpfen, was die Intensivierung von Anschlägen in Zeiten des Niedergangs erklärt. Nesser, Stenersen und

---

[2] Siehe z.B. zum Konzept der moralischen Empörung Sageman (2008).

Oftedal (2016) veranschaulichen in einem vor kurzem erschienenen Artikel dieses Argument mit Hilfe qualitativer und quantitativer Methoden. Die erste Ankündigung des Daesh Terroranschläge in Europa auszuführen, kam im September 2014 durch den Sprecher und angeblichen Führer des Daesh für internationale Operationen, Abu Muhammad al-Adnani. Sieben Tage nachdem Frankreich den Kampf gegen den IS mit einer eigens geführten Koalition ankündigte, drohte al-Adnani mit Vergeltungsschlägen gegen die Aggressoren. Gleichzeitig wurden Anhänger im Westen und in Europa zu Anschlägen aufgerufen. Auch das zu diesem Zeitpunkt englisch-sprachige Magazin „Dabiq" nahm im Oktober 2014 Bezug auf Europa, als es Exzerpte von al-Adnani's Rede von September veröffentlichte. Al-Adnani hat damals klar formuliert, wie auf die Anti- Daesh Koalition zu reagieren ist. Auf drei Attacken mit unklarer Zuordnung der Täterschaft folgte eine Welle von geplanten Anschlägen seitens Daesh. In der Folge wiederholte al-Adnani seine Drohung drei Mal, und zwar mit spezifischen Instruktionen zur Durchführung von Attacken, nämlich im Jänner und März 2015 sowie im Mai 2016. Statistisch gesehen haben sich die versuchten und erfolgreichen dschihadistischen Anschläge zusammen in Europa 2015 und 2016 im Vergleich zu 2014 verdoppelt, und allein die erfolgreichen verdreifacht und verfünffacht.

Selbstmordanschläge sind eine *strategische* Taktik par excellence. Im Kontext einer religiösen oder strategischen Begründung von Selbstmordattentaten stellt Märtyrertum, das Sterben für den Glauben, wie oben bereits kurz erwähnt, die höchste Form des Glaubensbeweises dar (Esposito 2002: 33). Die *Hadithe*, die Überlieferungen über Mohammed, wiederum listen eine Reihe von Belohnungen auf, welche nur Märtyrern zustehen: Die Erlösung von allen eigenen Sünden sowie jene von bis zu 70 Familienmitgliedern, die Umgehung des Fegefeuers oder ein privilegierter Sitz neben dem Thron Gottes (Esposito 2002: 34; Ruthven 2002: 59). Im Fall von Selbstmordattentätern argumentieren hingegen einzelne Autoren, dass es sich bei ihnen durch die Vorsätzlichkeit des Selbstmords nicht um Märtyrer im Sinne der ursprünglichen Textauslegung handelt (Merari 1998; Reuter 2002; Ruthven 2002). Darüber hinaus wird in der Wissenschaft betont, dass nicht Religion sondern strategische Überlegungen im Zentrum stehen, wenn Terrororganisationen Selbstmordattentate verüben (Pape 2003). Daher wurden sie sowohl von religiösen Gruppen wie der Hamas und der Hisbollah, als auch von säkularen Gruppen wie den *Liberation Tigers of Tamil Eelam* (LTTE) und russischen Anarchisten angewendet (Gambetta 2006: 261). Strategisch lassen sich Selbstmordattentate gut begründen: Sie sind kostengünstige Mittel, um großen Schaden anzurichten; Sie hinterlassen für die kriminaltechnische Zurückverfolgung kaum relevante Spuren und genießen große Aufmerksamkeit in den Medien. Wenn zudem Teile der Bevölkerung ihren Einsatz unterstützt – wie im Falle Palästinas – dann setzen rivalisierende Gruppen Selbstmordattentate sogar ein, um sich gegenseitig zu übertreffen und um sich dadurch größere Unterstützung in der Bevölkerung zu sichern (Bloom 2004). Ayman al- Zawahiri, ideologischer Führer von Al-Qaida, bestätigte die strategische Bedeutung von Selbstmord- anschlägen. Er betonte die Wichtigkeit, sich auf Märtyrereinsätze zu konzentrieren, da diese die erfolgreichste Methode seien, dem Gegner Schaden zuzufügen und die am wenigsten kostspielige Methode in Bezug auf eigene Opfer (Al-Zawahiri 2001).

Auch auf der individuellen Ebene konnten Anzeichen einer rationalen Entscheidung festgestellt werden. In einem kürzlich erschienenen Arbeitspapier haben wir die Profile aller Terroristen, die aktiv an den IS-Terroranschlägen bis zu dem Zeitpunkt (also außer Barcelona) beteiligt waren, ausgewertet. Die Tendenz ging

„in Richtung schlecht ausgebildete Individuen, die größtenteils eine (klein)kriminelle Vorgeschichte aufweisen und schließlich eine terroristische Karriere wählen. Einige litten zusätzlich im Vorhinein unter psychischen Störungen. Einige standen vor geschlossenen Türen und schienen, zumindest aus ihrer Sicht, kaum eine Alternative gehabt zu haben." (Pisoiu, Fomenko und Lippe 2017: 5)

Der individuelle Radikalisierungsprozess sollte aber nicht als das Resultat von persönlichem Versagen verstanden werden, sondern das Resultat einer Art Berufswahlprozesses, im Zuge dessen sich Individuen vor dem Hintergrund erwarteter Vorteile bewusst für den Dschihad entscheiden. Das heißt solche Entscheidungen geschehen relativ zu anderen Alternativen und in bestimmten Situationen. Während sich die motivationalen Kategorien, die die Berufswahl bestimmen, nicht anders als bei anderen Berufe darstellen (etwa Status oder Anerkennung), werden sie immer, auch im Falle von Dschihadismus, von der jeweiligen Weltanschauung einschließlich bestimmter Normen und Werten definiert:

„ The fact that standing might be associated with being a mujahid is traced to the fact that, within a certain worldview, heroism is a value, and one associated with the activities involved in being a mujahid, such as defending the global community of Muslims or a particular Muslim community against 'occupation'. In other groups, standing will concretise intro something completely different ..." (Pisoiu 2012: 85).

Aussichten

Über diese Züge des islamistischen Radikalisierungsprozesses hinaus, die sich vermutlich über unterschiedliche Terrorismuswellen hinaus erstrecken, lohnt es sich, zum Schluss eine Anmerkung zu den neuen Zügen des zeitgenössischen islamistischen Terrorismus zu machen. Terrororganisationen profitieren immer vom technischen Fortschritt. Es war deshalb zu erwarten, dass die Vorteile des Internets und der sozialen Medien genutzt werden, z.B. in Bezug auf die umfangreiche Verbreitung von Propagandamaterial, Rekrutierung, die Förderung von Sympathisanten oder den Verkauf von Waren (wie etwa IS T-Shirts). Ein weiteres Merkmal ist die Ausnutzung popkultureller Elemente für Propagandazwecke, ganz ähnlich wie von kommerziellen Anbietern. Terrororganisationen sind insofern auch Teil des so genannten ‚kapitalistischen Systems', das sie angeblich versuchen zu bekämpfen. Wie bei anderen Subkulturen gibt es zwar den Versuch, letztlich entgehen aber auch sie dem Mainstream nicht.

Literatur

Al-Zawahiri, Ayman (2001). Knights under the Prophet's Banner, a blogpost in Jihadology, a clearinghouse for jihādī primary source material, original analysis, and translation service, 2.12.2001, http://jihadology.net/?s=Knights+under+the+Prophet%E2%80%99s+Banner.

Bloom, Mia M. (2004) Palestinian Suicide Bombing: Public Support, Market Share, and Outbidding, Political Science Quarterly 119, (Spring 2004): 61–88.

BVT (2017) Verfassungsschutzbericht 2016, Bundesamt für Verfassungsschutz und Terrorismusbekämpfung, Wien.

Esposito, John L. (2002) Unholy War. Terror in the Name of Islam, Oxford-New York: Oxford University Press, p. 33.

Gambetta, Diego (2006). Can We Make Sense of Suicide Missions, in Gambetta (Hg.), Making Sense of Suicide Missions, New York- Oxford: Oxford University Press.

Jenkins, Brian (2006) The New Age of Terrorism, RAND Corporation, Santa Monica, https://www.rand.org/content/dam/rand/pubs/reprints/2006/RAND_RP1215.pdf.

Kurier (2016) Angst der Österreicher vor Terror gestiegen, 19.4.2016, https://kurier.at/chronik/oesterreich/umfrage-angst-der-oesterreicher-vor-kriminalitaet-und-terror-gestiegen/193.881.005.

Leiken, Robert S. (2005) Europe's Angry Muslims, New York Times, http://www.nytimes.com/cfr/international/20050701faessay-v84n4_leiken.html?pagewanted =all.

Merari, Ariel (1998) The Readiness to Kill and Die: Suicidal Terrorism in the Middle East, in: Walter Reich (Hg.), Origins of Terrorism: Psychologies, Ideologies, Theologies, States of Mind, Woodrow Wilson Center Press, Washington DC.

Nesser, Petter/ Stenersen, Anne und Oftedal, Emilie (2016) Jihadi Terrorism in Europe: The IS-Effect, Perspectives on Terrorism, 10(6), http://www.terrorismanalysts.com/pt/index.php/pot/article/view/553/html.

orf.at (2016) Libysches Militär meldet Vorrücken in IS-Hochburg Sirte, 09.06.2016, http://orf.at/stories/2343899/.

Pape, Robert (2003). The Strategic Logic of Suicide Terrorism, American Political Science Review, 97(3): 343-61.

Pisoiu, Daniela (2012) Islamist Radicalisation in Europe. An Occupational Change Process, Abingdon/New York: Routledge.

Pisoiu, Daniela/ Fomenko, Alexandra, und Lippe, Felix (2017) Wie neu ist der „neue" Terrorismus? Die strategische Logik hinter der individuellen Beteiligung am IS Terrorismus, Arbeitspapier 95 / Juni 2017, http://www.oiip.ac.at/fileadmin/Unterlagen/Dateien/Publikation en/Arbeitspapiere/AP_95_Wie_neu_ist_der_neue_Terrorismus.pdf

Reuter, Christoph (2002) Mein Leben ist eine Waffe, München: Bertelsmann.

Ruthven, Malise (2002) A Fury for God. The Islamist Attack on America, London: Granta UK.

Sageman, Marc (2008) Leaderless Jihad: Terror Networks in the Twenty-First Century, Philadelphia: University of Pennsylvania Press.

Walter, Eugene Victor (1969) Terror and resistance: a study of political violence, with case studies of some primitive African communities. New York: Oxford University Press.

Migrationen und interne Sicherheit: ein zunehmend komplexes Forschungsfeld

Gudrun Biffl

Zusammenfassung

Globalisierung, internationaler Terror und das Ende einer bipolaren Welt bewirken einen Wandel in der Migrationspolitik und der Sicherheitspolitik. Eine ‚Versicherheitlichung' der Migrationspolitik läuft Gefahr, wirtschaftliche Entwicklungsprozesse zu behindern und Menschenrechtsverletzungen in Kauf zu nehmen. Das Zusammenwirken von Sicherheitspolitik und Migrationspolitik ist komplex und bedarf eines konstruktiven öffentlichen Diskurses, der zwischen grenzüberschreitender Kriminalität und legaler Migration unterscheidet. Zur Sicherung des gesellschaftlichen Zusammenhalts empfiehlt es sich, Integrationsmassnahmen zu setzen, zum Wohle der Stammbevölkerung und der Migranten/innen.

Konnex zwischen Sicherheits- und Migrationspolitik?

Migration wird in der EU spätestens seit dem Terroranschlag vom 11. September 2001 vermehrt unter einem Sicherheitsaspekt diskutiert. (Faist, 2005) Dabei geht es vorwiegend um Fragen der Migrationssteuerung, der Verhinderung irregulärer Migration, der Kriminalitäts- und Terrorismusbekämpfung. Durch Maßnahmen wie den Ausbau von Grenzkontrollen, Erhebung biometrischer Daten, dem verstärkten Einsatz von Frontex zur Sicherung der Außengrenzen wird insinuiert, dass Migration und Sicherheit miteinander verwoben sind, und erstere sogar eine Bedrohung der europäischen inneren Sicherheit darstellt. So pocht etwa die Europäische Kommission im Rahmen der Europäischen Sicherheitsagenda (EK 2015) auf ein kohärenteres Zusammenwirken der EU-Mitgliedstaaten mit den diversen Akteuren auf EU-Ebene zur *„Bekämpfung von grenzübergreifender Kriminalität und Terrorismus als ... eine gemeinsame europäische Aufgabe"*, so Präsident Jean-Claude Juncker (ebd: S.2) - in Verbindung mit der Europäischen Migrationsagenda 2015. Letztere befasst sich mit Fragen von unmittelbarer Bedeutung für die Sicherheit, wie Schleusung von Migranten/innen, Menschenhandel, Grenzmanagement aber auch dem sozialen Zusammenhalt.

Auf die zunehmende Komplexität des Zusammenwirkens von Sicherheitsagenden mit grenzüberschreitenden kriminellen Handlungen wird im öffentlichen Diskurs der Politik und in den Medien kaum verwiesen, dafür aber auf die Gefahren für die Sicherheit, die von Migrationen ausgingen. Damit macht sich ein allgemeines Unbehagen in der Gesellschaft breit, das dazu führt, dass Migranten/innen zunehmend als Sicherheitsrisiko wahrgenommen werden. Diese undifferenzierte Sichtweise ist sachlich nicht gerechtfertigt, da es zu einer Vermischung von Straftätern, etwa Terroristen, und legal anwesenden, unbescholtenen Migranten/innen kommt. Die ‚Versicherheitlichung' von Migration kann aber auch die Effizienz wirtschaftlicher Prozesse, und damit die Wettbewerbsfähigkeit der europäischen Wirtschaft (ökonomische Sicherheit), sowie die Einhaltung der Menschenrechte, die für die Europäische Identität vorrangig ist (menschliche Sicherheit), beeinträchtigen. Weiters sind unerwünschte gesellschaftliche Folgen möglich, die sich in einem verstärkten Misstrauen gegenüber den ‚Anderen', dem Staat, den Medien, etc. artikulieren, und die allesamt in ihrem Zusammenwirken zu einer Destabilisierung von Politik (politische Sicherheit) und Gesellschaft (soziale Sicherheit) führen können. Schon jetzt ist in vielen Ländern Europas eine steigende fremdenfeindliche Atmosphäre zu beobachten. Dies kann vor allem an Ausschreitungen gegen ‚Ausländer' festgemacht werden, aber auch an der steigenden Gewalt gegen ‚Andere', wie Obdachlose oder die Obrigkeit/Polizei. (Spiegel 2016; Bayernkurier 2017; Frankfurter Allgemeine 2017) So zeigt etwa die Kriminalstatistik für das Jahr 2016 in Österreich, dass Zugewanderte mehr als doppelt so oft Opfer einer Straftat sind als die Gesamtbevölkerung (migration & integration 2017: S74) – sowie am zunehmenden Wahlerfolg von fremdenfeindlichen politischen Parteien.

Diskriminierung von
ethnischen Minderheiten und Migranten/innen

Bis 2016 weisen EU-Erhebungen zur Diskriminierung von ethnischen Minderheiten, zumindest aus der Sicht der Allgemeinbevölkerung, noch keinen Anstieg auf. Das kann anhand der Eurobarometererhebungen unter der Allgemeinbevölkerung zur empfundenen Diskriminierung von ethnischen Minderheiten im eigenen Land überprüft werden. Hierzu meinten im Jahr 2006 19%, dass sie sehr verbreitet sei - gegenüber 16% im Jahr 2008. Weitere 45% waren der Meinung, dass sie ziemlich verbreitet sei - gegenüber 46% im Jahr 2008. Die Fragestellungen der Erhebung unter der Allgemeinbevölkerung der Jahre 2012 und 2015 stimmen zwar mit denen der vorhergehenden Jahre nicht überein, weisen allerdings tendenziell eine Verbesserung des Klimas gegenüber ethnischen Minderheiten und Migranten/innen auf. So meinten etwa 18% der Bevölkerung, dass sie sich mit der Wahl einer ethnischen Minderheit an der politischen Spitze des eigenen Landes definitiv ‚nicht wohl' fühlen würden, gegenüber 24% 2012. Total einverstanden damit waren 55% in der EU-28, gegenüber 48% im Jahr 2012.

Eine Befragung der ethnischen Minderheiten zu eigenen Erfahrungen von Diskriminierung in der EU (EU-MIDIS 2011) zeigt ein etwas anderes Bild. Der Befragung aus dem Jahr 2009 zufolge lag der Anteil von Personen, der in den letzten 12 Monaten eine persönliche Diskriminierungserfahrung erfahren hat, bei 30% im Schnitt der EU-27. Konkret wird die Diskriminierung in Themenfeldern des Alltags abgefragt, etwa auf dem Arbeitsmarkt, dem Wohnungsmarkt, im Gesundheitswesen, im Sozialbereich, im Bildungssektor, im privaten Dienstleistungssektor (Restaurants, Banken, Geschäfte, etc.). Die höchsten Prävalenzen hatten Roma zu verzeichnen mit 47%, gefolgt von Afrikanern aus Ländern südlich der Sahara (41 %), während der Anteil unter den türkischen sowie den mittel- und osteuropäischen Zuwanderern bei 23% lag. Es mag vielleicht überraschen, dass die niedrigsten Prävalenzraten der Diskriminierung unter ehemaligen Jugoslawen (3%) und Türken (9%) in Österreich festgestellt wurden. Eine Gegenüberstellung der Meinung der Mehrheitsbevölkerung zur Diskriminierung von ethnischen Minderheiten gemäß Eurobarometer Spezial (2008) kommt zu z.T. überraschenden Ergebnissen. In einigen EU-MS bewertete die Mehrheitsbevölkerung die Lage erheblich negativer als die befragten Minderheiten, denen dieselbe Frage gestellt wurde: so etwa in Österreich, wo 60% der Allgemeinbevölkerung der Auffassung war, dass Diskriminierung aufgrund der ethnischen Herkunft oder des Migrationshintergrunds (sehr oder ziemlich) verbreitet sei, während nur 32% der türkischen Befragten und 17% der ehemaligen Jugoslawen dieser Meinung waren. Ähnlich war die Situation in den Niederlanden, Spanien, Dänemark, Finnland, Vereinigtes Königreich. Im Gegensatz dazu gab es Länder, in denen ethnische Minderheiten ein viel höheres Ausmaß an Diskriminierung meldeten als die Mehrheitsbevölkerung für möglich hielt (Ungarn, Tschechien, Polen, Slowakei – alles Länder mit einem hohen Anteil von Roma, aber auch Portugal, Frankreich und Irland).

Die ‚Versicherheitlichung' von Migration

Migration als globales, transnationales Phänomen wird über ihren Effekt auf die gesellschaftliche Sicherheit zu einem Thema der inneren Sicherheit gemacht. Es wird unterstellt, dass Migration die gesellschaftliche Identität und den gesellschaftlichen Zusammenhalt, wesentliche Merkmale des Sozialkapitals eines Landes, gefährde. Dabei geht es um den Effekt der steigenden kulturellen Vielfalt einerseits und der politisch-ideologischen und gruppenspezifischen Wertehaltungen andererseits. So verweist etwa Robert Putnam (2007) auf eine landesweite Erhebung zum sozialen Zusammenhalt in den USA, der zufolge die Einwanderung, und damit verbunden die zunehmende Diversität, die soziale Solidarität verringert habe - in seinen Worten: *„Immigration and ethnic diversity tend to reduce social solidarity and social capital. New evidence in the US suggests that in ethnically diverse neighbourhoods residents of all races tend to ‚hunker down'. Trust (even of one's own race) is lower, altruism and community cooperation rarer, friends fewer." (Ebd: S.137).* Damit kann der soziale Zusammenhalt, der ein Standbein der gesellschaftlichen Sicherheit ist, mit dem Ziel der wirtschaftlichen Sicherheit im Widerspruch stehen, vor allem dann, wenn der soziale Zusammenhalt infolge großer sozialer und ökonomischer Ungleichgewichte ohnehin schon gering ist.

Huysmans (2000: S. 752) identifiziert drei Mechanismen, mittels derer Migrationen die gesellschaftliche Sicherheit beeinträchtigen können: die Störung der öffentlichen Ordnung (etwa durch Terrorismus und Kriminalität), die Beeinflussung der kulturellen Identität (etwa infolge einer gewissen Inkompatibilität der kulturellen Werte und Normen zwischen Zuwanderern und der Stammbevölkerung) und die Destabilisierung des Arbeitsmarktes. Ab wann der eine oder andere Faktor zu einem gesellschaftlichen Sicherheitsrisiko werden kann, hängt von vielerlei Aspekten ab. Gemäß Rudolph (2000) zählen dazu kulturelle Nähe (Sprache, Religion, gemeinsame Geschichte - dazu auch Biffl, 2016), räumlicher und zeitlicher Konzentrationsgrad (Parallelgesellschaften – Manea et al, 2017), Zuwanderungskanal (legal, illegal) und historische Migrationspfade. Die meisten europäischen Einwanderungsländer gehen gegen die Entwicklung von ‚Parallelgesellschaften' und die Verbreitung von Werten, die mit der nationalen kollektiven Identität im Sinne einer ‚imagined community' (Anderson, 1983/2003) nicht vereinbar sind, mit Integrationsmassnahmen (NAP.I 2009, EK 2016) und ‚Wertekursen' (ÖIF) vor. Damit soll die ‚Assimilation' bzw. Integration der Zuwanderer beschleunigt werden und dadurch die gesellschaftliche Akzeptanz von Migration gefördert werden. Andere Länder, wie etwa jüngst die USA, verbieten den Zustrom von Menschen aus bestimmten, großteils muslimischen, Ländern. All diese Maßnahmen sollen der Stammbevölkerung signalisieren, dass der Staat Migrationen steuern kann. Auf die Grenzen der Steuerbarkeit von Migration wurde aber schon vielerorts hingewiesen (Biffl 2011, Sassen 2005).

Gewinner und Verlierer von Migrationsprozessen

Es ist aber auch auf die unterschiedliche Verteilung des Nutzens von Migrationsprozessen zu achten, also auf die Struktur und das Ausmaß von Gewinnern und Verlierern in der Gesellschaft. Darauf hat Borjas (2016) in seinem jüngsten Buch hingewiesen. Obschon die Einwanderung in den USA in Summe wachstums- und wohlstandsfördernd war und den Durchschnittsamerikaner kaum betroffen hat, gab es doch ‚winners and losers'. Zu den Verlierern zählen - gegeben den Schwerpunkt der Zuwanderung von unqualifizierten Arbeitskräften - die ansässigen unqualifizierten Arbeitskräfte, die mit ihnen im Wettbewerb um Jobs stehen. Zu den Gewinnern zählen u.a Personen, die kostengünstig Haushaltshilfen anstellen können, aber auch generell Arbeitgeber, die über die Verfügbarkeit von ‚billigen' Arbeitskräften kostengünstig produzieren und damit am Markt erfolgreich sein können. So ziehen Migranten/innen ebenso wie Arbeitgeber wirtschaftliche Vorteile aus der Migration, während soziale Integrations-Kosten im Bereich der Infrastruktur, dem Wohnungsmarkt, den Schulen und Gemeinden anfallen, also in allen Bereichen der Gesellschaft, die aber nicht leicht überschaubar und quantifizierbar sind. Daraus kann in der Öffentlichkeit der Eindruck entstehen, insbesondre wenn medial aufgebauscht, dass sich gesamtwirtschaftliche und gesamtgesellschaftliche Kosten und Nutzen der Migration nicht die Waage halten. Wenn der Nutzen nicht klar vermittelt wird, kann es zu einer gesellschaftlichen Verunsicherung kommen, die destabilisierend wirken kann. Darauf macht auch Bauböck (2004) aufmerksam.

Das sind allerdings allesamt diffuse Themen im Zusammenhang mit Migration, die indirekt auf die soziale Sicherheit und Stabilität einwirken können. Wo die Sicherheitsfrage hingegen direkt angesprochen wird, ist der Migrationskanal. O'Neill (2006: S.327) verweist dabei auf eine *‚spiral of insecurity‘,* die sich zwischen Sicherheitsexperten, den Medien und der Politik aufschaukelt und die sich um Terrorismus, Kriminalität, Illegalität aber auch unreflektiert um ‚Migration‘ dreht. Aus diesem Blickwinkel wird im unkontrollierten Zustrom von Flüchtlingen eine Gefahr gesehen, weshalb gegen das Schleppertum offensiv vorgegangen wird, oft unter Verletzung der Menschenrechte. Gleichzeitig werden Rücknahmeabkommen von ‚unerwünschten‘ Einwanderern mit Entwicklungshilfe, oder ihrem Entzug, verknüpft. Ebenso werden Übernahmeabkommen von Flüchtlingen mit Drittländern getroffen, im Austausch gegen Investitionen und Fördergelder. Diese Aktivitäten gehen allerdings in die Leere, da sie nicht die Wurzeln der illegalen Migration bekämpfen, sondern nur die Symptome. Wenn man praktikable Lösungen finden will, muss man in die Herkunftsländer der Migranten/innen gehen und dort ansetzen. Im Wesentlichen geht es um die Bekämpfung der Armut, aber auch der Diskriminierung bestimmter Bevölkerungsgruppen, die aus dem Zusammenwirken von ineffektiven politischen und wirtschaftlichen Institutionen und Verwaltungsstrukturen sowie dysfunktionalen Sozialmodellen resultieren. In den Worten von Paul Collier (2013): ... *„one reason poor countries are poor is that they are short of effective organizations"* ... *„migrants are essentially escaping from countries with dysfunctional social models".* (Ebd. S.33/34)

Die Antwort auf diese Herausforderung liegt in der Verfolgung von nachhaltigen Entwicklungsstrategien, wie sie im Rahmen der Nachhaltigen Entwicklungsagenda 2030 der Vereinten Nationen vorgeschlagen werden. (VN 2015) Migrationen und Mobilität von Menschen finden sich in vier von insgesamt 17 Nachhaltigkeitszielen, aus der Erkenntnis heraus, dass Migrationen für Herkunfts- und Aufnahmeländer nützlich sein können, wenn sie nur gut ‚gemanagt‘ werden. Hingegen kann ein schlecht geführtes, verwaltetes und organisiertes Migrationsregime viel Leid und Gefahr mit sich bringen und im Endeffekt Sicherheitsprobleme auslösen. Als Hilfestellung der Länder und zur Verbesserung der Transparenz wurde von IOM ein ‚Migration Governance Index‘ geschaffen. (The Economist Intelligence Unit, 2016)

Abschließende Bemerkungen

Wir haben es im 21. Jahrhundert mit Entwicklungen zu tun, die einen Wandel in der Sicherheitspolitik ebenso wie in der Migrationspolitik zur Folge haben. Beiden gemeinsam ist die Beeinflussung durch Globalisierungsprozesse, die von wirtschaftlichen und technologischen Interessen und Möglichkeiten getrieben sind, die aber nicht ohne Konsequenzen für die Sicherheits- und Migrationspolitik sind. Das bedeutet aber nicht, dass Migrationen per se ein ‚Sicherheitsproblem‘ darstellen, oder dass Migranten/innen das subjektive Sicherheitsempfinden der Bevölkerung beeinträchtigen. Wie Pilgram et al. (2012) darlegen, ist die Kriminalitätsrate der ausländischen Wohnbevölkerung nicht höher als die der inländischen. Warum dennoch unter den Inhaftierten ein überproportionaler Anteil von ausländischen Staatsangehörigen zu finden ist, ist auf die große Zahl von Untersuchungshäftlingen (einschließlich Kriminaltouristen/innen) und die Schubhaft von illegal in Österreich aufhältigen Personen zurückzuführen.

Was die Sicherheitspolitik anbelangt, so hat das Ende des Kalten Krieges, in dem sich zwei hochgerüstete Staatenblöcke gegenüberstanden, einen Bruch bewirkt. An die Stelle einer bipolaren Welt ist eine multipolare getreten, mit weltweit vielen sub- und zwischenstaatlichen Konflikten, ethnischen und religiösen Auseinandersetzungen, in denen nicht nur Staaten, sondern auch Bewegungen und Netzwerke wie al-Qaida, Isis, Boko Haram etc. nicht nur lokal sondern auch global agieren und somit ein Sicherheitsrisiko, insbesondere auch für Europa, darstellen. So ist etwa der Syrienkonflikt ein komplexer Stellvertreterkrieg, in dem nicht nur USA und Russland mitmischen, sondern auch die Schutzmächte der zwei islamischen Hauptgruppen in Syrien, die Sunniten und Schiiten, nämlich Saudi-Arabien und der Iran, ergänzt um die Hisbollah im Libanon. Hinzu kommt noch die Türkei, die die syrischen Turkmenen gegen die syrischen Kurden unterstützt. Damit nicht genug nutzen Islamisten mit Unterstützung von al-Qaida-Milizen das Chaos in Syrien und im Irak und wollen einen Gottesstaat namens ISIS (Islamischer Staat im Irak und Syrien) errichten. Europa bekommt diesen komplexen Konflikt auf zweierlei Art zu spüren, über eine Welle von Flüchtlingen aus den Krisengebieten und über Terrorakte in Städten wie Paris, Brüssel, Berlin.

Darüber hinaus stellt die grenzüberschreitende organisierte Kriminalität, sowie die Weiterverbreitung von Massenvernichtungswaffen und ihre Benutzung durch Terroristen ein Sicherheitsproblem neuer Ordnung dar. Aber auch von der Globalisierung mit ihrem Ungleichgewicht zwischen Reichtum und extremer Armut innerhalb und zwischen Ländern geht ein gewisses Bedrohungspotenzial aus, das etwa in der Sicherheitspolitik der EU berücksichtigt wird.

Die Migrationspolitik wiederum muss erkennen, dass es Grenzen der nationalen Steuerbarkeit von Migrationen gibt. Es zeigt sich, dass die Entwicklungspolitik mit ihren länderspezifischen strategischen Schwerpunkten keine Alternative zu Migrationen bzw. zur Migrationspolitik ist, sondern eine Ergänzung. Eine transparente komplementäre Ausrichtung beider Politiken kann auch das Vertrauen der Gesellschaft in die nationale und internationale Gestaltungskraft der Politik stärken. Denn eines ist klar, Migrationen sind grosso modo politisch gestaltbar. Auch wenn Wellen von Migrationen spontan auftreten, als Reaktion auf unvorhersehbare Krisen und Katastrophen, sind politische und institutionelle Vorkehrungen zu treffen, die ein gewisses Maß an Sicherheit und die Einhaltung der Menschenrechte garantieren. Die traditionellen Einwanderungsländer führen uns vor Augen, dass Migrationen ein Aspekt des eigenen wirtschaftlichen Entwicklungskonzeptes sind, dass sie aber auch eine wesentliche geopolitische strategische Komponente aufweisen. Auch Österreich, ein Land, das sich offiziell nicht als Einwanderungsland sieht, hat

Migrationen in das eigene wirtschaftliche Entwicklungskonzept eingebaut, sei es in der Wahl der Gastarbeiterzuwanderung in den frühen 1960er Jahren oder in der restriktiven Zuwanderungspolitik im Gefolge der Ostöffnung und Erweiterung der Europäischen Union. Damit wird verdeutlicht, dass es zu Migrationen eine oder mehrere alternative Politiken gibt, etwa die Außenhandelspolitik oder die Bildungs- und Technologiepolitik. Um Reibungsverluste zu vermeiden, macht es Sinn, die diversen Politikfelder zu koordinieren und eine Konsistenz zu erzielen. Auch die Sicherheitspolitik kann hier ins Spiel gebracht werden, etwa über den Aspekt des sozialen Zusammenhalts, der durch zu viel ‚Diversität' gefährdet werden kann. Dem kann aber wohl am besten mit einer differenzierten Integrationspolitik begegnet werden und nicht mit mehr Sicherheitspolitik. Das soll aber nicht heißen, dass die Bekämpfung von grenzüberschreitender Kriminalität und Terrorismus zu vernachlässigen ist.

Literatur

Anderson, B. (1983/2003): Imagined Communities: Reflections on the Origin and Spread of Nationalism. Verso, London/New York.

Bauböck, R. (2004): Migration und innere Sicherheit, Österreichische Zeitschrift für Politikwissenschaft, 33. Jg., (1), 49–66.

Bayernkurier (2017): Gewalt gegen Polizisten steigt. https://www.bayernkurier.de/inland/28016-gewalt-gegen-polizisten-steigt/

Biffl, G. (2016): Migrationen und die Vielfalt der Kulturen. In Gudrun Biffl & Dorothea Stepan (Hrsg.) Europa und Demokratien im Wandel. Reihe Europa und Globalisierung. Krems (Edition Donau-Universität Krems), S163-181.

Biffl, G. (2011): Migrationsmodelle und ihre Steuerbarkeit. In Gudrun Biffl & Nikolaus Dimmel (Hrsg.) Migrationsmanagement. Grundzüge des Managements von Migration und Integration. Band 1, S 51-66. Omninum, Bad Vöslau.

Borjas, G.J. (2016): We Wanted Workers: Unraveling the Immigration Narrative. W. W. Norton & Company, New York/London.

Collier, P. (2013): Exodus: How Migration Is Changing Our World. Oxford University Press, New York.

Der Spiegel (2016): Ausländerhass: Fremdenfeindliche Gewalt drastisch gestiegen. http://www.spiegel.de/politik/deutschland/fluechtlinge-rechte-gewalt-gegen-auslaender-nimmt-zu-a-1113669.html

Eurobarometer Spezial (2006, 2008, 2012 2015): Diskriminierung in der Europäischen Union. Diverse Wellen. Europäische Kommission. Straßburg, den 7.6.2016 COM(2016) 377 final

Europäische Kommission (2016): Aktionsplan für die Integration von Drittstaatsangehörigen.

Europäische Kommission (2015): Die Europäische Sicherheitsagenda. Mitteilung der Kommission an das Europäische Parlament, den Rat, den Europäischen Wirtschafts- und Sozialausschuss und den Ausschuss der Regionen. Straßburg, COM(2015) 185 final.

Europäische Migrationsagenda 2015: Europäische Migrationsagenda 2015 – vier Schwerpunkte für eine bessere Steuerung der Migration. https://ec.europa.eu/home-affairs/sites/homeaffairs/files/what-we-do/policies/european-agenda-migration/background-information/docs/summary_european_agenda_on_migration_de.pdf

Faist, T. (2005): The migration-security nexus: international migration and security before and after 9/11. COMCAD Working Papers 9. Universität Bielefeld, Fakultät für Soziologie, Centre on Migration, Citizenship and Development (COMCAD)

EU-MIDIS (2011): Erhebung der Europäischen Union zu Minderheiten und Diskriminierung. Bericht über die wichtigsten Ergebnisse. Agentur der Europäischen Union für Grundrechte (FRA), Wien.

Frankfurter Allgemeine (2017): Mehr Gewalt gegen Obdachlose. http://www.faz.net/aktuell/gesellschaft/kriminalitaet/gewalt-gegenueber-obdachlosen-steigt-14907475.html

Huysmans, J. (2000): The European Union and the Securitisation of Migration, Journal of Common Market Studies 38/5 (2000)

Manea, E., Koopmans, R., Engels, D., Heinsohn, G., Kelek, N., Norell, M., Bretschneider, R., Pauli, E. (2017): Parallelgesellschaften. Segregation und desintegrative Milieus. In Perspektiven Integration Heft 06/2017, Österreichischer Integrationsfonds (ÖIF),

migration & integration (2017): zahlen.daten.indikatoren 2017. Statistik Austria, Wien.

NAP.I (2009): Nationaler Aktionsplan der Republik Österreich. https://www.bmeia.gv.at/fileadmin/user_upload/Zentrale/Integration/NAP/Bericht_zum_Nationalen_Aktionsplan.pdf

O'Neill, P.E. (2006): The European Union and Migration: Security versus Identity? Defence Studies, 6: 3, 322–350.

ÖIF (Österreichischer Integrationsfonds): Mein Leben in Österreich. https://www.integrationsfonds.at/kurse/werte-und-orientierungskurse/

Pilgram, A., Fuchs, W., Leonhardmair, N. (2012): Welche Aussagen über die Migranten- und Ausländerpopulation in Wien erlaubt die Kriminalstatistik? Forschungsbericht, Institut für Rechts- und Kriminalsoziologie, Wien.

Putnam, R. D. (2007): E Pluribus Unum: Diversity and Community in the Twenty-First Century – The 2006 Johan Skytte Prize Lecture. Scandinavian Political Studies 30.

Rudolph, C. (2002): Security and the Political Economy of International Migration. Institute of Governmental Studies WP2002-4, University of California, Berkeley.

Sassen, S. (2005): Regulating Immigration in a Global Age: A New Policy Landscape. parallax vol. 11, no. 1, 35–45. Routledge.

The Economist Intelligence Unit (2016): Measuring well-governed migration: The 2016 Migration Governance Index. The Economist Intelligence Unit, London. https://publications.iom.int/system/files/pdf/migration_governance_index_2016.pdf

Vereinte Nationen (2015): Transforming our world: the 2030 Agenda for Sustainable Development. https://sustainabledevelopment.un.org/post2015/transformingourworld

Das Strafrecht und die Union: eine bemerkenswert enge Liaison[1]

Wolfgang Bogensberger

Zusammenfassung

Das Verhältnis zwischen dem mitgliedstaatlichen Strafrecht und dem Rechtssystem der Union hat eine erstaunliche Wandlung durchgemacht: War das Strafrecht in den ersten 36 Jahren seit dem Bestehen der (Vorläufer der) Europäischen Union – also seit den Römer Verträgen – kein Teil der internen Politiken und Maßnahmen, so hat es in den nachfolgenden 24 Jahren (bis zum heutigen Tag) eine beachtliche europäische Karriere hingelegt: Obwohl vielfach zum – kaum antastbaren – Kernbereich der mitgliedstaatlichen Souveränität gezählt, hat sich das Strafrecht in den vergangenen beiden Jahrzehnten nachhaltig der Union (bzw. sich auch die Union dem Strafrecht) zugewendet und dabei einen Integrationsprozess durchlaufen, der von einer starken Dynamik gekennzeichnet war und noch immer ist. Die europäische Integration des nationalstaatlichen Strafrechts reicht von der Verbesserung und Vereinfachung der strafrechtlichen Zusammenarbeit zwischen justiziellen Behörden der Mitgliedstaaten (im Wege der gegenseitigen Anerkennung von strafgerichtlichen Entscheidungen), über die Rechtsannäherung im materiellen Strafrecht (Schaffung gemeinsamer Zugänge für zahlreiche Straftaten) sowie im Strafverfahrensrecht (Schaffung von Mindestrechten für Opfer wie für Beschuldigte) bis hin zur Gründung von europäischen Einrichtungen mit strafrechtlichem Kooperations- und Koordinationsauftrag (Europäisches Justizielles Netz, Eurojust). Mit dem Aufbau einer Europäischen Staatsanwaltschaft in den kommenden Jahren wird zudem eine qualitativ neue Ära für das „europäisierte Strafrecht" eingeleitet. Zeit für eine Bestandsaufnahme.

Wie das Strafrecht in die Union kam

Strafrecht war ursprünglich keine Rechtsmaterie, die mit der Union in Verbindung gebracht wurde. Die Römer Verträge aus 1957 nahmen keinerlei Bezug auf „Strafsachen". Das blieb im Wesentlichen so bis in die 90er Jahre des 20. Jahrhunderts.

Allerdings hat die Dynamik der Europäischen Integration sukzessive den politischen Wunsch und die sachliche Notwendigkeit entstehen lassen, auch das Strafrecht für die Union und ihre Zwecke zu nutzen, zumal es auf die eingriffsintensivsten Kontrollmaßnahmen zurückgreifen kann, die ein rechtsstaatliches System zur

---

[1] Der Beitrag gibt die persönlichen Auffassungen des Autors wieder.

Verfügung stellt. Ferner wurde mit zunehmender Integration vieler Politikbereiche immer deutlicher, dass die Union nicht nur ökonomische Ziele verfolgt, sondern auch die Grundfreiheiten und Grundrechte der Bürgerinnen und Bürger rechtlich abzusichern hatte. Der – verständliche – Wunsch, gravierende Verletzungen dieser Grundfreiheiten und -rechte auch mit möglichst wirksamen Sanktionen verhindern und bekämpfen zu können, wies ebenfalls unmissverständlich in die Richtung des strafrechtlichen Kontrollsystems. Das Strafrecht kam also ins Visier der europäischen Rechtsordnung, einerseits um die Durchsetzung bestimmter Unionspolitiken effizienter zu gestalten und andererseits um den Bürgerinnen und Bürgern in der Union ein hohes Maß an Rechts-Sicherheit zu geben.

Dieser von Seiten der Union ausgeübte Sogwirkung auf das Strafrecht stand auf der mitgliedstaatlichen Seite eine Schubwirkung gegenüber: Der strafrechtliche Wirkungsanspruch kam vor dem Hintergrund der immer umfänglicheren europäischen Integration zunehmend unter Legitimationsdruck: Die mit dem Abbau der Binnengrenzen für Personen, Waren, Dienstleistungen und Geld verbundene – weitreichende – Änderung der Lebenswirklichkeit der Bürgerinnen und Bürger blieb strafrechtlich lange Zeit unbeachtet. Das mitgliedstaatlich ausgerichtete Strafrecht blieb im Wesentlichen so organisiert, als würde es diese Binnengrenzen immer noch geben. Mit dieser Haltung konnte das Strafrecht aber seinen Wirkungsanspruch in einer so geänderten Realität nur mehr bedingt behaupten: seine vorwiegend innerstaatliche Ausrichtung wurde zunehmend realitätsferner.

Nun ist aber das Strafrecht eine jener Rechtsmaterien, die besonders stark mit dem (herkömmlichen) Souveränitätsverständnis eines Staates verbunden sind; es handelt sich zudem eher um eine stark änderungsresistente – damit aber das jeweilige politische System durchaus stabilisierende – Rechtsmaterie, die historisch über viele Jahre und Jahrzehnte gewachsen und somit eng mit dem einzelstaatlichen Rechtssystem und seinen Traditionen verknüpft ist.

Als das Aussparen der strafrechtlichen Möglichkeiten aus dem Unionsrechtssystem nicht länger haltbar erschien, erfolgte die erste vertragliche Verankerung einer strafrechtlichen Zuständigkeit der Union, und zwar im Maastrichter Vertrag von 1993 – also 35 Jahre nach den Römer Verträgen. Die neu geschaffenen Artikel K. bis K.9 des Titels VI des damaligen Vertrags über die Europäische Union ermöglichten erstmals eine intergouvernementale Regierungszusammenarbeit in den Bereichen Justiz und Inneres im unionsrechtlichen Gefüge (durch Schaffung der sogenannten „dritten Säule", die neben die ersten Säule, die Gemeinschaftspolitik, und die zweiten Säule, die Gemeinsame Außen und Sicherheitspolitik, trat).

Vor dem Hintergrund der großen Bedeutung strafrechtlicher Maßnahmen für das einzelstaatliche Souveränitätsverständnis wird es verständlich, warum diese erstmalige strafjustizielle Zusammenarbeit in der Union zunächst nur im Rahmen intergouvernementaler Strukturen akzeptiert wurde: Nur diese Struktur beließ – im Gegensatz zur integrativen „Gemeinschaftsmethode" – alle rechtssetzende und vollziehende Macht weiterhin in den Händen der Mitgliedstaaten. Diese Regierungszusammenarbeit ermöglichte ein Beharren auf Einstimmigkeit bei der Rechtsetzung und gab somit jedem Mitgliedstaat ein Vetorecht; sie ermöglichte aber auch eine

Verhinderung jedweder gerichtlichen Kontrolle der Rechtskonformität innerstaatlicher Umsetzung der unionsrechtlichen Verpflichtungen – und ersparte auf diese Weise jedem Mitgliedstaat einen rechtlich durchsetzbaren Umsetzungszwang durch ein außerstaatliches Gericht.

Der rein intergouvernementale Charakter dieses neuen Politikbereichs wurde aber bereits durch den Vertrag von Amsterdam aus 1999 aufgeweicht, der einige Charakteristika der „Gemeinschaftsmethode" in die strafrechtliche Zusammenarbeit integrierte („teilweise Vergemeinschaftung"): Neue Rechtsinstrumente – die den Richtlinien nachempfundenen Rahmenbeschlüsse – ersetzten nach und nach die intergouvernementalen Übereinkommen, die Europäische Kommission erhielt ein Co-Initiativrecht für Rechtsakte (neben dem mitgliedstaatlichen Initiativrecht) und das Europäische Parlament musste von nun an bei der Rechtssetzung stets vom damaligen Unionsgesetzgeber, dem Rat, zumindest konsultiert werden (auch wenn die Meinung des Europäischen Parlaments nachfolgend selten bei der Annahme des Rechtsaktes in seiner Substanz berücksichtigt wurde). Auch der Europäische Gerichtshof in Luxemburg (EuGH) erhielt eine teilweise Zuständigkeit für bestimmte Verfahren in Strafsachen: Insbesondere das für die einheitliche Rechtsanwendung immens wichtige Vorabentscheidungsverfahren wurde nun auch für die Strafgerichte jene Mitgliedstaaten nutzbar, deren Regierungen diese Zuständigkeit freiwillig zu akzeptieren bereit waren (und das waren weit mehr als die Hälfte). Allerdings waren die Mitgliedstaaten im Jahr 1999 noch nicht bereit, dem EuGH auch die Möglichkeit von Vertragsverletzungsverfahren zur Hand zu geben, mit welcher eine mangelhafte Umsetzung strafjustiziellen Unionsrechts gerichtlich festgestellt und durch die Androhung von finanziellen Sanktionen im Falle der Nichtbeachtung des Urteils auch abgestellt werden kann.

Der Lissabonner Vertrag aus 2009 machte dann den nächsten – logischen – Schritt in Richtung „Integration" der europäischen Strafrechtsangelegenheiten: Er beseitigte die „Maastrichter Säulenstruktur" und wandelte die justizielle Zusammenarbeit in Strafsachen in einer (fast) normale Unionspolitik mit einer (beinahe) orthodoxen Funktionsweise um: Die „Justizielle Zusammenarbeit in Strafsachen" folgt von nun an dem gewöhnlichen Unionssystem (Artikel 288 ff und 293 ff des Vertrags über die Arbeitsweise der Europäischen Union, im Folgenden: AEUV), zumindest im Regelfall. Diese unionrechtliche Integration von Strafsachen geht Hand in Hand mit der Verwendung der gleichen Rechtsinstrumente (Verordnungen und Richtlinien statt den bisherigen Rahmenbeschlüssen), des gleichen Rechtssetzungsverfahrens (Mehrstimmigkeit im Rat statt bisheriger Einstimmigkeit, Mitentscheidungsverfahren mit dem Europäischen Parlament statt bisheriger bloßer Konsultation) und der Eingliederung in das allgemeine System der gerichtlichen Kontrolle durch den EuGH (damit werden alle dem bisherigen Gemeinschaftsrecht bekannte gerichtliche Verfahrensarten auch in Strafsachen akzeptiert, einschließlich der sensiblen Vertragsverletzungsverfahren, letztere allerdings erst seit dem Ablauf der Übergangsperiode von 5 Jahren, also seit 1. Dezember 2014[2]).

---

[2] Artikel 10 des Protokolls Nr. 36 über die Übergangsbestimmungen.

Diese – durchaus spektakuläre – Eingliederung von Strafsachen in die Logik und Systematik des Unionsrechts bringt es mit sich, dass damit die Mitgliedstaaten erstmals die absolute Kontrolle über das auf europäischer Ebene konzipierte Strafrecht aus der Hand gegeben haben: Die Mitgliedstaaten können nunmehr weder alle Aspekte im Rechtssetzungsprozess beherrschen (einzelne Mitgliedstaaten können im Rat überstimmt werden; die Mitgliedstaaten können durch die Verhandlungen mit dem Europäischen Parlament zu Änderungen des Rechtstextes im Mitentscheidungsverfahren verhalten werden), noch haben sie es allein in der Hand, über die Rechtskonformität der innerstaatlichen Rechtsumsetzung und Rechtsanwendung zu befinden (durch das Vertragsverletzungsverfahren können Mitgliedstaaten vom EuGH zur korrekten Umsetzung und Anwendung des europäischen Strafrechtsregeln gezwungen werden).

Freilich gelang dem Lissabonner Vertrag diese Integration des Strafrechts in das Unionsrecht noch nicht vollständig; manche strafrechtlichen Besonderheiten blieben erhalten, die gewissermaßen den politischen Preis für die Integration der Strafsachen in das Unionssystem bildeten:

• Die Mitgliedstaaten haben nach wie vor ein Initiativrecht, das sie allerdings nur mehr gemeinsam zu siebt ausüben können (Artikel 76 AEUV verlangt ein Viertel der Mitgliedstaaten). Damit sollten mitgliedstaatliche Rechtsinitiativen bestimmten Mindestanforderungen genügen, indem sie – wie typischerweise die Vorschläge der Kommission – auf rechtsvergleichenden Studien basieren und eine Abschätzung der (finanziellen) Folgen vornehmen, die mit dem vorgeschlagenen Rechtsakt verbunden sein werden (das sogenannte „*impact assessment*"). Damit sollte vor allem aber auch ein Missstand der Vergangenheit beendet werden, dass einzelne Mitgliedstaaten mit solchen Initiativen in erster Linie innerstaatliche Interessen auf europäischer Ebene vorantreiben wollten. Freilich ist dieses grundsätzlich noch immer geteilte Initiativrecht, obwohl abgemildert, nach wie vor ein Fremdkörper für die „*orthodoxe*" Unionsmethode, die sich sorgfältig um ein Gleichgewicht im Verhältnis zwischen dem Rat, dem Europäischem Parlament und der Europäischen Kommission bemüht. Diese interinstitutionelle Balance gründet sich auf dem „*checks and balances*" Gedanken, wonach die Europäische Kommission das Unionsrecht ausarbeitet und vorschlägt, und wonach der Rat und das Europäische Parlament gemeinsam das europäische Recht beraten und dann – nach Vornahme von Änderungen – beschließen (oder auch nicht beschließen). Vereinfacht ausgedrückt steht diese Kräftebalance für folgendes – demokratiepolitisch kluge – Prinzip: Wer europäisches Recht vorschlägt, soll es nicht beschließen, und wer europäisches Recht beschließt, soll es nicht vorschlagen können[3].

• Ferner besteht nach wie vor das Erfordernis der Einstimmigkeit im Rat in einzelnen – besonders sensiblen – Bereichen (begrenzte Ausweitung der Rechtset-

---

[3] Insofern negiert die etwa Forderung nach einem parlamentarischen Initiativrecht dieses ausgleichende Prinzip.

zungsbefugnis der Union wie in Artikel 82(2)(d), 83(1), 86(1) AEUV vorgesehen) bzw. kann das Europäische Parlament vereinzelt nicht mitentscheiden, sondern nur zustimmen bzw. seine Zustimmung verweigern (Errichtung einer Europäischen Staatsanwaltschaft und Ausdehnung ihrer Befugnisse, wie in Artikel 86(1) und (4) AEUV vorgesehen); dadurch haben diese Bereiche aber eine geringere parlamentarische Legitimität.

- Dazu kommt, dass für die Annäherung des materiellen Strafrechts und des Strafprozessrechts den Mitgliedstaaten eine „Notbremse" zur Hand gegeben wurde für Fälle, in denen „grundlegende Aspekte" ihrer Strafrechtsordnung berührt werden (Artikel 82(3) und 83(3) AEUV). Diese vertragliche Furcht vor systemwidrigen Einflüssen scheint in der Praxis der europäischen Rechtssetzung aber doch übertrieben gewesen, denn diese „Notbremse" kam bislang noch nie zum Einsatz.

- Des Weiteren ist der EuGH für die Überprüfung der Gültigkeit oder Verhältnismäßigkeit von Maßnahmen der Strafverfolgungsbehörden ebenso wenig zuständig wie für die Wahrnehmung der Zuständigkeit der Mitgliedstaaten für die Aufrechterhaltung der öffentlichen Ordnung und den Schutz der inneren Sicherheit (Artikel 72 und 276 AEUV). Diese Zuständigkeitsbegrenzung leitet sich aus früheren Verträgen (ex-Artikel 64 (1) EGV und ex-Artikel 33 EUV) her, spielt aber in der Praxis der Rechtsprechung des EuGH kaum eine Rolle.

- Schließlich nehmen drei Mitgliedstaaten eine Sonderstellung ein: Dänemark beteiligt sich nicht an den Maßnahmen des Titels V (Artikel 1 des Protokolls Nr. 22 über die Position Dänemarks)[4], und Irland sowie das Vereinigte Königreich können im Einzelfall entscheiden, ob sie bei einer Maßnahme des Titels V teilnehmen möchten (Protokoll Nr. 21 über die Position des Vereinigten Königreichs und Irlands hinsichtlich des Raums der Freiheit, der Sicherheit und des Rechts). Von einer weiteren Komplexität im Verhältnis zum Vereinigten Königreich sei hier im Hinblick auf das voraussichtliche Ausscheiden dieses Landes aus der Union mit 29. März 2019 nur kurz eingegangen: Im Jahr 2014 machte das Vereinigte Königreich von der nur ihm eröffneten Möglichkeit[5] Gebrauch und trat in einem ersten Schritt aus dem gesamten „Dritte Säule" Rechtsbestand aus („block opt-out"); in einem zweiten Schritt erklärte dann das Vereinigte Königreich, bei einzelnen Rechtsakten doch teilzunehmen („opt back-into")[6].

---

[4] Eine Änderung dieses sicherheitsrelevanten Selbstausschlusses, abgefragt in einem Referendum in Dänemark am 3. Dezember 2015, wurde mit 53% der abgegebenen Stimmen abgelehnt.

[5] Artikel 10 des Protokolls Nr. 36 über die Übergangsbestimmungen.

[6] Details dazu siehe Beschluss des Rates vom 1. Dezember 2014 über die Mitteilung des Vereinigten Königreichs Großbritannien und Nordirland, dass es sich an einigen der Bestimmungen des Schengen-Besitzstands, die in Rechtsakten der Union im Bereich der polizeilichen Zusammenarbeit und der justiziellen Zusammenarbeit in Strafsachen enthalten sind, beteiligen möchte, und zur Änderung der Beschlüsse 2000/365/EG und 2004/926/EG (2014/857/EU), ABl. 2014 L 345/1; Beschluss der Kommission vom 1. Dezember 2014 über die Mitteilung der

Was das Strafrecht in der Union leisten kann, und was nicht

Trotz der – weitreichenden – Beendigung der Sonderrolle des Strafrechts im Europäischen Arbeitszusammenhang bedeutet dies aber noch nicht, dass die Union nunmehr ein eigenständiges, unmittelbar anwendbares Strafrecht schaffen könnte: Der AEUV sieht keine Ermächtigung zur Erarbeitung eines „europäischen Strafgesetzbuches" oder eines „europäischen Strafprozesses" vor; die Strafrechtskompetenz der Union liegt vielmehr darin, die bestehenden Strafrechtsordnungen der Mitgliedstaaten stärker aufeinander zu beziehen und sie dadurch besser miteinander kompatibel zu machen, ähnliche Ansätze in allen Mitgliedstaaten zu jenen Straftaten zu schaffen, die einer gemeinschaftlichen Grundlage bedürfen sowie die praktische Zusammenarbeit zwischen den mitgliedstaatlichen Strafverfolgungsbehörden zu erleichtern und zu verbessern.

Im AEUV bildet die „Justizielle Zusammenarbeit in Strafsachen" (Kapitel 4 im Titel V) einen wesentlichen Bestandteil des zu errichtenden „Raumes der Freiheit, der Sicherheit und des Rechts". Dieses Kapitel 4 hat zum Ziel, *„ein hohes Maß an Sicherheit zu gewährleisten".* Als Mittel dazu stehen *„Maßnahmen zur Verhütung und Bekämpfung von Kriminalität sowie von Rassismus und Fremdenfeindlichkeit",* ferner *„Maßnahmen ... zur Koordinierung und Zusammenarbeit von ... Organen der Strafrechtspflege"* und auch *„die gegenseitige Anerkennung strafrechtlicher Entscheidungen und erforderlichenfalls ... die Angleichung der strafrechtlichen Rechtsvorschriften"* zur Verfügung (Artikel 67 (3) AEUV).

Diese Verbesserung der strafrechtlichen Zusammenarbeit soll auch das Vertrauen der Bürgerinnen und Bürger in das Funktionieren der Justizsysteme in der Union stärken, ein Umstand, der für die Ausübung der Grundfreiheiten (etwa in einem anderen Mitgliedstaat zu arbeiten, Güter aus einem anderen Mitgliedstaat zu kaufen oder Dienstleistungen in einem anderen Mitgliedstaat in Anspruch zu nehmen) von großer Bedeutung ist.

Die Bürgerinnen und Bürger haben aber nicht nur ein Interesse an einer verbesserten Verhütung und Bekämpfung von Straftaten, sondern auch daran, dass sie da-

---

Absicht des Vereinigten Königreichs von Großbritannien und Nordirland, sich an Rechtsakten der Union im Bereich der polizeilichen Zusammenarbeit und der justiziellen Zusammenarbeit in Strafsachen, die vor dem Inkrafttreten des Vertrags von Lissabon angenommen wurden und die nicht Teil des Schengen-Besitzstandes sind, zu beteiligen (2014/858/EU), ABl. 2014, L 345/6; Beschluss des Rates vom 27. November 2014 zur Bestimmung von Folge- und Übergangsmaßnahmen in Bezug auf die Beendigung der Beteiligung des Vereinigten Königreichs von Großbritannien und Nordirland an bestimmten Rechtsakten der Union im Bereich der polizeilichen Zusammenarbeit und der justiziellen Zusammenarbeit in Strafsachen, die vor dem Inkrafttreten des Vertrags von Lissabon angenommen wurden (2014/836/EU), ABl. 2014 L 343/11; Beschluss des Rates vom 27. November 2014 zur Bestimmung der unmittelbaren finanziellen Folgen der Beendigung der Beteiligung des Vereinigten Königreichs von Großbritannien und Nordirland an bestimmten Rechtsakten der Union im Bereich der polizeilichen Zusammenarbeit und der justiziellen Zusammenarbeit in Strafsachen, die vor dem Inkrafttreten des Vertrags von Lissabon angenommen wurden (2014/837/EU), ABl. 2014, L 343/17.

rauf vertrauen können, dass ihre Angelegenheiten in jedem Mitgliedstaat vor Gericht fair und ohne Diskriminierung behandelt werden. Dazu zählt, dass jedes Opfer einer Straftat in einem anderen Mitgliedstaat vor Ort einen wirksamen Schutz in Anspruch nehmen und Entschädigung verlangen kann. Dazu zählt aber auch, dass jeder Beschuldigte einer Straftat in einem anderen Mitgliedstaat auf das Bestehen von Mindestgarantien in einem fair durchgeführten Strafverfahren vertrauen darf.

Die Verbesserung der strafjustiziellen Zusammenarbeit der Union

Rechtsinstrumente der strafjustiziellen Zusammenarbeit

Zahlreiche Unionsrechtsakte der letzten Jahre widmen sich der Verbesserung und Vereinfachung der justiziellen Zusammenarbeit in Strafsachen, basierend auf dem Grundsatz der gegenseitigen Anerkennung von gerichtlichen Entscheidungen.

Schon der Europäische Rat von Cardiff aus 1998 ersuchte den Rat, *„die Möglichkeiten für eine weitergehende gegenseitige Anerkennung der Entscheidungen von Gerichten der jeweils anderen Mitgliedstaaten zu ermitteln"* (Rn 39 der Schlussfolgerungen des Vorsitzes). Und der Europäische Rat von Tampere im Jahr darauf hielt bereits fest, dass der Grundsatz der gegenseitigen Anerkennung *„zum Eckstein der justiziellen Zusammenarbeit"* in Strafsachen innerhalb der Union werden sollte (Rn 33 der Schlussfolgerungen des Vorsitzes).

Der Grundsatz der gegenseitigen Anerkennung ist mittlerweile zu einem Verfassungsprinzip[7] geworden, das dem Raum der Freiheit, der Sicherheit und des Rechts zu Grunde liegt. Dieser Grundsatz ermöglicht ein System der Zusammenarbeit, in dem eine gerichtliche Entscheidung eines Mitgliedstaates in einem anderen Mitgliedstaat ohne weitere Formalitäten vollstreckt wird. Er beruht auf dem Gedanken, dass die Mitgliedstaaten – ungeachtet der bestehenden Unterschiede in ihren Strafrechtsordnungen – die gerichtlichen Entscheidungen anderer Mitgliedstaaten als den eigenen Entscheidungen ebenbürtig akzeptieren, selbst dann, wenn bei der Anwendung des eignen Rechts ein anderes Ergebnis zustande gekommen wäre.

Der Grundsatz der gegenseitigen Anerkennung setzt ein tiefes gegenseitiges Vertrauen zwischen den Mitgliedstaaten voraus. Dieses gegenseitige Vertrauen hat fundamentale Bedeutung im Unionsrecht, weil es die Schaffung und Aufrechterhaltung eines Raums ohne Binnengrenzen ermöglicht. Dieser Grundsatz verlangt aber von jedem Mitgliedstaat, dass er, abgesehen von außergewöhnlichen Umständen, davon ausgeht, dass alle anderen Mitgliedstaaten das Unionsrecht und insbesondere die dort anerkannten Grundrechte beachten (vgl. Gutachten 2/13 über den Beitritt der

---

[7]   Vgl. K. Lenaerts, The Principle of Mutual Recognition in the Area of Freedom, Security and Justice, in 'The Fourth Annual Sir Jeremy Lever Lecture', All Souls College, University of Oxford, 30 January 2015, p. 2, referring to E. Herlin-Karnell, 'Constitutional Principles in the EU Area of Freedom, Security and Justice' in D. Acosta and C. Murphy (eds), EU Security and Justice Law (Oxford, Hart Publishing, 2014) at 36.

Union zur Europäischen Konvention zum Schutz der Menschenrechte und Grundfreiheiten, Rn 191 mit weiteren Nachweisen).

Zu den wesentlichen Rechtsakten, welche die strafjustizielle Zusammenarbeit auf diesem Grundsatz der gegenseitigen Anerkennung von gerichtlichen Entscheidungen aufbauen, zählen:

- die Richtlinie 2014/41/EU[8] über die Europäische Ermittlungsanordnung, welche die vereinfachte Beschaffung von Beweisen in Strafverfahren anstrebt, etwa durch die Erhebung von Beweismitteln durch die zuständigen Behörden im anderen Mitgliedstaat oder die Erlangung von Beweismitteln, die sich bereits im Besitz der zuständigen Behörden im anderen Mitgliedstaat befinden;
- der Rahmenbeschluss 2002/584/JI[9] über den Europäischen Haftbefehl, welcher der Vollstreckung eines Haftbefehls eines Mitgliedstaates in einem anderen zum Zweck der Strafverfolgung oder der Strafvollstreckung dient; er vereinfacht und verkürzt beträchtlich das Verfahren zur Übergabe von Beschuldigten oder Verurteilten von einem Mitgliedstaat in einen anderen;
- der Rahmenbeschluss 2005/214/JI[10] über die gegenseitige Anerkennung von Geldstrafen, welche die Vollstreckung von Geldstrafen in einem anderen Mitgliedstaat als dem, in dem sie verhängt worden sind, erleichtert;
- der Rahmenbeschluss 2008/909/JI[11] über die gegenseitige Anerkennung von Freiheitsstrafen, der die Vollstreckung von Freiheitsstrafen in einem anderen Mitgliedstaat als dem, in dem sie verhängt worden sind, erleichtert;
- der Rahmenbeschluss 2006/783/JI[12] über die gegenseitige Anerkennung von Einziehungsentscheidungen, der die Einziehung von Vermögensgegenständen jeder Art in anderen Mitgliedstaaten erleichtert;
- der Rahmenbeschluss 2008/947/JI[13], der die Anwendung von Bewährungsmaßnahmen (bedingte Verurteilung, bedingte Entlassung, alternative Sanktion) in einem anderen Mitgliedstaat erleichtert;

---

[8] Richtlinie 2014/41/EU des Europäischen Parlaments und des Rates vom 3. April 2014 über die Europäische Ermittlungsanordnung in Strafsachen, ABl. 2014, L 130/1.

[9] Rahmenbeschluss des Rates vom 13. Juni 2002 über den Europäischen Haftbefehl und die Übergabeverfahren zwischen den Mitgliedstaaten, ABl. 2002, L 190/1.

[10] Rahmenbeschluss 2005/214/JI des Rates vom 24. Februar 2005 über die Anwendung des Grundsatzes der gegenseitigen Anerkennung von Geldstrafen und Geldbußen, ABl. 2005, L 76/16.

[11] Rahmenbeschluss 2008/909/JI des Rates vom 27. November 2008 über die Anwendung des Grundsatzes der gegenseitigen Anerkennung auf Urteile in Strafsachen, durch die eine freiheitsentziehende Strafe oder Maßnahme verhängt wird, für die Zwecke ihrer Vollstreckung in der Europäischen Union, ABl. L L 327/27.

[12] Rahmenbeschluss 2006/783/JI des Rates vom 6. Oktober 2006 über die Anwendung des Grundsatzes der gegenseitigen Anerkennung auf Einziehungsentscheidungen, ABl. 2006, L 328/59.

[13] Rahmenbeschluss 2008/947/JI des Rates vom 27. November 2008 über die Anwendung des Grundsatzes der gegenseitigen Anerkennung auf Urteile und Bewährungsentscheidungen im

- der Rahmenbeschluss 2009/829/JI[14], der die Anerkennung von Überwachungs-maßnahmen, die einer Person in einem anderen Mitgliedstaat als Alternative zur Untersuchungshaft auferlegt worden sind, ermöglicht;
- der Rahmenbeschluss 2009/299/JI[15], der die Voraussetzungen zur Anerkennung eines Abwesenheitsurteils in einem anderen Mitgliedstaat regelt;
- der Rahmenbeschluss 2008/675/JI[16], der in einem Strafverfahren die Berücksichtigung von früheren Verurteilungen in einem anderen Mitgliedstaat gegen dieselbe Person festlegt.

Rechtsinstrumente zur Annäherung des materiellen Strafrechts

Die Union kann in zwei Bereichen *„Mindestvorschriften zur Festlegung von Straftaten und Strafen"* festlegen:

- in Bereichen *„besonders schwerer Kriminalität, die aufgrund der Art oder der Auswirkungen der Straftaten oder aufgrund einer besonderen Notwendigkeit, sie auf einer gemeinsamen Grundlage zu bekämpfen, eine grenzüberschreitende Dimension haben"* (Artikel 83 (1) AEUV; zehn Kriminalitätsbereiche sind dabei ausdrücklich genannt: Terrorismus, Menschenhandel und sexuelle Ausbeutung von Frauen und Kindern, illegaler Drogenhandel, illegaler Waffenhandel, Geldwäsche, Korruption, Fälschung von Zahlungsmitteln, Computerkriminalität und organisierte Kriminalität; diese Bereiche können erweitert werden; dazu gleich nachfolgend mehr), und
- in Bereichen, in denen diese materiell-strafrechtliche Rechtsannäherung unerlässlich ist *„für die wirksame Durchführung der Politik der Union auf einem Gebiet, auf dem Harmonisierungsmaßnahmen erfolgt sind"* (Artikel 83(2) AEUV.

Von seiner Zuständigkeit, in den zehn genannten Kriminalitätsbereichen eine Annäherung von Straftatbeständen und Strafen vorzunehmen, hat der Unionsgesetzgeber umfänglich Gebrauch gemacht, wie etwa durch:

Hinblick auf die Überwachung von Bewährungsmaßnahmen und alternativen Sanktionen, ABl. 2008, L 337/102

[14] Rahmenbeschluss 2009/829/JI des Rates vom 23. Oktober 2009 über die Anwendung –zwischen den Mitgliedstaaten der Europäischen Union – des Grundsatzes der gegenseitigen Anerkennung auf Entscheidungen über Überwachungsmaßnahmen als Alternative zur Untersuchungshaft, ABl. 2009, L 294/20.

[15] Rahmenbeschluss 2009/299/JI des Rates vom 26. Februar 2009 zur Änderung der Rahmenbeschlüsse 2002/584/JI, 2005/214/JI, 2006/783/JI, 2008/909/JI und 2008/947/JI, zur Stärkung der Verfahrensrechte von Personen und zur Förderung der Anwendung des Grundsatzes der gegenseitigen Anerkennung auf Entscheidungen, die im Anschluss an eine Verhandlung ergangen sind, zu der die betroffene Person nicht erschienen ist, ABL. 2009, L 81/24.

[16] Rahmenbeschluss 2008/675/JI des Rates vom 24. Juli 2008 zur Berücksichtigung der in anderen Mitgliedstaaten der Europäischen Union ergangenen Verurteilungen in einem neuen Strafverfahren, ABl. 2009, L 220/32.

a) die Richtlinie (EU) 2017/541[17], die eine Rechtsannäherung bei zahlreichen Straf-
    tatbeständen zur Terrorismusbekämpfung vornimmt. Dies betrifft terroristische
    Straftaten[18] mit dem Ziel, die Bevölkerung auf schwerwiegende Weise einzu-
    schüchtern, öffentliche Stellen oder eine internationale Organisation rechtswid-
    rig zu einem Tun oder Unterlassen zu zwingen oder die politischen, verfassungs-
    rechtlichen, wirtschaftlichen oder sozialen Grundstrukturen eines Landes oder
    einer internationalen Organisation ernsthaft zu destabilisieren oder zu zerstören;
    Straftaten im Zusammenhang mit einer terroristischen Vereinigung[19]; die öffent-
    liche Aufforderung zur Begehung einer terroristischen Straftat; Anwerbung für
    terroristische Zwecke; die Durchführung einer Ausbildung für terroristische
    Zwecke; das Absolvieren einer Ausbildung für terroristische Zwecke; die Reisen
    für terroristische Zwecke; die Organisation oder sonstige Erleichterung von Rei-
    sen für terroristische Zwecke; die Terrorismusfinanzierung; andere Straftaten im
    Zusammenhang mit terroristischen Aktivitäten[20];
b) die Richtlinie 2011/36/EU[21], die Mindestvorschriften zur Definition von Strafta-
    ten und Strafen im Bereich Menschenhandel festlegt und gemeinsame Bestim-
    mungen zur Stärkung der Prävention und des Opferschutzes unter Berücksichti-
    gung der Geschlechterperspektive (weil Frauen und Männer von Menschenhänd-
    lern zu unterschiedlichen Zwecken gehandelt werden, je nach den betroffenen

---

[17] Richtlinie (EU) 2017/541 des Europäischen Parlaments und des Rates vom 15. März 2017 zur
      Terrorismusbekämpfung und zur Ersetzung des Rahmenbeschlusses 2002/475/JI des Rates und
      zur Änderung des Beschlusses 2005/671/JI des Rates, ABl. 2017, L 88/6.

[18] Angriffe auf das Leben einer Person, die zum Tode führen können; Angriffe auf die körperliche
      Unversehrtheit einer Person; Entführung oder Geiselnahme; schwerwiegende Zerstörungen an
      einer Regierungseinrichtung oder einer öffentlichen Einrichtung, einem Verkehrsmittel, einer
      Infrastruktur einschließlich eines Informatiksystems, an einer festen Plattform, die sich auf dem
      Festlandsockel befindet, einem allgemein zugänglichen Ort oder einem Privateigentum, die
      Menschenleben gefährden oder zu erheblichen wirtschaftlichen Verlusten führen können; Ka-
      pern von Luft- und Wasserfahrzeugen oder von anderen öffentlichen Verkehrsmitteln oder Gü-
      tertransportmitteln; Herstellung, Besitz, Erwerb, Beförderung, Bereitstellung oder Verwen-
      dung von Sprengstoffen oder Waffen, einschließlich chemischen, biologischen, radiologischen
      oder atomaren Waffen sowie die Forschung und Entwicklung im Zusammenhang mit chemi-
      schen, biologischen, radiologischen oder atomaren Waffen; Freisetzung gefährlicher Stoffe o-
      der Herbeiführen von Bränden, Überschwemmungen oder Explosionen, wenn dadurch das Le-
      ben von Menschen gefährdet wird; Störung oder Unterbrechung der Versorgung mit Wasser,
      Strom oder anderen lebenswichtigen natürlichen Ressourcen, wenn dadurch das Leben von
      Menschen gefährdet wird; rechtswidrige Cyber-Systemeingriffe.

[19] Anführen einer terroristischen Vereinigung; Beteiligung an den Handlungen einer terroristi-
      schen Vereinigung einschließlich Bereitstellung von Informationen oder materiellen Mitteln
      oder durch jegliche Art der Finanzierung ihrer Tätigkeit in dem Wissen, dass diese Beteiligung
      zu den strafbaren Handlungen der terroristischen Vereinigung beiträgt.

[20] Schwerer Diebstahl, Erpressung, Ausstellung oder Verwendung gefälschter Verwaltungsdoku-
      mente mit dem Ziel, eine terroristische Straftat zu begehen.

[21] Richtlinie 2011/36/EU des Europäischen Parlaments und des Rates vom 5. April 2011 zur Ver-
      hütung und Bekämpfung des Menschenhandels und zum Schutz seiner Opfer sowie zur Erset-
      zung des Rahmenbeschlusses 2002/629/JI des Rates, ABl. 2011, L 101/1.

Sektoren, wie bei der Ausbeutung in der Sexindustrie, in der Bauindustrie, im Agrarsektor oder im häuslichen Bereich) einführt;

c) die Richtlinie 2011/92/EU[22], die Mindestvorschriften zur Definition von Straftaten und Sanktionen auf dem Gebiet des sexuellen Missbrauchs und der sexuellen Ausbeutung von Kindern, der Kinderpornografie und der Kontaktaufnahme zu Kindern für sexuelle Zwecke festlegt und Bestimmungen zur Stärkung der Prävention dieser Verbrechen und des Schutzes ihrer Opfer einführt;

d) der Rahmenbeschluss 2004/757/JI[23], der Mindestvorschriften über die Tatbestandsmerkmale strafbarer Handlungen und die Strafen im Bereich des illegalen Drogenhandels festlegt;

e) die Richtlinie (EU) 2017/853[24], die zwar keine Maßnahme ist, die sich auf einer strafrechtlichen Rechtsgrundlage gründet (vielmehr ist sie im Kontext des Binnenmarkts angesiedelt), sich aber inhaltlich darum bemüht, den freien Verkehr für bestimmte Feuerwaffen einzuschränken, um die missbräuchliche Verwendung solcher Waffen für kriminelle Zwecke (einschließlich terroristischer Anschläge) zu bekämpfen; diese Richtlinie verfolgt auch einen gemeinsamen Ansatz zur Deaktivierung von Feuerwaffen, mit dem ihre Reaktivierung und Verwendung durch Straftäter verhindert werden soll;

f) der Rahmenbeschluss 2001/500/JI[25], der Regeln zum Tatbestand der Geldwäsche sowie über die Ermittlung, das Einfrieren, die Beschlagnahme und die Einziehung von Tatwerkzeugen und Erträgen aus Straftaten enthält. Eine Überarbeitung dieses Rahmenbeschlusses in Form einer Richtlinie wird aktuell vom Unionsgesetzgeber beraten;

g) das Anti-Korruptions-Übereinkommen[26] sowie der Rahmenbeschluss[27] zur Bekämpfung der Bestechung im privaten Sektor, welche strafrechtliche Verant-

---

[22] Richtlinie 2011/92/EU des Europäischen Parlaments und des Rates vom 13. Dezember 2011 zur Bekämpfung des sexuellen Missbrauchs und der sexuellen Ausbeutung von Kindern sowie der Kinderpornografie sowie zur Ersetzung des Rahmenbeschlusses 2004/68/JI des Rates, ABl. 2011, L 335/1.

[23] Rahmenbeschluss 2004/757/JI des Rates vom 25. Oktober 2004 zur Festlegung von Mindestvorschriften über die Tatbestandsmerkmale strafbarer Handlungen und die Strafen im Bereich des illegalen Drogenhandels, ABl. 2004, L 335/8.

[24] Richtlinie (EU) 2017/853 des Europäischen Parlaments und des Rates vom 17. Mai 2017 zur Änderung der Richtlinie 91/477/EWG des Rates über die Kontrolle des Erwerbs und des Besitzes von Waffen, ABl. 2017, L 137/22.

[25] Rahmenbeschluss des Rates vom 26. Juni 2001 über Geldwäsche sowie Ermittlung, Einfrieren, Beschlagnahme und Einziehung von Tatwerkzeugen und Erträgen aus Straftaten (2001/500/JI), ABl. 2001, L 182/1.

[26] Übereinkommen aufgrund von Artikel K.3 Absatz 2 Buchstabe c) des Vertrags über die Europäische Union über die Bekämpfung der Bestechung, an der Beamte der Europäischen Gemeinschaften oder der Mitgliedstaaten der Europäischen Union beteiligt sind, ABl. 1997, C 195/2.

[27] Rahmenbeschluss 2003/568/JI des Rates vom 22. Juli 2003 zur Bekämpfung der Bestechung im privaten Sektor, Abl. 2003, L 192/54.

wortlichkeiten im öffentlichen und privaten Sektor regeln. Daneben berücksichtigt die Union, die vielschichtigen Aspekte der Korruptionsbekämpfung in all ihren relevanten internen und externen Politikbereichen. Dabei wird insbesondere der Präventionsbereich (Erstellung modernisierter Vorschriften für das öffentliche Auftragswesen sowie für Rechnungslegungsstandards und gesetzliche Abschlussprüfungen für Unternehmen; Maßnahmen der Korruptionsbekämpfung im Erweiterungsprozess und im Rahmen der Nachbarschaftspolitik sowie der Kooperations- und Entwicklungspolitik) sowie die Zusammenarbeit mit EU-Agenturen (Europol, Eurojust, CEPOL, OLAF) und internationalen Einrichtungen (GRECO des Europarats) forciert;

h) die Richtlinie 2014/62/EU[28], die Mindestvorschriften für die Definition von Straftatbeständen und Strafen auf dem Gebiet der Fälschung des Euro und anderer Währungen regelt und zudem gemeinsame Bestimmungen für eine verstärkte Bekämpfung und eine verbesserte Ermittlung dieser Delikte sowie für eine verbesserte Zusammenarbeit bei der Bekämpfung der Fälschung enthält. Darüber hinaus bekämpft der Rahmenbeschluss 2001/413/JI[29] den Betrug durch und die Fälschung von nicht-baren Zahlungsmitteln (Kreditkarten udgl.) durch Annäherung von Straftatbeständen und Strafen;

i) die Richtlinie 2013/40/EU[30], die Mindestvorschriften für die Definition von Straftaten und Strafen bei Angriffen auf Informationssysteme (Cyberkriminalität) festlegt. Dazu zählen der rechtswidrige Zugang zu Informationssystemen, der rechtswidrige Systemeingriff, der rechtswidrige Eingriff in Daten und das rechtswidriges Abfangen von Daten. Diese Richtlinie soll überdies die Verhinderung derartiger Straftaten erleichtern und die Zusammenarbeit zwischen Justizbehörden und anderen zuständigen Behörden verbessern;

j) der Rahmenbeschluss 2008/841/JI[31] zur Bekämpfung der organisierten Kriminalität, der Mindestvorschriften für die Bestrafung von Verhaltensweisen im Zusammenhang mit einer kriminellen Vereinigung festlegt. Die kriminelle Vereinigung wird als ein auf längere Dauer angelegter organisierter Zusammenschluss von mehr als zwei Personen definiert, die, um sich unmittelbar oder mittelbar einen finanziellen oder sonstigen materiellen Vorteil zu verschaffen, in Verabredung handeln, um Straftaten zu begehen, die mit einer Freiheitsstrafe oder einer freiheitsentziehenden Maßregel der Besserung und Sicherung im Höchstmaß von mindestens vier Jahren oder einer schwereren Strafe bedroht sind;

---

[28] Richtlinie 2014/62/EU des Europäischen Parlaments und des Rats vom 15. Mai 2014 zum strafrechtlichen Schutz des Euro und anderer Währungen gegen Geldfälschung und zur Ersetzung des Rahmenbeschlusses 2000/383/JI des Rates, ABl. 2014, L 151/1.

[29] Rahmenbeschluss des Rates vom 28. Mai 2001 zur Bekämpfung von Betrug und Fälschung im Zusammenhang mit unbaren Zahlungsmitteln (2001/413/JI), ABl. 2001, L 149/1.

[30] Richtlinie 2013/40/EU des Europäischen Parlaments und des Rates vom 12. August 2013 über Angriffe auf Informationssysteme und zur Ersetzung des Rahmenbeschlusses 2005/222/JI des Rates, ABl. 2013, L 218/8.

[31] Rahmenbeschluss 2008/841/JI des Rates vom 24. Oktober 2008 zur Bekämpfung der organisierten Kriminalität, ABl. 2008, L 300/42.

k) der Rahmenbeschluss 2008/913/JI[32], der Mindestvorschriften für die Bekämpfung bestimmter Formen und Ausdrucksweisen von Rassismus und Fremdenfeindlichkeit festlegt. Dazu zählen rassistische und fremdenfeindliche Straftaten wie die öffentliche Aufstachelung zu Gewalt oder Hass gegen eine nach den Kriterien der Hautfarbe, Religion, Abstammung oder nationale oder ethnische Herkunft definierte Gruppe von Personen oder gegen ein Mitglied einer solchen Gruppe; die öffentliche Verbreitung oder Verteilung von Propagandamaterial; das öffentliche Billigen, Leugnen oder gröbliche Verharmlosen von Völkermord, Verbrechen gegen die Menschlichkeit und Kriegsverbrechen sowie das öffentliche Billigen, Leugnen oder gröbliche Verharmlosen des Holocausts;

l) die Marktmissbrauchs-Richtlinie 2014/57/EU[33], die Mindestvorschriften für strafrechtliche Sanktionen bei Insider-Geschäften, unrechtmäßiger Offenlegung von Insiderinformationen und Marktmanipulation enthält, um die Integrität der Finanzmärkte in der Union sicherzustellen und den Anlegerschutz und das Vertrauen der Anleger in diese Märkte zu stärken. Sie ist komplementär zur Marktmissbrauchs-Verordnung (EU) Nr. 596/2014[34].

Einrichtungen der Union mit dem Auftrag der Verbesserung der strafjustiziellen Zusammenarbeit

Die Union hat im Bereich des Strafrechts mehrere Einrichtungen auf Europäischer Ebene geschafften hat, die der Verbesserung der justiziellen Zusammenarbeit dienen.

a) Das Europäische Justizielle Netz (EJN) wurde bereits 1998 gegründet. Das EJN hat eine dezentrale Struktur und arbeitet von den Mitgliedstaaten aus, welche Kontaktstellen (in der Regel bei Gerichten und Staatsanwaltschaften) eingerichtet haben. Das EJN soll insbesondere für eine bessere Abwicklung von Rechtshilfeersuchen durch Erleichterung des direkten Kontaktes zwischen den Justizorganen sorgen soll;

b) Eurojust wurde 2001 (damals noch „Pro-Eurojust") als zentrale Einrichtung der Union mit Sitz in Den Haag geschaffen, um die Koordinierung und Zusammenarbeit zwischen den zuständigen Justizbehörden der Mitgliedstaaten zu fördern und zu verbessern. Eurojust arbeitet durch seine Nationalen Mitglieder (das sind Staatsanwälte, Richter/Richterinnen oder Polizeibeamte, die jeder Mitgliedstaat nach Eurojust entsendet) oder durch das Kollegium, das durch die Nationalen

---

[32] Rahmenbeschluss 2008/913/JI des Rates vom 28. November 2008 zur strafrechtlichen Bekämpfung bestimmter Formen und Ausdrucksweisen von Rassismus und Fremdenfeindlichkeit, ABl. 2008, L 328/55.

[33] Richtlinie 2014/57/EU des Europäischen Parlaments und des Rates vom 16. April 2014 über strafrechtliche Sanktionen bei Marktmanipulation, ABl. 2014, L 173/179.

[34] Verordnung (EU) Nr. 596/2014 des Europäischen Parlaments und des Rates vom 16. April 2014 über Marktmissbrauch (Marktmissbrauchsverordnung) und zur Aufhebung der Richtlinie 2003/6/EG des Europäischen Parlaments und des Rates und der Richtlinien 2003/124/EG, 2003/125/EG und 2004/72/EG der Kommission, ABl. 2014, L 173/1.

Mitglieder zusammengesetzt ist. Der Auftrag von Eurojust liegt darin *„die Koordinierung und Zusammenarbeit zwischen den nationalen Behörden zu unterstützen und zu verstärken, die für die Ermittlung und Verfolgung von schwerer
Kriminalität zuständig sind."* Nach Artikel 85(1) AEUV ist die Union ermäch-
tigt, durch Verordnungen den Aufbau, die Arbeitsweise, den Tätigkeitsbereich
und die Aufgaben von Eurojust gemäß dem ordentlichen Gesetzgebungsverfah-
ren festzulegen. Aktuell wird Eurojust im Rahmen eines Gesetzgebungsverfah-
rens reformiert mit dem Ziel, die operativen Aufgaben deutlicher von den admi-
nistrativen zu trennen und so die operative Effizienz (weiter) zu verbessern;

c) Das Europäische Netz für die Aus- und Fortbildung von Richterinnen und Rich-
tern sowie Staatsanwältinnen und Staatsanwälten (EJTN) führt die nationalen
juristischen Aus- und Fortbildungseinrichtungen der Mitgliedstaaten zusammen.
Damit wird dem Umstand Rechnung getragen, dass die vielfältigen kooperati-
onsstärkenden Rechtsakte im Gerichtsalltag der Mitgliedstaaten nur dann mit
Leben erfüllt werden können, wenn es Justizpersonal gibt, das sich im Unionsrecht fachlich so gut auskennt, dass es die einheitliche Anwendung des Unionsrechts im gesamten Gebiet der Union gewährleisten und grenzüberschreitende
Gerichtsverfahren rechtskonform durchführen kann. Dazu braucht es nicht nur
das dazu erforderliche fachliche Wissen, sondern auch die Befähigung, die direkte Kommunikation mit Justizbehörden anderer Mitgliedstaaten auch in einer
anderen als in der eigenen Muttersprache vornehmen zu können und dabei auch
die fremdsprachliche Rechtsterminologie zu beherrschen (in aller Regel kommu-
nizieren die Justizorgane grenzüberschreitend in Englisch). Das EJTN identifiziert den Fortbildungsbedarf, arbeitet Fortbildungsstandards und Lehrpläne aus,
koordiniert Austausche, verbreitet Fortbildungsexpertise und fördert damit die
praktische Zusammenarbeit der Mitglieder untereinander.

Die Stärkung der individuellen Verfahrensrechte:
Opfer und Beschuldigte

Als Ausgleich für die erhebliche Vereinfachung und Verbesserung der strafjustiziellen Zusammenarbeit, gewissermaßen als „empowerment", als „Mächtigung" der
davon betroffenen Personen war es erforderlich, einerseits der gesteigerten Bedeutung der Opfer im Strafverfahren unionsrechtlich Rechnung zu tragen und andererseits die Verfahrensposition der Beschuldigten unionsweit zu stärken, um das Gebot
der Fairness im Strafverfahren (charakterisiert durch ein Gleichgewicht zwischen
Anklage und Verteidigung) abzusichern.

Sowohl für Opfer als auch für Beschuldigte sollen in der gesamten Union Mindeststandards bei den Verfahrensrechten gelten, unabhängig davon, wo in der Union
eine Bürgerin oder ein Bürger gerade studiert, arbeitet oder lebt bzw. wohin er oder
sie reist. Daneben war es aber auch geboten, dass sich das europäische justizielle
Aus- und Fortbildungssystem nicht nur an Richterinnen und Richter, Staatsanwältinnen und Staatsanwälte richtet, sondern vor allem auch jene Berufe einbezieht, die

im Strafprozess eine wichtige Rolle spielen, wie Rechtsanwältinnen und Rechtsanwälte, Gerichtssachverständige, Vertreterinnen und Vertreter von Opferhilfeeinrichtungen, Mediatorinnen und Mediatoren etc.

Die Stärkung der Verfahrensrechte der Opfer von Straftaten

Die umfassende Opfer-Richtlinie 2012/29/EU[35] zielt darauf ab, dass Opfer von Straftaten in der gesamten Union angemessene Informationen, Unterstützung und Schutz erhalten und sich am Strafverfahren aktiv beteiligen können. Die besondere verfahrensrechtliche Stellung von Opfern ist überall in der Union anzuerkennen; sie haben bei allen Kontakten mit Opferunterstützungs- und Wiedergutmachungsdiensten oder zuständigen Behörden, die im Rahmen des Strafverfahrens tätig werden, eine respektvolle, einfühlsame, individuelle, professionelle und diskriminierungsfreie Behandlung zu erhalten.

Opfer müssen Informationen über ihre Rechte, ihren Fall und die verfügbaren Unterstützungsleistungen erhalten. Diese Unterstützung muss kostenlos und unter Wahrung der Vertraulichkeit geleistet werden; sie muss Hilfe bei der Verarbeitung traumatischer Erlebnisse und Beratungsdienste umfassen, die auf die besonderen Bedürfnisse der Opfer zugeschnitten sind. Ferner muss die Kommunikation mit Opfern in einfacher und verständlicher Sprache geführt werden (wobei auf das Alter, die Sprache oder das Vorliegen einer Behinderung Bedacht zu nehmen ist).

Im Strafverfahren müssen Opfer gehört und informiert werden; sie müssen die Überprüfung einer Entscheidung über den Verzicht auf Strafverfolgung verlangen können (wenn sie mit der Entscheidung nicht einverstanden sind), sie haben Anspruch auf Entschädigung und Schutz vor Bedrohung durch den Täter als auch vor (vermeidbaren) Belastungen durch das Strafverfahren selbst. Schließlich genießen Familienangehörige von Personen, die infolge einer Straftat zu Tode kamen, dieselben Rechte wie die Opfer selbst (einschließlich des Rechts auf Information, Unterstützung und Entschädigung).

Stärkung der Verfahrensrechte der Beschuldigten

Der Schutz der Rechte von Beschuldigten in Strafverfahren ist ein Grundwert der Union, der für die Aufrechterhaltung des gegenseitigen Vertrauens zwischen den Mitgliedstaaten und des Vertrauens der Allgemeinheit in die Union von wesentlicher Bedeutung ist (so der Europäische Rat in seinem Stockholmer Programm aus

---

[35] Richtlinie 2012/29/EU des Europäischen Parlaments und des Rates vom 25. Oktober 2012 über Mindeststandards für die Rechte, die Unterstützung und den Schutz von Opfern von Straftaten sowie zur Ersetzung des Rahmenbeschlusses 2001/220/JI, ABl. 2012, L 315/57.

2010[36]). Der Rat hatte zuvor bereits einen „Fahrplan"[37] zur Stärkung der Verfahrensrechte von Beschuldigten in Strafverfahren entwickelt, mit dem die Rechte des Einzelnen im Strafverfahren gestärkt werden.

Binnen sechs Jahren hat der Unionsgesetzgeber alle in diesem „Fahrplan" vorgesehen Maßnahmen in Form von sechs harmonisierenden Richtlinien zu Mindestgarantien im Strafverfahren „abgearbeitet". Im Einzelnen waren dies die folgenden rechtharmonisierenden Rechtsakte:

a) die Richtlinie 2010/64/EU[38], die das Recht auf unentgeltliche Dolmetschleistungen und Übersetzungen in Strafverfahren regelt, findet seit Oktober 2013 in Strafverfahren Anwendung. Beschuldigte, die die Sprache des betreffenden Strafverfahrens nicht sprechen oder verstehen, haben demnach Anspruch auf Dolmetschleistungen während polizeilicher Vernehmungen und sämtlicher Gerichtsverhandlungen, ebenso wie für Gespräche mit einem Rechtsbeistand, wenn dies notwendig ist, um ein faires Verfahren zu gewährleisten. Sie haben des Weiteren auch Anspruch auf eine schriftliche Übersetzung aller für die Gewährung eines fairen Verfahrens wesentlichen Unterlagen (jedenfalls: Haftbefehl, Anklageschrift, Urteil). Dabei müssen die zur Verfügung gestellten Dolmetsch- und Übersetzungsleistungen eine ausreichende Qualität aufweisen;

b) die Richtlinie 2012/13/EU[39], die das Recht von Beschuldigten auf Rechtsbelehrung und auf Unterrichtung über den gegen sie erhobenen Tatvorwurf regelt, findet seit Juni 2014 in Strafverfahren Anwendung. Die Belehrung muss einfach und verständlich sein und dabei mindestens das Recht auf Hinzuziehung eines Rechtsanwalts, den etwaigen Anspruch auf unentgeltliche Rechtsberatung, das Recht auf Unterrichtung über den Tatvorwurf, das Recht auf Dolmetschleistungen und Übersetzungen sowie das Recht auf Aussageverweigerung umfassen. Wer festgenommen wird, hat überdies ein Recht auf Akteneinsicht, auf Unterrichtung der Konsularbehörden, auf Zugang zu dringender medizinischer Versorgung und auf bestimmte verfahrensrechtliche Garantien zum Freiheitsentzug (Maximalfrist bis zur Vorführung vor eine Justizbehörde, Erwirkung einer Haftprüfung oder vorläufige Haftentlassung etc);

c) die Richtlinie 2013/48/EU[40], die den Zugang zu einem Rechtsbeistand, auf Benachrichtigung eines Dritten von dem Freiheitsentzug sowie auf Kommunikation

---

[36] Stockholmer Programm des Europäischen Rates aus 2010, nachlesbar unter http://eur-lex.europa.eu/LexUriServ/LexUriServ.do?uri=OJ:C:2010:115:0001:0038:de:PDF.

[37] Entschließung des Rates vom 30. November 2009 über einen Fahrplan zur Stärkung der Verfahrensrechte von Verdächtigen oder Beschuldigten in Strafverfahren, ABl. 2010, C 295/1.

[38] Richtlinie 2010/64/EU des Europäischen Parlaments und des Rates vom 20. Oktober 2010 über das Recht auf Dolmetschleistungen und Übersetzungen in Strafverfahren, ABl. 2010 L 280/1.

[39] Richtlinie 2012/13/EU des Europäischen Parlaments und des Rates vom 22. Mai 2012 über das Recht auf Belehrung und Unterrichtung in Strafverfahren ABl. 2012, L 242/1.

[40] Richtlinie 2013/48/EU des Europäischen Parlaments und des Rates vom 22. Oktober 2013 über das Recht auf Zugang zu einem Rechtsbeistand in Strafverfahren und in Verfahren zur Voll-

mit Dritten und mit Konsularbehörden während des Freiheitsentzugs regelt, findet seit November 2016 in Strafverfahren Anwendung. Für den Zugang zu einem Rechtsbeistand ist es wesentlich, dass der Beschuldigte seine Verteidigungsrechte praktisch und wirksam wahrnehmen kann. Ein solcher Zugang muss daher „unverzüglich" sein, jedenfalls vor der Befragung durch die Polizei oder Justizbehörden bzw. unverzüglich nach dem Freiheitsentzug. Das Recht auf Zugang zu einem Rechtsbeistand umfasst das Recht auf Gespräch „unter vier Augen" mit dem Rechtsbeistand und eine Kommunikation mit diesem vor der Befragung durch die Polizei oder Justizbehörden. Ferner muss die Vertraulichkeit der Kommunikation zwischen Beschuldigtem und Rechtsvertreter (persönliches Treffen, Schriftverkehr, Telefongespräche) gewährleistet sein. Ferner muss der Rechtsbeistand bei zahlreichen Ermittlungs- oder Beweiserhebungshandlungen teilnehmen können (etwa bei der Befragung des Beschuldigten, Gegenüberstellungen, Tatortrekonstruktion). Der Beschuldigte, der festgenommen wurde, hat das Recht, mindestens eine von ihm benannte Person (Angehörigen, Arbeitgeber) sowie auch die Konsularbehörden des Staates seiner Staatsangehörigkeit unverzüglich benachrichtigen zu lassen, sofern er dies wünscht.

d) die Richtlinie (EU) 2016/343[41], die Mindestvorschriften für bestimmte Aspekte der Unschuldsvermutung in Strafverfahren sowie das Recht auf Anwesenheit in der Verhandlung in Strafverfahren festlegt, findet ab April 2018 in Strafverfahren Anwendung. Nach der Unschuldsvermutung gilt jeder Beschuldigte als unschuldig, bis seine Schuld rechtsförmlich nachgewiesen wurde. Daher dürfen öffentliche öffentlichen Erklärungen von Behörden und gerichtliche Entscheidungen, die nicht die Frage der Schuld betreffen, nicht so auf den Beschuldigten Bezug nehmen, als sei er schuldig. Ferner ist sicherzustellen, dass der Beschuldigte in der Öffentlichkeit nicht so dargestellt wird, als sei er schuldig. Die Beweislast für die Feststellung der Schuld des Beschuldigten liegt bei der Strafverfolgungsbehörde. Der Beschuldigte muss das Recht haben, die Aussage zu verweigern, und das Recht, sich nicht selbst belasten zu müssen. Ferner hat der Beschuldigte das Recht auf Anwesenheit in der ihn betreffenden Verhandlung, die zu einer Entscheidung über seine Schuld oder Unschuld führen kann. Eine Verhandlung in seiner Abwesenheit ist zulässig, sofern der Beschuldigte rechtzeitig über die Verhandlung und über die Folgen des Nichterscheinens unterrichtet wurde oder er, nachdem er über die Verhandlung unterrichtet wurde, von einem Rechtsanwalt vertreten wird.

---

streckung des Europäischen Haftbefehls sowie über das Recht auf Benachrichtigung eines Dritten bei Freiheitsentzug und das Recht auf Kommunikation mit Dritten und mit Konsularbehörden während des Freiheitsentzugs, ABl. 2013, L L 294/1.

[41] Richtlinie (EU) 2016/343 des europäischen Parlaments und des Rates vom 9. März 2016 über die Stärkung bestimmter Aspekte der Unschuldsvermutung und des Rechts auf Anwesenheit in der Verhandlung in Strafverfahren, ABl. 2016, L 65/1.

e) die Richtlinie (EU) 2016/1919[42], die das Recht auf Prozesskostenhilfe (Verfahrenshilfe) für Beschuldigte in Strafverfahren regelt, findet ab Mai 2019 in Strafverfahren Anwendung. Wenn ein Beschuldigter nicht über ausreichende Mittel zur Bezahlung eines Rechtsbeistands verfügt und wenn ihm die Freiheit entzogen ist, er die Unterstützung eines Rechtsbeistands nach innerstaatlichem oder europäischem Recht erhalten muss oder dessen Anwesenheit bei einer Ermittlungs- oder Beweiserhebungshandlung vorgeschrieben oder zulässig ist (zumindest bei Gegenüberstellungen und Tatortrekonstruktionen), hat Anspruch auf Prozesskostenhilfe. Bei der Prüfung der Bedürftigkeit ist sämtlichen relevanten und objektiven Kriterien Rechnung zu tragen (Einkommen, Vermögen, familiäre Verhältnisse des oder der Beschuldigten). Bei der Prüfung der materiellen Kriterien ist auf die Schwere der Straftat, die Komplexität des Falles und die Schwere der zu erwartenden Strafe Bedacht zu nehmen.

f) die Richtlinie (EU) 2016/800[43], die Mindestvorschriften für bestimmte Rechte von beschuldigten Kindern in Strafverfahren festlegt, findet ab Juni 2019 in Strafverfahren Anwendung. Diese Richtlinie enthält Mindestvorschriften für ein Jugendstrafrecht. Dazu zählen ein spezielles Auskunftsrecht (in einfacher und verständlicher Sprache), das Recht auf Benachrichtigung der Eltern, das Recht auf Unterstützung durch einen Rechtsbeistand, das Recht auf individuelle Begutachtung (Klärung der Bedürfnisse in Bezug auf Schutz, Erziehung, Ausbildung und soziale Integration) und das Recht auf eine medizinische Untersuchung bei Freiheitsentzug (zwecks Beurteilung der geistigen und körperlichen Verfassung). Ferner sind Befragungen durch Polizei oder Strafverfolgungsbehörden grundsätzlich audiovisuell aufzuzeichnen. Wenn dem Kind die Freiheit entzogen wird, muss darauf geachtet werden, dass dies nur als letztes Mittel eingesetzt (vorrangig sollen Haftalternativen zum Einsatz gelangen) und auf den kürzesten angemessenen Zeitraum begrenzt wird. Während des Freiheitsentzuges gelten Besonderheiten (Trennung inhaftierter Kinder von Erwachsenen; Vorkehrungen zum Schutz der gesundheitlichen, körperlichen und geistigen Entwicklung; Recht auf Erziehung und Ausbildung; Rechts auf Familienleben; Zugang zu Programmen zur Förderung ihrer Entwicklung und Wiedereingliederung in die Gesellschaft; Achtung ihrer Religions- und Weltanschauungsfreiheit). Schließlich sind die Verfahren gegen Kinder zügig zu bearbeiten, um die Verfahrensdauer zu verkürzen.

---

[42] Richtlinie (EU) 2016/1919 des Europäischen Parlaments und des Rates vom 26. Oktober 2016 über Prozesskostenhilfe für Verdächtige und beschuldigte Personen in Strafverfahren sowie für gesuchte Personen in Verfahren zur Vollstreckung eines Europäischen Haftbefehls, ABl. 2016, L 297/1.

[43] Richtlinie (EU) 2016/800 des Europäischen Parlaments und des Rates vom 11. Mai 2016 über Verfahrensgarantien in Strafverfahren für Kinder, die Verdächtige oder beschuldigte Personen in Strafverfahren sind, ABl. 2016, L 132/1.

Ein neue Qualität strafjustizieller Integration: die Schaffung der Europäischen Staatsanwaltschaft

Mit der Europäischen Staatsanwaltschaft (EUStA)[44] ist eine weitere in Strafsachen tätige europäische Behörde im Entstehen. Die 20 Mitgliedstaaten (darunter Österreich), die sich an der Verstärkten Zusammenarbeit beteiligen[45], haben die EUStA als Einrichtung der Union mit Rechtspersönlichkeit errichtet. Die EUStA ist zuständig für die strafrechtliche Untersuchung und Verfolgung sowie die Anklageerhebung in Bezug auf Personen, die Straftaten zum Nachteil der finanziellen Interessen der Union begangen haben. Hierzu führt die EUStA Ermittlungen, ergreift Strafverfolgungsmaßnahmen und nimmt vor den zuständigen Gerichten der Mitgliedstaaten die Aufgaben der Staatsanwaltschaft wahr, bis das Verfahren endgültig abgeschlossen ist. Mit der Aufnahme der operativen Tätigkeit der EUStA ist zu Beginn des Jahres 2021 zu rechnen; die zentrale Dienststelle hat ihren Sitz in Luxemburg.

Diese EUStA unterscheidet sich von allen bisherigen strafjustiziellen Einrichtungen durch eigenständige Handlungs- und Entscheidungsmacht: Sie hat die Befugnis, Betrug zu Lasten der Union eigenständig strafrechtlich zu ermitteln und vor den nationalen Gerichten anzuklagen, ohne dabei Weisungen von Organen der Union oder von nationalen Behörden einzuholen oder anzunehmen. Damit wird erstmals in den (teilnehmenden) Mitgliedstaaten eine Anklagebehörde aktiv werden können, die nicht von einer innerstaatlichen Struktur geleitet (oder behindert) wird; die EUStA untersteht also keinem innerstaatlichen Generalstaatsanwalt oder Justizminister. Somit kann es in Hinkunft im Bereich des Betrugs zu Lasten des Unionshaushalts allenfalls auch Ermittlungen und Anklagen ohne oder auch gegen den Willen der innerstaatlichen Anklagestrukturen geben – ein bislang im Strafrechtsbereich beispielloser Vorgang.

Die EUStA ist bei allen ihren Tätigkeiten an die Grundsätze der Rechtsstaatlichkeit und der Verhältnismäßigkeit gebunden und gewährleistet die Beachtung der in der Grundrechtecharta verankerten Rechte. Die EUStA hat ihre Ermittlungen unparteiisch durchzuführen und sowohl belastende wie auch entlastende Beweise zu erheben; sie hat ihre Verfahren zügig durchzuführen und kann die Unterstützung durch nationale Behörden verlangen.

---

[44] Verordnung (EU) 2017/1939 des Rates vom 12. Oktober 2017 zur Durchführung einer Verstärkten Zusammenarbeit zur Errichtung der Europäischen Staatsanwaltschaft (EUStA), ABl. 2017, L 283/1.

[45] Die Verstärkte Zusammenarbeit findet ihren Grund in dem Umstand, dass keine Einstimmigkeit im Rat erzielbar war und 20 Mitgliedstaaten (Artikel 86(1) AEUV verlangt mindestens neun Mitgliedstaaten) mit dem Einsetzen einer europäischen Staatsanwaltschaft voranschreiten wollen. Neben Österreich beteiligen sich auch noch Belgien, Bulgarien, Deutschland, Estland, Finnland, Frankreich, Griechenland, Italien, Kroatien, Lettland, Litauen, Luxemburg, Portugal, Rumänien, der Slowakischen Republik, Slowenien, Spanien, der Tschechischen Republik und Zypern. Die Niederlande haben nach dem Inkrafttreten der Verordnung zur Errichtung der EUStA angekündigt, sich im Jahr 2018 als 21. Mitgliedstaat an der europäischen Staatsanwaltschaft zu beteiligen.

Die EUStA gliedert sich in eine zentrale Ebene und in eine dezentrale Ebene. Die zentrale Ebene besteht aus der zentralen Dienststelle am Sitz der EUStA; sie setzt sich aus dem Kollegium (bestehend aus dem Europäischen Generalstaatsanwalt und einem Europäischen Staatsanwalt je Mitgliedstaat), den Ständigen Kammern, dem Europäischen Generalstaatsanwalt, den Stellvertretern des Europäischen Generalstaatsanwalts, den Europäischen Staatsanwälten und dem Verwaltungsdirektor zusammen.. Die dezentrale Ebene besteht aus den Delegierten Europäischen Staatsanwälten, die in den Mitgliedstaaten angesiedelt sind. Die zentrale Dienststelle und die Delegierten Europäischen Staatsanwälte werden bei ihren Aufgaben vom Personal der EUStA unterstützt. Die üblicherweise auf nationaler Ebene von den Delegierten Europäischen Staatsanwälten durchgeführten Ermittlungen werden von den Ständigen Kammern überwacht, geleitet und beaufsichtigt, um eine kohärente Ermittlungs- und Strafverfolgungspolitik in der gesamten Union zu gewährleisten. Es ist davon auszugehen, dass die EUStA ein breites Spektrum an Fachwissen über nationale Rechtsordnungen und Erfahrungen bündelt und in grenzüberschreitenden Fällen ohne langwierige Verfahren der justiziellen Zusammenarbeit ermittelt. Wenn und solange die EUStA ermittelt, werden die nationalen Behörden ihre Kompetenzen in derselben Strafsache nicht ausüben.

Die EUStA wird gegen Betrug zulasten des Unions-Haushalts und gegen Mehrwertsteuerbetrug (bei Betrugsdelikten mit einem Schadensvolumen von mehr als 10.000 EUR und bei grenzüberschreitender Mehrwertsteuerbetrug mit einem Volumen von mehr als 10 Millionen EUR) vorgehen können. Ob und in welcher Form die Europäische Staatsanwaltschaft später einmal auch für andere Delikte zuständig werden wird, ist der politischen Willensbildung in den Mitgliedstaaten vorbehalten; eine Ausdehnung der Befugnisse der Europäischen Staatsanwaltschaft ist nur auf einstimmigen Beschluss des Europäischen Rates (!) und nach Anhörung der Europäischen Kommission möglich (Artikel 86(4) AEUV). Kommissionspräsident Juncker hat aber bereits in seiner Rede zur Lage der Union 2017 die Absicht der Kommission bekanntgegeben, einen Vorschlag vorzulegen, der die EUStA zusätzlich noch mit der Bekämpfung des Terrorismus und der organisierten grenzüberschreitenden Kriminalität betrauen soll.

Schlusskapitel

Das „Hereinholen" des Strafrechts in den Zuständigkeitsbereich der Union vor etwa einem Vierteljahrhundert hat eine markante Veränderung des strafrechtlichen Kooperationsgefüges zwischen der Union und den Mitgliedstaaten und zwischen den Mitgliedstaaten untereinander mit sich gebracht. Neben einer Fülle an Maßnahmen, die die Verbesserung und Vereinfachung der strafjustiziellen Kooperation bezwecken, hat vor allem auch die Rechtsannäherung sowohl im materiellrechtlichen wie auch im verfahrensrechtlichen Strafrecht einen ansehnlichen Sockel von gemeinsamen Maßnahmen geschaffen, welche die nach wie vor bestehenden Unterschiede in der mitgliedstaatlichen Strafrechtspflege verringern bzw. die Strafrechtssysteme trotz weiterhin bestehender Unterschiede besser miteinander kompatibel machen. Wenngleich das Strafrecht als unionsrechtlicher „Neuzugang" zunächst nur an der Peripherie des Unionshandelns angesiedelt wurde, ist doch seine zentraler werdende Relevanz unverkennbar. Eine markante Etappe in diesem dynamischen Entwicklungsprozess, der auch durch die Rechtsprechung des EuGH gefördert wird, kommt vor allem der Europäischen Staatsanwaltschaft zu, die voraussichtlich ab dem Jahr 2021 ihre operative Tätigkeit in den 20 (oder mehr) teilnehmenden Mitgliedstaaten aufnehmen wird.

EUROPA IM SPANNUNGSFELD VON GLOBAL GOVERNANCE UND INTERNEM ZUSAMMENHALT

Wozu braucht die Europäische Union Kohäsionspolitik – und welche Politik braucht sie? Zu Sinnhaftigkeit, Funktionsweise und Performance eines ungeliebten Politikinstruments

Peter Mayerhofer

Zusammenfassung

Der vorliegende Beitrag diskutiert Zweck, Ausrichtung und Ergebnisse der EU-Kohäsionspolitik und gelangt dabei zu einer (vorsichtig) positiven Einschätzung. Die Sinnhaftigkeit einer solchen Politik als Instrument zur Stärkung des Zusammenhalts der Union scheint nicht zuletzt durch die doch erheblichen makroökonomischen Ungleichgewichte belegt, die im Zuge der Finanzmarkt- und Wirtschaftskrise zwischen den Teilräumen der Europäischen Union offenkundig geworden sind. Gleichzeitig lassen neuere Arbeiten der empirischen Wirkungsanalyse erkennen, dass die gemeinsame Politik in der Tendenz durchaus Effekte entfaltet. Ihre „territoriale" Aufstellung ist auch polit-ökonomischen Rahmenbedingungen geschuldet und bleibt damit angreifbar. Allerdings ist die EU-Kohäsionspolitik aus der dazu rezent geführten wirtschaftspolitischen Debatte eher gestärkt hervorgegangen, zumal dieser Diskurs auch erhebliche Reformen in Architektur und Funktionslogik dieser Politik angestoßen hat. Die Herausforderungen in der Umsetzung dieser Neuerungen sind durchaus erheblich, ihre Bewältigung (oder Nicht-Bewältigung) wird für die weitere Durchschlagskraft der EU-Kohäsionspolitik (mit) entscheidend sein.

Kohäsionspolitik im Spannungsfeld von theoretischer Stringenz und polit-ökonomischen Zwängen: Die bisherige Entwicklung

Die Frage nach der Sinnhaftigkeit einer gemeinschaftlichen Regional- bzw. Kohäsionspolitik auf EU-Ebene begleitet diese Politik seit ihrem Entstehen. Dabei scheint ihre Entwicklungslogik von Anbeginn stärker durch politisch-pragmatische, denn durch inhaltlich-theoretische Überlegungen geprägt: So sah sich das beitretende Großbritannien bei der Erweiterung der EWG im Jahr 1973 in Hinblick auf Zahlungen aus dem Europäischen Ausrichtungs- und Garantiefonds für die Landwirtschaft benachteiligt – und tatsächlich wäre das Land trotz unterdurchschnittlichem ökonomischem Entwicklungsniveau im Vergleich zu den damaligen Mitgliedsländern Nettozahler geworden. Unterstützt vom (ökonomisch schwächsten)

Gründungsmitglied Italien war daher die Schaffung des Europäischen Fonds für regionale Entwicklung ein Ergebnis der Beitrittsverhandlungen – wesentliche Keim-
zelle für die Ausrichtung der EU-Politik auf regionale Entwicklung. In den folgenden Jahren wurde diese Politik in Architektur und Zielen sukzessive, aber weitgehend ad hoc erweitert. Entscheidende Zäsur war die Politikreform von 1988, die in
Zusammenhang mit der Verabschiedung der Einheitlichen Europäischen Akte
(1987) mit ihrer Betonung der Zielsetzung des wirtschaftlichen und sozialen Zusammenhalts der Union stand[1]. Hier wurde „Kohäsionspolitik" (als begriffliche
Neuschöpfung zur Kennzeichnung der gemeinsamen Politik) als integraler Bestandteil zum Erreichen dieses Ziels explizit verankert. Die Reform, welche nicht zuletzt
erstmals klare Zugangskriterien für Förderungen auf regionaler Ebene etablierte[2],
veränderte die Logik und die Funktionsweise der gemeinsamen Politik nachhaltig.
Auch sie war allerdings nicht zuletzt pragmatische Reaktion auf veränderte Rahmenbedingungen, namentlich den Beitritten Griechenlands (1981), Spaniens und
Portugals (1986), aber auch der Verabschiedung des Binnenmarktprogramms
(1985), dessen Funktionsfähigkeit durch begleitende Kohäsionspolitik gestärkt
werden sollte – eine Argumentation, die übrigens bis heute oft im Vordergrund steht
(etwa *Monti*, 2010).

Auch generell blieb die 1988 aufgesetzte Programmarchitektur und Abwick-
lungslogik mit ihren Prinzipien Additionalität, Partnerschaft, mehrjährige Program-
mierung, Koordination der Politikebenen und Konzentration der Mittel in der Folge
durchaus wirkungsmächtig. Zwar wurde im Zuge des 1993 in Kraft getretenen Vertrags von Maastricht der Kohäsionsfonds als neues Instrument zur Unterstützung
von Infrastrukturprojekten in den schwächer entwickelten EU-Staaten[3] geschaffen,
auch wurden die für Kohäsion bereitgestellten Mittel deutlich erhöht und verstärkt
auf die ärmsten Mitgliedstaaten und Regionen konzentriert[4]. Dies nicht zuletzt als

---

[1] „*Die Gemeinschaft entwickelt und verfolgt ihre Politik zur Stärkung ihres wirtschaftlichen und
sozialen Zusammenhalts, um eine harmonische Entwicklung der Gemeinschaft als Ganzes zu
fördern. Die Gemeinschaft setzt sich insbesondere zum Ziel, den Abstand zwischen den verschiedenen Regionen und den Rückstand der am wenigsten begünstigten Gebiete zu verringern*" (Einheitliche Europäische Akte, 1987, Tit. V. Art. 130a). „*Die Gemeinschaft unterstützt
diese Bemühungen durch die Politik, welche sie mit Hilfe der Strukturfonds ... führt*" (Art.
130c). Zur Zielbestimmung vgl. auch EUV, Art. 3(3) sowie AEUV, Art. 174ff – „*Wirtschaftlicher, sozialer und territorialer Zusammenhalt*".

[2] Regionen mit einem BIP je Einwohner kleiner 75% des EU-Schnitts wurden hier als Regionskategorie mit der höchsten Förderwürdigkeit („Ziel-1-Regionen") besonders hervorgehoben,
gefolgt von anderen Regionskategorien mit spezifischen Herausforderungen aus De-Industrialisierung und Restrukturierung bzw. schwerwiegenden (lokalen) Arbeitsmarktproblemen. In
der Folge wurden diese Regionskategorien mehrfach angepasst und konsolidiert, die Definition
der Regionskategorie mit der höchsten Förderfähigkeit blieb aber bis heute unverändert.

[3] Förderungen aus diesem Fonds beschränken sich bis heute auf Mitgliedstaaten mit einem Brut-
tonationaleinkommen je Einwohner unter 90% des EU-Durchschnitts.

[4] In den 1990er Jahren stiegen die Kohäsionsausgaben im Verhältnis zum EU-Bruttonational-
einkommen um rund 150% an, wobei ein Gutteil der Zunahme auf die rückständigsten Mitgliedstaaten Portugal (von 1% auf 2,3% des BNE), Irland (von 1% auf 1,8%), Griechenland

Folge der Erweiterungsrunden 2004 und 2007 mit ihren massiven Konsequenzen für die ökonomische Geographie der Union[5], und den damit verbundenen Bedarfen und (bei unveränderten Förderkriterien auch „automatischen") Verteilungswirkungen im Fördersystem. Weitere Politikreformen in den Jahren 2000 und 2007 versuchten durchaus, auf diese Veränderungen zu reagieren (*European Commission*, 2007a, 2015), auch stellten sie erstmals eine verstärkte Kohärenz der Kohäsionspolitik mit den übergeordneten Leitstrategien der EU (Strategie von Lissabon, erneuerte Lissabon-Strategie, später Europa 2020) her. Wachstum, Beschäftigung und Wettbewerbsfähigkeit (und damit Innovation) rückten damit als Leitmotive (auch) der Kohäsionspolitik stärker in den Vordergrund. Die fundamentalen Prinzipien der Reform des Jahres 1988 blieben in Logik, Architektur und selbst Förderkriterien freilich weiterhin erkennbar (*McCann – Ortega-Argilés*, 2013), auch die „große" Reform von 2014 spiegelt diese Prinzipien in ihren Grundzügen noch wider.

Bemerkenswert scheint, dass dieser doch recht konsequente Aufbau von Kapazitäten einer regional ausgerichteten Kohäsionspolitik zumindest in seinen Anfängen durchaus in Widerspruch zur herrschenden ökonomischen Lehre stand (*Lammers*, 2007). So erwartet die traditionelle (neoklassische) Wachstumstheorie (*Solow*, 1956; *Swan*, 1956; in räumlicher Formulierung *Borts – Stein*, 1964) – als dominierende Grundlage der einschlägigen Literatur bis in die 1990er Jahre – einen Abbau von räumlichen Disparitäten allein durch die Anreizwirkungen abnehmender Grenzerträge der Produktionsfaktoren, und weist regionalpolitischen Interventionen zugunsten entwicklungsschwacher Regionen allenfalls transitorische Wirkung zu[6]. Zudem erwarten traditionelle Ansätze der Außenhandels- und Integrationstheorie (*Heckscher*, 1919; *Ohlin*, 1933; *Samuelson*, 1948) aus verstärktem Handel und Faktormobilität im Zuge von Integrationsprozessen nicht nur positive

---

(von 0,6% auf 1,7%) und Spanien (von 0,3% auf 0,9%) entfiel (andere Mitgliedsländer zwischen 0,05% und 0,2% des BNP). Auch 2000-2006 blieben Portugal (1,8% des BNP), Griechenland (1,4%) und Spanien (0,9%) voran, weil Kohäsionsmittel für die 2004 beitretenden (10) Länder bis zum Ende dieser Periode nur begrenzt ausgeschüttet werden konnten (hier 0,2% bis 0,6% des BNP). Einen neuen Höchststand erreichten die Kohäsionsausgaben daher in der Periode 2007-2013, weil ein Gutteil der Förderungen der vorangegangenen Periode erst jetzt ausgegeben wurde, und die regulären Ausgaben der Förderperiode 2007-2013 ergänzte. Daher erreichte der Ausgabenanteil in Estland, Lettland und Litauen hier im Jahresdurchschnitt zwischen 2,5% und 3% des BNE, auf den Plätzen folgten Ungarn (2,3%), Polen (2,1%) und Portugal (1,9%), sowie Griechenland, Malta, Slowenien, Bulgarien, Tschechien und die Slowakei mit Förderintensitäten zwischen 1,6% und 1% (*European Commission*, 2014).

[5] Insgesamt nahm die EU-Bevölkerung durch die Erweiterungsrunde 2004 (um 10 Länder) um 20%, die Wirtschaftsleistung dagegen nur um 5% zu, Ähnliches gilt für die Erweiterungsrunden 2007 (Rumänien, Bulgarien; +6% vs. +1%) und 2013 (Kroatien; +0,8% bzw. +0,3%). Das durchschnittliche Pro-Kopf-BIP (in KKS) lag im Gros der neuen Mitgliedstaaten bei weniger als der Hälfte des EU-Durchschnitts, ein deutlicher Anstieg des Gefälles in der ökonomischen Leistungskraft auf Länder- (und Regions-)Ebene war die Folge.

[6] Bei abnehmendem Grenzprodukt des Kapitals können politikinduzierte zusätzliche Investitionen in den Kapitalstock das Wachstum zwar kurzfristig über sein *steady-state*-Niveau anheben, diesen *steady-state*-Wachstumspfad selbst aber nicht beeinflussen.

Wohlfahrtseffekte für alle beteiligten Länder, sondern auch einen Ausgleich der Faktorpreise und damit den Abbau von Einkommensdisparitäten. Integration ist in dieser Sicht also keine Gefahr für den (regionalen) Zusammenhalt, der Binnenmarkt treibt den Abbau regionaler Unterschiede vielmehr voran.

Allerdings sind seit den späten 1980er Jahren mit „neuer" Wachstumstheorie (*Romer*, 1986; *Grossman & Helpman*, 1991), „neuer" Außenhandelstheorie (*Krugman*, 1980; *Helpman & Krugman*, 1985) und „New Economic Geography" (*Krugman*, 1991; *Fujita et al.*, 1999) wirkungsmächtige Ansätze[7] entstanden, die den „Konvergenzoptimismus" der neoklassischen Theorie fundamental in Frage stellen. Hier konnte gezeigt werden, dass bei Berücksichtigung unvollständiger Märkte, steigender Skalenerträge und positiver Transportkosten räumliche Disparitäten auch langfristig stabil bleiben bzw. zunehmen können. Integration kann danach Nachteile für einzelne Integrationspartner bedeuten, und Zentrum-Peripherie – Muster verstärken bzw. erst hervorbringen. Bei raumspezifischen Größenvorteilen bzw. externen Effekten in Form von Agglomerationsvorteilen, für die empirisch überzeugende Evidenz vorliegt[8], sind regionale Disparitäten danach durchaus Ergebnis des ungehinderten Wirkens von Marktprozessen (also auch ein Gleichgewichtsphänomen), und nicht etwa Ausdruck von Behinderungen dieser Prozesse (etwa durch Barrieren in der Faktormobilität), deren Beseitigung quasi automatisch Konvergenzprozesse auslöst. Ein Blick auf die Größenordnung und die Entwicklung räumlichen Disparitäten in der EU stützt diese Sichtweise[9].

Trotz dieser zunehmenden, auch theoretischen, Anerkennung der Bedeutung kohäsionspolitischer Initiativen ist die Kritik daran auf EU-Ebene keineswegs verstummt, im Gegenteil sind Stimmen zugunsten einer deutlichen Kürzung der dafür veranschlagten Mittel eher lauter geworden. Dies hat einerseits wohl mit den zunehmenden Konsolidierungsbedarfen auch in den Budgets der (hoch entwickelten) Mitgliedsländer in Nettozahler-Position zu tun: Immerhin sind für die derzeit sechs

---

[7] Stärker regionalökonomisch orientierte Theorien (etwa *Myrdal*, 1957 oder *Kaldor*, 1970) nahmen mit Hinweis auf externe Effekte und die daraus folgenden selbst verstärkenden Prozesse diese Ergebnisse schon früh vorweg. Sie konnten sich – nicht zuletzt wegen ihrer fehlenden mikroökonomischen Fundierung (*Neary*, 2001) – im ökonomischen Mainstream allerdings nicht durchsetzen.

[8] Für einen Überblick über die hier vorliegende empirische Evidenz vgl. etwa *Rosenthal & Strange* (2004) oder *McCann & Van Oort* (2009).

[9] Unstrittig ist hier, dass Disparitäten in Einkommen, Produktivität und Beschäftigung auf allen geographischen Ebenen erheblich und über die Zeit hoch persistent sind. Konvergenzprozesse verlaufen – wenn überhaupt – nur langsam und scheinen zumindest in neuerer Zeit durch die nationale Ebene getrieben. So liegt erhebliche Evidenz vor (etwa *Gardiner et al.*, 2004; *Cappelen et al.*, 2003; *Corrado et al.*, 2005; *Meliciani*, 2006), dass die Einkommensunterschiede zwischen den Ländern in den 1990er und frühen 2000er Jahren leicht abgenommen, jene innerhalb der Länder aber zugenommen haben. In der Folge dürfte der Abbau von Disparitäten weitgehend zum Erliegen gekommen sein, weil schwächere Länder und Regionen in der Tendenz stärker von der Finanzmarkt- und Wirtschaftskrise und ihren Folgen betroffen waren (etwa *Gardiner et al.*, 2013; *European Commission*, 2014).

EU-Strukturfonds in der jetzt angelaufenen Programmperiode (2014-2020) EU-Finanzmittel in Höhe von 454,5 Mrd. € vorgesehen, davon rund 349,4 Mrd. € für Kohäsionspolitik in traditioneller Definition[10] bzw. 259,7 Mrd. € für Initiativen von Regional- und Kohäsionsfonds (ERDF, CF) mit ihren explizit räumlich definierten Zugangskriterien.

Andererseits ist die herrschende Skepsis wohl auch Besonderheiten der gemeinsamen Politik geschuldet, die durchaus Effizienzfragen aufwerfen. So ist natürlich die Frage berechtigt, warum eine Politik, die den Zusammenhalt der Union (und damit vorrangig die Konvergenz der Mitgliedsländer) zum Ziel hat, in großen Teilen auf regionaler und nicht nationaler Ebene ansetzt, etwa über Finanzmittel für die Umsetzung von Reformprogrammen und Entwicklungsstrategien der Mitgliedstaaten. Tatsächlich ist es unter Subsidiaritätsgesichtspunkten erklärungsbedürftig, warum die Frage nach der Förderung (oder Nicht-Förderung) einzelner Regionen innerhalb der Mitgliedstaaten Angelegenheit der übergeordneten Ebene und nicht des jeweiligen Staates selbst sein soll. Weiterführend ist natürlich auch die Frage berechtigt, inwieweit es Sinn macht, im Rahmen der Kohäsionspolitik Fördermittel für alle Mitgliedstaaten vorzusehen, und damit auch (ärmere) Regionen in den ökonomisch hoch entwickelten Nettozahler-Ländern zu unterstützen. Genau besehen zahlen diese Länder damit in den gemeinsamen Haushalt auch Mittel ein, die in der Folge über Kohäsionsförderung wieder an sie zurückfließen – allerdings vermittelt über ein komplexes Set an Programmierungs-, Abwicklungs- und Verwaltungsprozessen, die durchaus aufwändig sind.

Erklärbar ist all dies wohl (nur) unter polit-ökonomischen Gesichtspunkten: Die Bindung kohäsionspolitischer Mittelflüsse an ex-ante festgelegte und für alle geltende (regionale) Zugangskriterien trägt ebenso wie deren Verknüpfung mit elaborierten Abstimmungs-, Abwicklungs-, Evaluierungs- und Abrechnungsprozessen der Tatsache Rechnung, dass das Vertrauen zwischen den EU-Mitgliedstaaten und deren Solidarität namentlich in Finanzfragen (noch?) nicht vollständig ausgeprägt sind. Gleichzeitig stärken regional aufgesetzte Förderinitiativen die Sichtbarkeit der EU-Politik „vor Ort", und die in diesem Setting garantierten Mittelflüsse auch in Regionen der Nettozahler-Länder stärken die Legitimität der aufgesetzten Politik (auch) bei den Bevölkerungen dieser Länder und Regionen.

---

[10] Traditionell subsummieren (auch) die einschlägigen Dokumente der Kommission (etwa European Commission, 2014) unter Kohäsionspolitik die Initiativen von ERDF, CF und ESF (European Social Funds), nicht aber jene der gemeinsamen Agrarpolitik (EAFRD) und der kleineren Fonds YEI und EMFF. Dies, obwohl der ESF weitgehend ohne räumliche Ausrichtung die Verbesserung der Beschäftigungs- und Bildungschancen in der Union zum Ziel hat, während der EAFRD zunehmend auch die Verbesserung der Lage in ländlichen Regionen in den Vordergrund stellt, vorrangig freilich in klar sektoraler Ausrichtung.

Zur Legitimation der Kohäsionspolitik: Makroökonomische Ungleichgewichte und der Zusammenhalt der Union

Es kann daher gesagt werden: Natürlich sind Architektur und Logik der EU-Kohäsionspolitik „second-best" – Lösungen, die auch polit-ökonomische Nebenbedingungen berücksichtigen, und damit entsprechend angreifbar sind. Dies schmälert allerdings die Bedeutung dieser Politik als zentrales Instrument zur Sicherung des ökonomischen Zusammenhalts der Union – und namentlich des Euro-Raums (*Huber & Mayerhofer*, 2010) – in keiner Weise: Tatsächlich unterliegt jedes (größere) Staatswesen mit gemeinsamer Währung und damit fehlenden wechselkurspolitischen Instrumenten zum Ausgleich von Unterschieden in der Wettbewerbsfähigkeit der Gefahr zentrifugaler Kräfte: Teilräume unterscheiden sich in geographischer Lage, natürlichen Ressourcen, Faktorausstattung (und damit komparativen Vorteilen), technologischen Entwicklungspfaden und Institutionen – Unterschiede in den Entwicklungspotentialen bei Integration sind die (notwendige) Folge. Daher verfügen solche Staatsgebilde üblicherweise über zwei räumliche Ausgleichsmechanismen: (1) Einen kurzfristig ausgerichteten Finanzausgleich, der fiskalisch orientiert ist und ungebundene Mittel zur Dämpfung asymmetrischer Schocks (re-)distribuiert, sowie (2) eine mittel- bis langfristig angelegte Entwicklungspolitik, die über strukturpolitische Maßnahmen die Wettbewerbsfähigkeit von Teilräumen mit Rückstand in Produktivitätsniveau bzw. -dynamik zu verbessern sucht. Ersterer „versichert" dabei (ähnlich den „automatischen Stabilisatoren") Teilräume, die von einer Konjunkturkrise betroffen sind, gegen massive Rückgänge von Haushaltseinkommen und Budgeteinnahmen des Staates, und sichert damit ihren budgetären Handlungsspielraum in Krisenzeiten. Letztere zielt hingegen auf den (langfristigen) Abbau von strukturellen Nachteilen von Teilräumen, und die Sicherung ihrer Wettbewerbsfähigkeit.

Nun sind Mechanismen eines europäischen Finanzausgleichs (1) oder auch automatische Stabilisatoren (etwa in Form einer gemeinsame Arbeitslosenversicherung) – wiewohl zur Sicherung der Kohäsion wünschenswert – in der EU nicht implementiert und politisch gegenwärtig auch nicht durchsetzbar. Sehr wohl verfügt die Union mit der EU-Kohäsionspolitik aber über eine relevante mittelfristig orientierte Entwicklungspolitik (2) – immerhin das größte integrierte Entwicklungsprogramm weltweit[11, 12]. Ihre Notwendigkeit wurde nicht zuletzt durch die Finanzmarkt-

---

[11] US-Initiativen zur regionalen Entwicklung verfügen zwar insgesamt über ein größeres Mittelvolumen. Sie sind aber in unzählige Programme auf regionaler und sektoraler Ebene fragmentiert und agieren nicht unter einem einzigen gemeinsamen Rahmen, wie dies bei der EU-Kohäsionspolitik der Fall ist (*Drabenstott*, 2005).

[12] Für Aufgaben des Finanzausgleichs ist die EU-Kohäsionspolitik dagegen aufgrund ihrer spezifischen Ziel- und Zeitstruktur, ihrer Organisationsprinzipien (Programmorientierung, integrierter Ansatz) und ihrer spezifischen Instrumente und Abwicklungsroutinen gänzlich ungeeignet.

und Wirtschaftskrise deutlich, die vorrangig als Ausdruck massiver makroökonomischer Ungleichgewichte begriffen werden kann – als Ergebnis tiefgreifender Unterschiede in der Produktivität und damit der Wettbewerbsfähigkeit der Länder und
Regionen in der Wirtschafts- und Währungsunion (*Marzinotto et al.*, 2010; *Ederer*,
2010, 2011). Tatsächlich konnten ihre entwicklungsschwachen Mitgliedsländer De-
fizite in der Produktivitätsentwicklung vor der WWU durch die Abwertung ihrer
Währungen kompensieren, sodass Leistungs- und Zahlungsbilanzdefizite in Grenzen gehalten werden konnten. Mit gemeinsamer Währung steht dieses Instrument
nicht mehr zur Verfügung, eine Verbesserung ihrer Wettbewerbsfähigkeit ist damit
nur noch über Produktivitätssteigerungen oder/und „interne Abwertung" – als relative Rücknahme der Faktorentlohnung, namentlich der Löhne – denkbar. Nun ist
Letzteres schon vor der Krise nicht gelungen[13], und scheint mit Blick auf die dazu
notwendigen Größenordnungen auch kaum realistisch[14]. Zentral scheint damit aus
makroökonomischer wie politischer Perspektive der Abbau von Disparitäten in Produktivitätsniveau und Wettbewerbsfähigkeit zwischen den Ländern und Regionen.
Die Kohäsionspolitik kann dazu entscheidend beitragen, weil sie

- das einzige Instrument zum mittelfristigen Abbau der Ursachen makroökonomischer Ungleichgewichte in der Union darstellt,
- über ihre Aktivitäten und Konditionalitäten dazu beiträgt, die übergeordnete Po-
litik-Agenda der Union auf nationaler und regionaler Ebene zu verorten,
- nationale und regionale Aktivitäten bei Herausforderungen ergänzt, welche die
Kapazitäten der dezentralen Ebene übersteigen oder auf dieser Ebene nicht lös-
bar sind, und
- (wenn gut aufgesetzt) externe Effekte nationaler und regionaler Politiken inter-
nalisiert und Lerneffekte generiert.

Vor diesem Hintergrund kann EU-Kohäsionspolitik tatsächlich zentraler Anker in
der Sicherung des Zusammenhalts der Union sein. Dies allerdings nur dann, wenn
(1) diese Politik gemessen an ihren Aufgaben auch tatsächlich „liefert", also nach-
weislich zum Abbau von regionalen Disparitäten und zum Wachstum schwach entwickelter Teilräume beiträgt, und (2), wenn eine solche Politik so aufgesetzt werden
kann, dass ihre territoriale Logik und die daraus folgenden Wirkungen zu übergeordneten Zielen – namentlich der Stärkung von Wachstum und Beschäftigung in
der Union insgesamt – nicht in Widerspruch stehen. Beide Bedingungen waren in

---

[13]   Vielmehr sind die realen Lohnstückkosten in den späteren „Krisenländern" der WWU im zins-
induzierten Nachfrageboom bis zur Krise im Vergleich zu den produktivitätsstarken EU-Län-
dern (Deutschland, Niederlande, nordeuropäische Länder, auch Österreich) massiv gestiegen,
mit entsprechenden Konsequenzen für ihre Zahlungsbilanzposition.

[14]   Allein in der Periode 1992-1999 (dem Jahr der Fixierung der Wechselkurse) hat die italienische
Lira gegenüber der D-Mark um 24% an Wert verloren, die spanische Peseta um 26% und die
griechische Drachme um 31%. Ähnlich dramatische Korrekturen in der preisbezogenen Wettbewerbsfähigkeit allein durch „interne Abwertung" (also Lohnzurückhaltung) scheinen wenig
realistisch, zumal bei einer Lohnquote um die 60% eine 30%-ige Abwertung einer relativen
Lohnkürzung um rund die Hälfte entspricht.

den letzten Jahren nicht überraschend Mittelpunkt einschlägiger Forschung, und die dabei gewonnenen Erkenntnisse waren für das Design der Kohäsionspolitik in der neuen Programmperiode 2014-2020 durchaus prägend.

Bisherige Ergebnisse der Kohäsionspolitik: Erkenntnisse aus empirischen Wirkungsanalysen

Analysen zur Bewertung des „Erfolgs" der Kohäsionspolitik in Hinblick auf ihren kausalen Beitrag zum Abbau von räumlichen Disparitäten bzw. zum Wachstum schwächer entwickelter Regionen in der Union sind durchaus komplex, weil ihnen im Grundsatz ein Vergleich der Situation mit Kohäsionsförderung mit einer (fiktiven)[15] Situation ohne Kohäsionsförderung (aber sonst gleichen Bedingungen) zugrunde liegen muss. So kann der Hinweis auf persistent hohe regionale Disparitäten innerhalb der EU *trotz* Kohäsionspolitik (etwa *Boldrin & Canova*, 2001; *Sapir*, 2004) als Argument für deren „Misserfolg" kaum überzeugen, weil nicht gesagt werden kann, wie sich diese Disparitäten ohne Kohäsionspolitik entwickelt hätten. Ebenso wenig können empirische Ergebnisse, die für die Ziel-1-Regionen (als Regionskategorie mit der höchsten Förderintensität) seit Ende der 1980er Jahre einen Wachstumsvorsprung gegenüber den übrigen EU-Regionen orten (etwa *Lopez & Rodriguez*, 2006; *EU-Kommission*, 2007; *Eposti & Bussoletti*, 2008), als Beleg für den „Erfolg" von Kohäsionspolitik gelten, weil dieses höhere Wachstum auch anderen Einflussfaktoren (etwa allgemeinen, marktgetriebenen Konvergenzprozessen) geschuldet gewesen sein kann.

Neuere quantitative Wirkungsanalysen nutzen daher zur Abgrenzung des (kausalen) Effekts von Förderung statt eines direkten Vergleichs der Ergebnisse zwischen den Beobachtungseinheiten (hier: Regionen) ökonometrische Regressionsansätze, in welchen die interessierende Ergebnis-Variable nicht nur auf das Faktum (oder die Größe) der Förderung, sondern auch auf andere beobachtbare (Kontroll-)Variable regressiert wird, welche dieses Ergebnis potentiell beeinflussen. Kann so für alle anderen Einflüsse auf das Ergebnis kontrolliert werden, gibt der Schätzkoeffizient für die Förderung ihren tatsächlichen Effekt wieder. In der Praxis gelingt dies freilich kaum, was zu verfälschten Ergebnissen („Omitted Variable Bias"; „reverse causality") führen kann. Rezente Arbeiten stellen daher typischerweise den Ergebnissen geförderter Einheiten nur solche von nicht geförderten, aber ansonsten möglichst „ähnlichen" Einheiten gegenüber. Kritisch ist dabei die Auswahl dieser „Kontrollgruppe", wofür unterschiedliche Methoden und Identifikationsstrategien entwickelt wurden[16].

---

[15]   Kernproblem ist hier, dass eine Region nicht gleichzeitig gefördert und nicht gefördert sein kann.

[16]   Für einen Überblick über die generellen Probleme von Politikevaluierung vgl. *Heckman et al.* (1999). Für einen Überblick über moderne Methoden der kausalen (kontrafaktischen) Wirkungsanalyse vgl. etwa *Combes & Van Ypersele* (2013).

Die Ergebnisse solcher Wirkungsanalysen sind durchaus heterogen. Sie sind aber zumindest in neuerer Zeit in der Tendenz durchaus ermutigend, und lassen bei zunehmender Verfeinerung der verwendeten Methodik nicht zuletzt auch Rückschlüsse auf weitere Verbesserungen im Policy-Design der einschlägigen Interventionen zu. Sehr unterschiedliche Resultate finden sich dabei vor allem in früheren Studien. Positive (und signifikante) Effekte der Kohäsionsförderung (*De la Fuente-Vives*, 1995; *Beugelsdijk & Eijffinger*, 2005; *Cappelen et al.*, 03; *Leonardi*, 2006; *Mohl & Hagen*, 2008; für Österreich *Mayerhofer et al.*, 2008) werden hier ebenso identifiziert wie positive, aber nicht signifikante sowie im Detail differenzierte Resultate (*Midelfart-Knarvik & Overman*, 2002; *Fayolle & Lecuyer*, 2000; *Ederveen et al.*, 2006; *Rodriguez-Pose & Fratesi*, 2004; *Eposti & Bussoletti*, 2008; *Hagen & Mohl*, 2008, 2009). Andere Arbeiten finden allenfalls vernachlässigbare Effekte (*Boldrin & Canova*, 01; *Garcia-Mila & McGuire*, 01; *Dall'Erba & LeGallo*, 2008), oder sogar negative Einflüsse der kohäsionspolitischen Förderung (*Fagerberg & Verspagen*, 1996; *Checherita et al.*, 2009) auf die geförderten Regionen. Zudem finden sich Hinweise auf verzögerte Fördereffekte (*Beugelsdijk & Eijffinger*, 2005) oder solche nur für die Länderebene sowie die reichsten Regionen der schwachen Mitgliedstaaten (*Fayolle & Lecuyer*, 2000).

Nun ist diese Heterogenität in älteren Ergebnissen ohne Zweifel auch auf prinzipielle Schwierigkeiten von quantitativen Förderevaluierungen (etwa Datenproblemen, Heterogenität der Einzelprogramme in Zielen, Förderintensitäten und Wirkungsverzögerung etc.) zurückzuführen (*Fratesi*, 2016), in Teilen dürfte sie aber auch Unterschieden im Forschungsdesign und teils Unzulänglichkeiten in der Methodik geschuldet sein. Jedenfalls ist es auffällig (und erfreulich), dass rezentere – und methodisch elaboriertere[17] – Ansätze (etwa *Becker et al.*, 2010, 2012; *Pellegrini et al.*, 2013; *Garcilazo & Rodriguez-Pose*, 2015; *Bouayad-Agha et al.*, 2013; *Filipetti & Peyrache*, 2014; *Maynou et al.*, 2016)[18] in der Tendenz positive und signifikante Wachstumseffekte, und generell günstigere Ergebnisse sowohl für die Empfängerregionen als auch für die EU insgesamt (*Becker et al.*, 2012) orten[19] – was

---

[17] Diese Ansätze nutzen zur Optimierung der Kontrollgruppe ökonometrische Ansätze des Regression Discontinuity Design (*Becker et al.*, 2010; *Pellegrini et al.*, 2013) und des Propensity Score Matching (*Becker et al*, 2012a), berücksichtigen heterogene Treatment-Effekte in der Schätzung (*Becker et al.*, 2012b) und setzen elaborierte Paneltechniken (*Bouayad-Agha et al.*, 2014) ein.

[18] Parallel zu dieser methodischen Weiterentwicklung regional ausgerichteter Analysen nimmt auch die Zahl von (kontrafaktischen) Wirkungsanalysen zu, welche die Investitionsanreize von EU-Förderungen auf Basis von Individualdaten auf Unternehmensebene zu bewerten suchen. Sie finden meist positive Fördereffekte auf die unternehmerische Investitionstätigkeit, aber stärker heterogene Ergebnisse in Hinblick auf unternehmerische Performance-Indikatoren. Dabei werden Output-Effekte auf das geförderte Unternehmen deutlich häufiger identifiziert als solche auf die Zahl der Beschäftigten und/oder die einzelwirtschaftliche Produktivität. Für eine zusammenfassende Darstellung vgl. hier etwa *Mouqué* (2012), *Combes & Van Ypersele* (2013) oder *Mayerhofer & Klien* (2016).

[19] Eher pessimistische Einschätzungen stammen in neuerer Zeit vorrangig aus Fallstudienevidenz. So zeigen *Barone et al.* (2016) für die Abruzzen, dass sich die Wachstumswirkungen von

inhaltlich auch auf Lerneffekte in der Politik und damit eine höhere Fördereffizienz in späteren Programmperioden hinweisen kann (*Pinho et al.*, 2015). Immerhin liegen neuere Schätzungen zum Einfluss der Kohäsionspolitik auf die schwächer entwickelten Regionen (in alter Diktion „Ziel-1-Gebiete") der EU15 bei Werten zwischen +0,6 und +0,9 Prozentpunkten des BIP (*Pellegrini et al.*, 2013; *Becker et al.*, 2010), was zwischen einem Viertel und einem Drittel des durchschnittlichen jährlichen Pro-Kopf-Wachstum dieser Regionen entspricht[20].

Wesentliche Einblicke bieten neuere Analysen auch insofern, als sich ihr Interesse verstärkt auch auf die Gründe regional heterogener Ergebnisse der Kohäsionsförderung, und damit die Bestimmungsgründe ihrer Wirkungen richtet (*Fratesi & Wishlade*, 2017). Die erzielten Ergebnisse lassen dabei durchaus wesentliche Herausforderungen für das Politik-Design erkennen. So kann gezeigt werden, dass kohäsionspolitische Initiativen vor allem in Ländern und Regionen mit stabilem politischen Umfeld und guten Institutionen effektiv sind (*Capellen et al.*, 2003; *Burnside & Dollar*, 2004; *Ederveen et al.*, 2006; *Becker et al.*, 2013; *Garcilazo & Rodriguez-Pose*, 2015). Auch gibt es Evidenz für Schwellenwerte in der Förderintensität, bei deren Überschreiten weitere Kohäsionsmittel keine zusätzlichen Effekte mehr erzielen – mit Anhaltspunkten für eine „Überförderung" in einem Teil der Regionen (*Becker et al.*, 2012, 2013)[21]. Grundsätzlich dürfte die regionale Absorptionskapazität neben der Güte der regionalen Institutionen auch von der Verfügbarkeit qualifizierter Humanressourcen (*Rodriguez-Pose & Garcilazo*, 2015) und generell der Ausstattung mit „Territorial Capital" (*Fratesi & Perucca*, 2014) abhängig sein. Damit scheinen gerade jene Regionen von Politikinterventionen verstärkt zu profitieren, die über günstige Rahmenbedingungen und ausreichende administrative Kapazitäten verfügen – und solcher EU-Hilfen daher weniger bedürfen (*Begg*, 2009; *Ederveen et al.*, 2006). Jedenfalls gesichert scheinen nach der vorliegenden Evidenz regional heterogene Wirkungen der Kohäsionspolitik auch bei gleicher Förderintensität. So finden *Le Gallo et al.* (2011) leicht positive (globale) Effekte einschlägiger Interventionen auf das regionale Wachstum, aber sehr unterschiedliche lokale Effekte, mit positivem Einfluss vor allem in Regionen Großbritanniens, Griechenlands und Süditaliens. Ähnlich zeigen *Gagliardi & Percoco* (2017) – bei ebenfalls positivem globalem Effekt – unterschiedliche Wirkungen kohäsionspolitischer Mittel nach der Siedlungsstruktur, mit signifikant höheren Effekten in ländlichen Regionen nahe von größeren Zentren.

Kohäsionsförderung hier allein auf die Förderperiode beschränkten. Nach deren Auslaufen waren keine dauerhaften Effekte mehr feststellbar.

[20] Der EU-weite Effekt der Politik liegt danach bei rund dem 1,2-fachen der eingesetzten Mittel (*Becker et al.*, 2013).

[21] Die Autoren errechnen dabei über alle Empfängerregionen ein optimales (durchschnittliches) Transferniveau von 0,4% des regionalen BIP, ab einem Transferniveau von 1,3% des regionalen BIP ist danach kein zusätzlicher Fördereffekt mehr feststellbar. Gemessen an diesen Ergebnissen wären die kohäsionspolitischen Transfers in 36% der geförderten Regionen höher als optimal, in 18% von ihnen lägen die Transferzuflüsse über der für eine Wirkung maximalen Schwelle.

Nicht unabhängig ist dieses Ergebnis regional unterschiedlicher Förderwirkungen von Kohäsionspolitik von rezenten Resultaten, die belegen, dass für unterschiedliche Regionstypen unterschiedliche Interventionsarten (bzw. deren Kombination) adäquat sind (*Garcilazo & Rodriguez-Pose*, 2015). Während etwa ältere Studien – ohne regionale Differenzierung und mit Fokus allein auf die EU15 – finden, dass Investitionen in Humankapital den regionalen Ausgleich stärker befördern als solche in die physische Infrastruktur (*De la Fuente-Vives*, 1995; *Rodrigues-Pose & Fratesi*, 2004), legen neuere Arbeiten hier eine stärkere Differenzierung nahe. Danach dürften „harte" Infrastrukturinvestitionen (etwa in die Verkehrsnetze) in schwach entwickelten Regionen durchaus Effekte zeitigen, vorrangig aber dann, wenn sie von Humankapitalinvestitionen begleitet sind (*OECD*, 2012). Dagegen zeigen „weiche" Investitionen in Wissen und Innovationsorientierung in stärker entwickelten Regionen den größten Effekt (*Garcilazo & Rodriguez-Pose*, 2015), während für Infrastrukturinvestitionen hier kaum noch Wirkungen identifiziert werden (*OECD*, 2012). Auch *Eposti & Bussoletti* (2008) und *Bähr* (2008) finden positive Wachstumseffekte von Kohäsionsförderung nur nach Interaktion mit Variablen wie Forschung & Entwicklung und/oder Humankapital, zudem scheint nach *Bähr* (2008) auch das Niveau der regionalen Autonomie der Empfängerregion (positiven) Einfluss auf das Ergebnis zu haben. Letztlich lassen die Ergebnisse von *Percoco* (2017) erkennen, dass der Einfluss von Kohäsionsförderung auch von der Wirtschaftsstruktur bzw. der regionalen Spezialisierung der Zielregion nicht unabhängig ist. Danach nimmt der Effekt von Investitionen in den Dienstleistungssektor mit dem Tertiärisierungsgrad der geförderten Region ab, was dafür spricht, der unterstützenden Rolle begleitender Dienstleistungen für das Wachstum anderer Wirtschaftsbereiche gerade in Regionen mit schwach entwickeltem tertiärem Sektor besondere Aufmerksamkeit zu widmen.

Zusammenfassend zeigen *Dall'Erba & Fang* (2017) in einer aktuellen Meta-Studie über 17 rezente Forschungsbeiträge mit 323 Schätzergebnissen, dass auch die Resultate neuerer Arbeiten durchaus heterogen sind, mit Unterschieden in methodischen Zugängen, verwendeten Datensamples und berücksichtigten Kontrollvariablen (und damit Schätzmodellen) als bestimmendem Element. Gesichert scheint aber auch danach, dass größere Effekte der Kohäsionspolitik in rezenteren Studien und solchen mit Fokus auf schwächer entwickelte Regionen (vormals „Ziel-1-Gebiete") gefunden werden, und dass diese Effekte vom jeweiligen regionalen Kontext etwa in Hinblick auf Humankapitalausstattung, F&E-Orientierung und Qualität der Institutionen nicht unabhängig sind.

Insgesamt lassen die neueren Ergebnisse quantitativer (kausaler) Wirkungsanalysen in Hinblick auf die Effekte der Kohäsionspolitik damit durchaus eine (vorsichtig) positive Einschätzung zu. Gleichzeitig machen sie aber auch klar, dass (auch und gerade) in dieser Politik „One-Size-fits-All" – Ansätze kaum zielführend sein dürften. Sinnvoll scheinen vielmehr regional differenzierte Interventionen, die in Größenordnung und Policy-Mix auf den jeweiligen regionalen Kontext mit seinen je spezifischen Entwicklungsmöglichkeiten und –beschränkungen Bezug nehmen.

Territorialer Ansatz als Wachstumsbremse oder Voraussetzung für effiziente Politik? Die neuere Debatte und ihre Konsequenzen für die Politikformulierung

Von der europäischen Kommission wird diese wissenschaftliche Evidenz zu den Effekten der Kohäsionspolitik durchaus wahr- und aufgenommen (*European Commission*, 2014), wobei die verbliebene Heterogenität der Ergebnisse deren Einfluss auf die konkrete Politikausrichtung freilich begrenzt. Nicht zuletzt liegen auch die Resultate der (stärker qualitativ ausgerichteten) institutionalisierten Ex-Post-Evaluierungen der Kohäsionspolitik für die jeweiligen Programmperioden zu spät vor, um direkten Einfluss auf das Policy-Design der nachfolgenden Förderperiode zu haben (*Fratesi & Wishlade*, 2017)[22]. Noch stärker als konkrete Ergebnisse aus empirischer Forschung und qualitativen Evaluierungen mag für die nun implementierten Reformen der EU-Kohäsionspolitik in der „neuen" Programmperiode 2014-2020 daher eine grundlegende und intensive Debatte bestimmend gewesen sein, welche seit den späten 2000er Jahren zu einem möglichen „Trade-Off" zwischen gesamtwirtschaftlichem Wachstum und territorialer Kohäsion geführt wird. Wiewohl inhaltlich nicht wirklich entschieden, hat dieser Diskurs erhebliche konzeptionelle Fortschritte im Politikverständnis angestoßen[23].

Sein theoretischer Hintergrund ist die Tatsache, dass rezente theoretische Ansätze der „neuen" Wachstumstheorie bzw. der „New Economic Geography" mit ihrer Betonung von externen Skaleneffekten bzw. Agglomerationsvorteilen zwar erstmals eine theoretische Legitimation für aktive Politiken der territorialen Kohäsion liefern (siehe Abschnitt 1), gleichzeitig aber auch einen möglichen Zielkonflikt zwischen regionalem Ausgleich und gesamtwirtschaftlicher Effizienz explizit machen (etwa *Martin*, 1998; *Bröcker*, 2002; *Pflueger & Südekum*, 2005): Wenn tatsächlich solche (externen) Größenvorteile existieren – und die empirische Literatur spricht klar für deren Existenz – wirkt konsequente Kohäsionspolitik, die eine gleichmäßigere Verteilung der Ressourcen im Raum anstrebt, notwendig wachstumsmindernd, weil sie auf die Nutzung von Ballungsvorteilen verzichtet.

Wirklich entfacht wurde die Debatte durch den Weltbank-Report 2009 (*World Bank,* 2009) und seine Grundlagenpapiere (*Spence et al.,* 2009), deren Argumentation – wiewohl vorrangig auf die Entwicklungsländer ausgerichtet – angesichts der klaren Ausrichtung der neueren EU-Strategien (Lissabon-Strategie; erneuerte Lissabon-Strategie, Europa 2020) auf Wachstum und Beschäftigung auch in Europa stark rezipiert wurde. Die Grundidee dieses Reports ist ebenso bestechend wie wirt-

---

[22] So haben etwa die Ex-Post-Evaluierungen für die Programmperiode 2007-2013 meist erst im Jahre 2014 begonnen, ihre Ergebnisse lagen erst zwei Jahre nach Beginn der neuen Förderperiode (2014-2020) vor (*European Commission*, 2016, 2016a).

[23] Die Beiträge dazu sind vielfältig und ausdifferenziert und können an dieser Stelle nur stark verkürzt zusammengefasst werden. Für einen umfassenderen Überblick vgl. etwa die Beiträge in *OECD* (2011; Part III) sowie *Martin* (2008), *Barca et al.* (2012) bzw. *Garretsen et al.* (2013).

schaftspolitisch brisant: Wenn Agglomerationsvorteile existieren, sind höhere Produktivitäten möglich, wenn die ökonomischen Akteure in räumlicher Nähe zueinander lozieren. Damit sind solche Vorteile Schlüssel für Effizienzsteigerungen (und Wachstum), und große Zentralräume („Metropolregionen") notwendig Wachstumsmotoren ihrer Volkswirtschaften. Wenn dies so ist, sind Initiativen zur Stärkung schwächer entwickelter (ländlich-peripherer) Räume schlicht ineffizient, weil sie ökonomisch eine Ressourcen-Reallokation von Regionen mit einem für hohe Produktivitäten günstigen Umfeld (und damit effizienter Ressourcenverwendung) zu solchen mit dafür weniger geeigneten Standortcharakteristika (und damit ineffizientem Ressourceneinsatz) befördern, und zudem Agglomerationsvorteile in den begünstigten (urbanen) Regionen schwächen – mit negativen Folgen für das gesamtwirtschaftliche Wachstum. Optimal für dieses Wachstum wäre es danach stattdessen, die Migration der Produktionsfaktoren in die (produktiveren) Ballungsräume zu unterstützen – übrigens unter Wachstumsaspekten wie unter Aspekten der individuellen Wohlfahrt, weil Arbeitnehmer/innen grosso modo nach ihrer Produktivität entlohnt werden, und damit höhere Löhne erwarten können, wenn sie von der (produktivitätsschwachen) Peripherie in (produktionsstarke) Zentren wechseln. Logische Konsequenz dieser Denkfigur ist die Ablehnung jeglicher territorialer Politik, die unter der Zielsetzung von Konvergenz in die Ressourcenallokation eingreift und/oder die regionale „Ausbreitung" von Wachstumsprozessen zum Ziel hat, und die Forderung nach einer Entwicklungspolitik, welche Marktkräfte in Richtung Agglomeration zulässt (und verstärkt). Kern einer solchen Politik wäre es, nicht in Regionen („place-based"), sondern in die Individuen („people-based") und hier vorrangig in ihr Humankapital zu investieren, um die individuellen Voraussetzungen (auch) für Arbeitskräftemobilität zu stärken, und damit Agglomerationskräfte weiter voranzutreiben. Als zentrale Ansatzpunkte für effiziente Entwicklungspolitik sieht die Weltbank damit Investitionen in Aus- und Weiterbildung sowie (wo notwendig) Institutionen und „good governance" (als Wachstumstreiber) an, dies aber rein horizontal und in völlig raumunabhängiger Politik („spatially blind") aufgesetzt. Einziger Ansatzpunkt mit Raumbezug bleibt der Ausbau von Verkehrsinfrastrukturen, um periphere Regionen mit den Ballungsräumen zu vernetzen und damit „Spill-overs" von den Zentren in die Peripherie zu ermöglichen, welche letztlich auch Aufholprozesse in den schwächeren Regionen indizieren sollen.

Nicht überraschend hat dieser Vorstoß eine heftige Debatte ausgelöst, in deren Rahmen eine Reihe von relevanten Kritikpunkten vorgebracht wurde. So wurde auf die Unterbelichtung von Ballungskosten im Weltbank-Ansatz ebenso hingewiesen wie darauf, dass die optimale Stadtgröße im Marktprozess bei mangelnder Internalisierung dieser Kosten (*Baldwin et al.*, 2003) sowie bei unvollständiger Information (*Harris & Todaro*, 1970), aber auch durch politisch-institutionelle Einflussfaktoren (*Davis & Henderson*, 2003) auch überschritten werden kann. Auch wurde betont, dass Migration auch individuelle Kosten induziert, sodass nicht Anreize zur Migration, sondern (allein) die individuelle Freiheit in der Standortwahl Ziel von Politik sein kann. Zentral waren freilich drei Kritikpunkte, deren überzeugender Gehalt letztlich auch die (Neu-)Aufstellung der EU-Kohäsionspolitik für die Periode 2014-2020 wesentlich beeinflusst hat:

Direkt die konzeptionellen Grundlagen der Weltbank – Position trifft zunächst das Argument, dass eine Politik, die tatsächlich „raumunabhängig" („spatially blind") agiert, in der Praxis gar nicht denkbar ist. Offenbar hat jede horizontale Politik (auch) eine regionale Dimension, indem etwa allgemeine F&E-Förderungen verstärkt Regionen zu Gute kommen, in denen innovationsorientierte Unternehmen geballt lozieren, oder allgemeine arbeitsmarktpolitische Maßnahmen verstärkt in Regionen „aufschlagen", in denen lokale Arbeitsmarktprobleme besonders dringlich sind. Auch horizontale („raumunabhängige") Politiken wirken also in unterschiedlichen Regionen durchaus nicht gleichförmig, sondern unterschiedlich, was letztlich auch die Frage aufwirft, inwieweit horizontale Politiken – so nicht räumlich angepasst – überhaupt effizient sein können.

Zweites (und nicht zuletzt im EU-Kontext starkes) Argument sind zudem Zweifel an der politischen Umsetzbarkeit einer solchen Politik: Zwar mag es in kleinen und homogenen Ländern (wie Österreich) denkbar sein, die Zentren zur Nutzung von Agglomerationseffekten weiter zu stärken, und sich in Hinblick auf weniger verdichtete (periphere) Räume auf „Trickling-Down"-Effekte aus den Zentren zu verlassen. Kaum vorstellbar scheint eine solche Politik aber im Fall großer EU-Mitgliedstaaten mit ausgedehnten Peripherien (etwa Spanien, Italien, Polen, auch Deutschland) und/oder Autonomiebestrebungen an ihren Rändern (etwa Großbritannien oder Spanien) – und noch weniger im Rahmen eines supranationalen Zusammenschlusses wie der Europäischen Union.

Letztlich (und drittens) ist darauf zu verweisen, dass die Weltbank-Position mit ihrer starken Betonung von Metropolregionen als primären Wachstumsräumen zwar konzeptionell gut fundiert ist, aber durch die empirische Evidenz (namentlich in Europa) kaum gestützt wird (*Martin*, 2008; *OECD*, 2009, 2009a, 2011, 2012, 2016). Zwar ist auch empirisch gut belegt, dass die gesamtwirtschaftliche Produktivität in Ballungsräumen tendenziell höher ist als in weniger verdichteten Räumen[24]. Auch kann gezeigt werden, dass Metropolregionen im Gros der hoch entwickelten Industriestaaten tatsächlich mehr als die Hälfte zum jeweiligen nationalen Wachstum beitragen (*OECD*, 2012). Dies allerdings allein aufgrund ihres großen Gewichts in der Produktionsstruktur und nicht wegen tendenziell höherer individueller Wachstumsraten im Regionsgefüge. So geht das Wachstum in den Metropolregionen in neuerer Zeit nicht über jenes der EU27 insgesamt hinaus, und innerhalb dieser Regionskategorie liegen keineswegs die großen Zentren, sondern kleinere und mittlere Städte mit guter internationaler Anbindung voran (*Dijkstra et al.*, 2013). Auch zeigen breitere Analysen des gesamten Regionsspektrums (etwa

---

[24] Als Daumenregel aus vielfältigen ökonometrischen Ergebnissen kann hier gelten, dass das Produktivitätsniveau bei einer Verdoppelung der Stadtgröße ceteris paribus um etwa 3 bis 8% höher liegt (*Rosenthal & Strange*, 2004). Dies scheint auf den ersten Blick wenig, bedeutet aber, dass das Produktivitätsniveau in einer Stadt mit 5 Mio. Einwohner/innen um mehr als die Hälfte höher liegt als in einer solchen mit 50.000 Einwohner/innen.

OECD, 2012, 2016) ganz unterschiedliche Regionen im Vorderfeld einer Wachstumshierarchie. Sofern hier überhaupt systematische Wachstumsunterschiede zwischen den Regionstypen erkennbar sind, scheinen sie eher intermediäre Regionen in Zentrumsnähe und nicht die (großen) Metropolregionen zu begünstigen. Stärker als Wachstumsunterschiede zwischen den Regionstypen springt jedenfalls die große Heterogenität der Entwicklung auch ähnlicher Regionen ins Auge – schnell wachsende und zurückbleibende Regionen finden sich unter den Metropolregionen ebenso wie unter geringer verdichteten Regionen, unter Industrieregionen ebenso wie unter ländlichen Räumen.

All dies bildet kaum empirische Grundlage für einen Politikansatz, der als Motor für die ökonomische Weiterentwicklung allein auf die Dynamik der (großen) Agglomerationsräume setzt. Zusammen mit den übrigen Kritikpunkten am Weltbank-Ansatz hat dies eine Position gestärkt (*Barca*, 2009; *OECD*, 2012; *Barca et al.*, 2012), die eine raumbezogene Ausrichtung der Entwicklungspolitik („Place-based Strategy") befürwortet, und letztlich auch die Position der EU-Kommission und die Reform der Kohäsionspolitik für die neue Programmperiode 2014-2020 (*McCann & Ortega-Argilés*, 2013, 2013b; *European Commission*, 2015) nachhaltig geprägt hat.

Auch in dieser Position steht nicht regionale Umverteilung, sondern die Optimierung gesamtwirtschaftlichen Wachstums im Vordergrund. Allerdings stellt sie verstärkt auf die empirische Evidenz ab, wonach in allen Regionstypen schnell wachsende wie zurückbleibende Räume zu finden sind, und auch Regionen außerhalb der großen Ballungsräume (zumal in ihrer Gesamtheit) maßgeblich zum gesamtwirtschaftlichen Wachstum beitragen. Inhaltlicher Kern des Ansatzes, der erkennbar durch Arbeiten der evolutionären Ökonomie[25] beeinflusst ist, ist die Überzeugung, dass der jeweilige territoriale Kontext einer Region – also ihre wirtschaftsstrukturelle Ausrichtung und geographische Lage, aber auch ihre Entwicklungsgeschichte und ihr soziales und kulturelles Gefüge – für ihre Wachstumsperformance mit entscheidend ist. Daraus wird geschlossen, dass für jede Region ein spezifischer Politikmix optimal sein wird, der auf die konkreten Gegebenheiten in der Region Bezug nimmt, und damit die je eigenen Wachstumspotentiale dieser Region optimal nutzt. Gleichzeitig folgt aus dieser Betonung des regionalen Kontexts für die ökonomische Entwicklung, dass horizontale Politiken, die in allen Regionen in gleicher Weise („spatially blind") aufgesetzt werden, in unterschiedlichen Regionen unterschiedlich wirken werden, und auch unerwartete bzw. unerwünschte Effekte zeitigen können[26].

---

[25] Für eine kurze Zusammenfassung evolutionärer Ansätze im regionalen Kontext vgl. etwa *Boschma* (2004) bzw. *Boschma & Martin* (2010).

[26] So finden sich in der regionalökonomischen Praxis durchaus Beispiele für Abzugseffekte in peripheren Regionen bei Infrastrukturinvestitionen. Tatsächlich kann etwa der flächendeckende Ausbau höherer Bildungseinrichtungen die Abwanderung aus schwach entwickelten Regionen auch verstärken, weil lokale Beschäftigungsmöglichkeiten für die Abgänger dieser Schulen in der Peripherie fehlen. Ähnlich kann die Verbesserung der Verkehrsinfrastruktur die

Stark betont der Ansatz auch die Bedeutung regionalen Wissens für die Politik-formulierung: Informationsmängel der übergeordneten Ebene über die regionalen Gegebenheiten und Entwicklungsblockaden machen es danach unabdingbar, Wissen auf lokaler Ebene zu aktivieren und für die Formulierung regional angepasster Strategien nutzbar zu machen. Gleichzeitig kann Politikformulierung aber auch nicht nur lokal („bottom-up") von Statten gehen, weil hier Entwicklungsblockaden (wie Korruption, „Rent-Seeking" regionaler Eliten, Kapazitätsgrenzen bei Investitionen) bestehen (können), die nur extern aufzubrechen sind.

Logische Konsequenz dieses Ansatzes ist daher eine territorial orientierte Politik, die versucht, das gesamtwirtschaftliche Wachstum durch die möglichst vollständige Ausschöpfung der Wachstumspotentiale in *allen* Teilräumen zu optimieren. Eine solche Politik muss in Schwerpunktsetzung wie Policy-Mix auf die jeweiligen Charakteristika und Bedürfnisse, aber auch die Entwicklungspotentiale der einzelnen Region abgestimmt sein. Dies setzt nicht zuletzt eine klare Vorstellung darüber voraus, welche Positionierung der Region in der internationalen Arbeitsteilung erreichbar ist, und welche regionale Spezialisierung in deren zunehmend fragmentierten Wertschöpfungsketten Erfolg verspricht und damit sinnvoll angestrebt werden kann (und soll). Auf dieses Ziel wären in der Folge die verfügbaren Instrumente in einem integrierten Ansatz auszurichten. Notwendig dazu ist in dieser Logik nicht zuletzt die enge Zusammenarbeit der unterschiedlichen Politikebenen. Einerseits ist vor Ort vorhandenes Wissen („bottom up") durch die Partizipation und Beteiligung der lokalen Akteure an der Politikformulierung nutzbar zu machen, was auch dem lokalen Commitment mit dieser Politik – und damit ihrer Erfolgswahrscheinlichkeit – zu Gute kommt. Gleichzeitig sind aber auch externe Impulse („top-down") in Form von Expertise, aber auch starken Konditionalitäten und der Bindung lokaler Partner bei der Vergabe von Mitteln der übergeordneten Ebene wichtig, um lokale Entwicklungsbarrieren und Pfadabhängigkeiten aufzubrechen. Letztlich werden starke Routinen der Erfolgsmessung notwendig sein, um Misserfolge im Einsatz der Politikinstrumente frühzeitig festzustellen, aber auch das Abschöpfen von Renten auf lokaler Ebene zu minimieren.

Kohäsionspolitik im Wandel: Die erneuerte Ausrichtung

Die Reformen der EU-Kohäsionspolitik im Vorfeld der neuen Programmperiode 2014-2020 (*European Commission*, 2011, 2015) spiegeln diese Denkschule in ihren Grundelementen deutlich wider (*McCann & Ortega-Argilés*, 2013, 2013b; *Garretsen et al.*, 2013):

- Zunächst werden alle Politikbereiche klar auf die Europa 2020 – Strategie (*European Commission*, 2010) als übergeordnetem Rahmen ausgerichtet. Politiken,

---

ökonomische Situation peripherer Regionen auch beeinträchtigen, weil entfernte Anbieter leichter erreichbar werden, und regionale Monopole damit nicht aufrechterhalten werden können.

die Wachstum fördern, werden in einem multi-dimensionalen Ansatz priorisiert und verknüpft, wobei darauf Rücksicht genommen wird, dass sich die Trade-offs, Komplementaritäten und Möglichkeiten einer solchen Ausrichtung nach Regionen unterscheiden.

- Zu diesem Zweck werden alle Strukturfonds unter einen gemeinsamen strategischen Rahmen („Common Strategic Framework") gestellt, um eine bessere Koordination ihrer Arbeit zu gewährleisten, und verstärkt integrierte und multidimensionale Projekte und Initiativen zu ermöglichen. Regionen können in diesem Rahmen ihre Förderprioritäten entlang eines Menüs von Themen formulieren, wobei das Spektrum dieser Wahlmöglichkeiten für stärker entwickelte Regionen enger gezogen wird als für schwächer entwickelte Regionen[27].

- Gleichzeitig führt die neue Reform verstärkt Ex-ante-Konditionalitäten in den Politikrahmen ein, und forciert bindende Vereinbarungen zu Design und Implementierung der gewählten Politiken. Formale Abkommen zwischen den einzelnen Mitgliedstaaten und der Kommission sollen dabei das Prinzip der Partnerschaft und der gemeinsamen Verantwortlichkeit stärken, und die Rolle der unterschiedlichen regionalen und lokalen Akteure (Institutionen, Unternehmen, Sozialpartner, Zivilgesellschaft) in Design und Umsetzung der intendierten Politik explizit machen.

- Wesentlicher Eckpfeiler der „neuen" Kohäsionspolitik ist auch ihre verstärkte Ergebnisorientierung (*Barca*, 2009). Damit werden die Erkenntnisse moderner Industriepolitik (etwa *Rodrik*, 2007) aufgenommen, wonach explizite, ex-ante definierte Ziele, ihre Abbildung in aussagekräftigen Indikatoren, und deren Nutzung in institutionalisierten Monitoring- und Evaluierungsprozessen für den Erfolg von Initiativen und deren Anpassung an neue Entwicklungen, nicht zuletzt aber auch für Lernprozesse im Gesamtsystem und damit die laufende Verbesserung des Policy-Designs, mit entscheidend sind.

- Dies ist nicht zuletzt auch deshalb essentiell, weil die reformierte Kohäsionspolitik mit dem Ansatz der intelligenten Spezialisierung („Smart Specialisation") erstmals die Bahnen vorrangig horizontaler Politikmaßnahmen verlässt, und in klar innovationspolitischer Logik vertikale, also zielgerichtete Interventionen zur Transformation der einzelnen Regionalwirtschaften in Richtung tragfähiger Stärkefelder forciert. Dies folgt den Ergebnissen der modernen Industrieökonomie (*Rodrik*, 1996; 2007; *Hausmann & Rodrik*, 2003; *Aghion et al.*, 2011), welche unter Hinweis auf Formen des Informations- und Koordinationsversagens im Marktprozess auf die Notwendigkeit vertikaler Eingriffe zur Stärkung ökonomischer Wandlungsprozesse verweist. Es setzt in der Praxis aber auch klare

---

[27] So muss die Mehrheit der Fördermittel in stärker entwickelten Regionen in Wissens-bezogene Aktivitäten und solche der sozialen Inklusion fließen, auch innovationsbezogene Initiativen für KMU werden hier priorisiert. Dagegen steht weniger entwickelten Regionen ein größerer Anteil der Mittel für Infrastrukturinvestitionen zur Verfügung, auch wird ein Teil der Mittel für die Stärkung und Vervollständigung transeuropäischer (Transport- und Energie-)Netze gebunden.

Auswahl- und Entscheidungsprozesse („tough choices") und experimentelle Elemente in der Förderung voraus und ist daher entsprechend risikoreich.

- Konkret gefordert – und in den höher entwickelten Regionen für die Vergabe eines großen Teils der Mittel zur Konditionalität erhoben – wird die Erstellung einer regionsspezifischen Entwicklungsstrategie auf Basis von Bottom-up- wie Top-down – Elementen[28]. Sie soll auf den je spezifischen strukturellen Gegebenheiten, Stärken und Entwicklungspotentialen der Region gründen, und in der Folge in einem integrierten Politikansatz umgesetzt werden. Dabei steht angesichts der vorliegenden strukturpolitischen Erfahrungen[29] keineswegs die „Stärkung von Stärken" im Sinne eines Mehr an (sektoraler) Spezialisierung im Vordergrund. Angestrebt ist vielmehr die „Erweiterung" bestehender Stärken durch bewusste Diversifizierung in Branchen, Aktivitäten und Technologien, die mit existenten Stärken kognitiv bzw. technologisch „verwandt" sind, und die damit die vorfindliche lokale Wissensbasis und die in der Region verfügbaren „Capabilities" (*Maskell & Malmberg*, 1999) nutzen können. Ziel von „intelligenter Spezialisierung" ist also – anders als ihr Name vermuten lässt – die weitere Ausdifferenzierung der Wirtschaftsstruktur rund um bereits vorhandene starke Kerne, um breitere Stärkefelder mit eher thematischer Ausrichtung auf den Weg zu bringen.

Fazit: Erreichte Erfolge, weitere Herausforderungen

Insgesamt lassen die in diesem Beitrag versammelten Argumente zu Sinnhaftigkeit, Funktionsweise und Ausrichtung der EU-Kohäsionspolitik durchaus eine (vorsichtig) positive Einschätzung zu. Ihre Sinnhaftigkeit als Instrument zur Stärkung des Zusammenhalts in der Union wird von neueren Ansätzen der theoretischen Ökonomie nicht in Frage gestellt, und ihre Notwendigkeit in der Praxis wurde nicht zuletzt

---

[28]   In frühen Arbeiten zur „Smart Specialisation" (etwa *Forey*, 2009; *Forey et al.*, 2011) wurde dabei allein auf einen „unternehmerischen Entdeckungsprozess" gesetzt, tragfähige Spezialisierungen und Diversifizierungsfelder sollten ausschließlich „bottom-up" in Diskursen zwischen den regionalen Akteuren identifiziert werden. Allerdings zeigte sich, dass ein solcher rein diskursiver Strategieprozess die regionalen Akteure oft überforderte, und „rent-seeking"-Mechanismen so nicht überwunden werden konnten (*Boschma & Gianelle*, 2014). In der EU-Politik umgesetzt wurde daher letztlich ein modifiziertes Verfahren, in welchem der Entwicklungsprozess durch „top-down"-Analysen zur regionalen Wirtschaft begleitet und gelenkt wird. Dabei werden zunächst viel versprechende Diversifizierungsfelder auf Basis ökonomischer Analysen (ex-ante) identifiziert und außer Streit gestellt. Die folgende Strategieentwicklung unter Beteiligung vielfältiger regionaler Akteure bezieht sich in der Folge nur noch auf diese Felder. Dabei werden hemmende Engpässe identifiziert und Lösungen dazu erarbeitet, die Potentiale der eingegrenzten Felder bewertet, der geeignete Policy-Mix definiert, und die Umsetzung mit Roadmap und Action-Plan konzipiert.

[29]   Die „Stärkung von Stärken" trägt nach allen Erfahrungen immer den Keim einer Verfestigung eingefahrener technologischer Bahnen bzw. eines „Lock-in" in dominierende Strukturen in sich, was die Weiterentwicklung in neue Wachstumsbereiche be- bzw. verhindert (*Martin & Sunley*, 2006; *Boschma & Martin*, 2010).

in der Finanzmarkt- und Wirtschaftskrise deutlich, in der massive makroökonomische Ungleichgewichte zwischen den EU-Mitgliedstaaten und –Regionen zu Tage traten. Gleichzeitig belegen neueren Arbeiten der empirischen Wirkungsanalyse zunehmend, dass die gemeinsame Politik in der Tendenz durchaus „liefert", und nachweisbare (kausale) Effekte auf die von ihr unterstützten Regionen entfaltet. Nicht zuletzt ist die EU-Kohäsionspolitik auch aus der rezenten Debatte über die Effizienz einer „territorialen" Ausrichtung von Entwicklungspolitik eher gestärkt hervorgegangen – auch weil durch diesen Diskurs Reformen angestoßen wurden, die durchaus weitreichend sind und überkommene Routinen in Frage stellen.

Tatsächlich scheint die neue Aufstellung der Kohäsionspolitik in der Programmperiode 2014 bis 2020 theoretisch-konzeptionell deutlich besser fundiert als jene in früheren Programmperioden, auch eröffnet sie neue Freiheitsgrade, um regionale Wachstums- und Transformationsprozesse unter Berücksichtigung der je spezifischen Entwicklungsbedingungen auf den Weg zu bringen. Dies, ohne gleichzeitig auf klare Strukturen und Vorgaben zu verzichten. Freilich muss sich jede Reform erst in ihrer Umsetzung beweisen. Hier sind durchaus einige erhebliche Herausforderungen verblieben, deren Bewältigung (oder Nicht-Bewältigung) in der Praxis erst darüber entscheiden wird, inwieweit die intendierten Verbesserungen „auf den Boden zu bringen" sind, und letztlich zu verstärkten Erfolgen der Kohäsionspolitik beitragen.

Zunächst werden die üblichen Widerstände und Beharrungstendenzen zu überwinden sein, denen Reformbestrebungen in ausdifferenzierten Unterstützungssystemen mit ihren etablierten Routinen und Interessen immer ausgesetzt sind. So kann auf dezentraler Ebene mit Anreizen gerechnet werden, bestehende (und aus dezentraler Sicht „bewährte") Politikmaßnahmen und Routinen weitgehend unverändert beizubehalten, und nur im „Wording" den neuen Programmerfordernissen anzupassen. Für ein solches Vorgehen, „alten Wein in neue Schläuche" zu füllen, bietet die mehrdimensionale Zielstruktur der Kohäsionspolitik mit ihren in neuer Fassung 11 thematischen Zielen durchaus Raum. Wesentliches Korrektiv sollte hier allerdings die klare Ergebnisorientierung des neuen Ansatzes sein, wobei wichtig scheint, dass die verstärkt implementierten Monitoring- und Evaluierungsprozesse keineswegs fehlende Politikerfolge „sanktionieren", sofern Politik-Design und -Implementierung den eingezogenen Konditionalitäten und Richtlinien entsprechen. Dies sollte verhindern, dass dezentrale Akteure in ihrer Politik- und Zielformulierung übervorsichtig und mit geringem Anspruch agieren. Ob es auch ausreicht, um die handelnden Akteure – wie intendiert – zu innovativeren Ansätzen und experimentellen Politikdesigns zu motivieren, muss allerdings vorerst offen bleiben.

Herausforderung scheint zudem zu sein, dass die reformierte Kohäsionspolitik mit ihrer Betonung von dezentraler Akteursbeteiligung und der Notwendigkeit evidenzbasierter Entscheidungs- und Auswahlprozesse im Rahmen des „Smart Specialisation" – Ansatzes der regionalen Ebene durchaus komplexe Aufgaben zumutet. Dies könnte Regionen mit schwachen Institutionen und begrenzten technischen Kapazitäten bzw. Humanressourcen durchaus überfordern. Insofern ist die Gefahr nicht von der Hand zu weisen, dass auch die neue Aufstellung der Kohäsionspolitik eine Situation perpetuiert, in welcher positive Politikwirkungen in Regionen mit guter „Governance" verstärkt auftreten (*Becker et al.*, 2012; *Garciazo & Rodriguez-Pose*, 2013), und nicht jene Regionen von dieser Politik besonders profitieren, die ihrer besonders bedürfen (*Ederveen et al.*, 2006). Vorkehrungen im Programm, welche es schwächeren Regionen erlauben, mit Experten und Beratern aus entwickelten Regionen zusammenzuarbeiten, werden daher verstärkt auszuschöpfen, und Aktivitäten der technischen Hilfe und des „capacity building" zu verstärken sein. Nur so wird es möglich sein, die volle Funktionsfähigkeit der neuen Politik auch und gerade in schwächer entwickelten Regionen zu garantieren.

Dies nicht zuletzt auch deshalb, weil die Umsetzung des „Smart-Specialisation" – Ansatzes als struktur- und innovationspolitische Grundlage der neuen Aufstellung gerade in schwächer entwickelten Regionen auch inhaltlich eine große Herausforderung darstellen wird. So kann angenommen werden, dass die Diversifizierung in neue, mit bestehenden Stärken technologisch bzw. kognitiv „verwandte" Aktivitäten und Technologiefelder (als Credo dieses Ansatzes) vor allem dort gelingen wird bzw. positive Effekte erwarten lässt, wo solche Stärken und „kritische Massen" tatsächlich nachweisbar sind, und zudem in Teilen der Wertschöpfungskette bestehen, welche den komparativen Vorteilen hoch entwickelter Industriestaaten entsprechen. Beides wird in vielen schwächer entwickelten Regionen nicht der Fall sein. In solchen Fällen wären für einen Übergang zu tragfähigen Spezialisierungen statt einer inkrementellen Weiterentwicklung bestehender Strukturen offensichtlich ganz neue Zugänge und „radikale" Innovationen notwendig, wofür gerade diese Regionen allerdings meist ungünstige Standortbedingungen mitbringen. Es wird daher weiterer Anstrengungen bedürfen, um das Konzept der „Smart Specialisation" gerade in Hinblick auf seine Anwendbarkeit für schwach entwickelte Regionen weiter zu schärfen, und Methoden zu entwickeln, wie auch in diesen Regionen Wege zur strukturellen Transformation und zur Umsetzung (auch) „radikaler" Innovationen eröffnet werden können.

Nicht zuletzt wird die neue Kohäsionspolitik abseits dieser programmbezogenen Herausforderungen ihre Aufgabe als Instrument zur Stärkung des territorialen Zusammenhalts der Union nur dann erfolgreich wahrnehmen können, wenn ihre nicht unerhebliche Dotierung auch dauerhaft und trotz Konsolidierungsbedarfen auf der Ebene der Mitgliedstaaten gesichert werden kann. Genau besehen setzt die Existenz einer schlagkräftigen Kohäsionspolitik in dieser Hinsicht jenen „Zusammenhalt" in Form von Solidarität und Vertrauen zwischen den Mitgliedsländern voraus, der durch diese Politik befördert werden soll. Die Stärkung der Wahrnehmung und die Vermittlung des „Narrativs" dieser Politik in der breiteren Öffentlichkeit muss daher wesentlicher Bestandteil ihrer Arbeit sein. Dies setzt verstärkte Transparenz und Kommunikation in Hinblick auf ihre Ziele, Aktivitäten und Ergebnisse voraus. „Tue Gutes und rede darüber" wird daher die wesentliche Maxime sein, um der neu formierten Kohäsionspolitik auch dauerhaft Durchschlagskraft zu verleihen

Literatur

Aghion, P./Boulanger, J./Cohen, E. (2011) „Rethinking Industrial Policy". Bruegel Policy Brief, 04/11, Brussels.

Bähr, C. (2008) „How does sub-national Autonomy affect the Effectiveness of Structural Funds?". In: Kyklos, 61(1), 3-18.

Baldwin, R./Forslid, R./Martin, P./Ottaviano, G./Robert-Nicoud, R. (2003) „Economic Geography and Public Policy, Princeton University Press, Princeton.

Barca, F. (2009) „An Agenda for a reformed Cohesion Policy: a Place-based Approach to meeting European Union Challenges and Expectations". Independent Report prepared at the Request of the European Commissioner for Regional Policy, Danuta Hübner, European Commission, Brussels.

Barca, F./McCann, P./Rodríguez-Pose, A. (2012) „The Case for Regional Policy Intervention: Place-based versus Place-neutral Approaches". In: Journal of Regional Science, 52(1), 134-152.

Barone, G./David, F./deBlasio, G. (2016) „Boulevard of broken Dreams. The End of EU-Funding (1997: Abruzzi, Italy)". In: Regional Science and Urban Economics, 60, 31-38.

Becker, S.O./Egger, P.H./von Ehrlich, M. (2010) „Going NUTS: the Effect of EU Structural Funds on regional Performance". In: Journal of Public Economics, 94, 578-590.

Becker, S.O./Egger, P.H./von Ehrlich, M. (2012) „Too Much of a good Thing? On the Growth Effects of the EU's Regional Policy". In: European Economic Review, 56, 648-668.

Becker, S.O./Egger, P.H./von Ehrlich, M. (2013) „Absorptive Capacity and the Growth and Investment Effects of regional Transfers: Regression Discontinuity Design with heterogeneous Treatment Effects". In: American Economic Journal: Economic Policy, 5(4), 29-77.

Begg, I. (2009) „The Future of Cohesion Policy in Richer Regions". DG Regional Policy Working Paper, 03/2009, Brussels.

Beugelsdijk, M./Eijffinger, S.C.W. (2005) „The Effectiveness of Structural Policy in the European Union: an empirical Analysis for the Eu15 in 1995-2001". In: Journal of Common Market Studies, 43, 37-51.

Boldrin, M./Canova, F. (2001) „Inequality and Convergence in Europe's Regions: reconsidering European Regional Policies", Economic Policy, 16(32), 205-253.

Borts, G.H./Stein, J.L. (1964) „Economic Growth in a free Market", Columbia University Press, New York.

Boschma, R. (2004) „Competitiveness of Regions from an Evolutionary Perspective". In: Regional Studies, 38(9), 1001-1014.

Boschma, R./Gianelle, C. (2014) „Regional Branching and Smart Specialization Policy". S3 Policy Brief Series, 06, European Commission Joint Research Centre, Seville.

Boschma, B./Martin, R. (2010) „Handbook of Evolutionary Economic Geography". Edward Elgar, Cheltenham.

Bouayad-Agha, S./Turpin, N./Védrine, L. (2013) „Fostering the Development of European Regions: a spatial Dynamic Panel Data Analysis of the Impact of Cohesion Policy". In: Regional Studies, 47(9), 1573-1593.

Burnside, C./Dollar, D. (2004) „Aid, Policies, and Growth: revising the Evidence", World Bank Working Paper, 3251, Washington DC.

Capellen, A./Catellacci, F./Fagerberg, J./Verspagen, B. (2003) „The Impact of EU Regional Support on Growth and Convergence in the European Union", Journal of Common Market Studies, 41(4), 621-644.

Checherita, C./Nickel, C./Rother, P. (2009) „The Role of Fiscal Transfers for Regional Economic Convergence in Europe". ECB Working Paper Series, 1029, Frankfurt.

Combes, P.-P./Van Ypersele, T. (2013) „The Role and Effectiveness of Regional Investment Aid". European Commission, Luxembourg.

Corrado, L./Martin, R.L./Weeks, M. (2005) „Identifying and interpreting regional Convergence Clubs across Europe". In: Economic Journal, 115, 133-160.

Dall'Erba, S./Le Gallo, J. (2008) „Regional Convergence and the Impact of European Structural Funds over 1989-1999. A spatial Economic Analysis". In: Papers in Regional Science, 87(2), 219-244.

Dall'Erba, S./Fang, F. (2017) „Meta-Analysis of the Impact of European Union Structural Funds on regional Growth". In: Regional Studies, 51(6), 822-832.

Davis, J.C./Henderson, V. (2003) „Evidence on the Political Economy of the Urbanization Process". In: Journal of Urban Economics, 53(1), 98-125.

De la Fuente, A./Vives, X. (1995) „Infrastructure and Education as Instruments of Regional Policy: Evidence from Spain". In: Economic Policy, 20, 11-54.

Drabenstott, M. (2005) „A Review of the Federal Role in Regional Economic Development". Federal Reserve Bank of Kansas, 1st Quarter.

Ederer, S. (2010) „Ungleichgewichte im Euro-Raum". In: WIFO-Monatsberichte, 83(7), 589-602.

Ederer, S. (2011) „Europäische Währungsunion in der Krise". In: WIFO-Monatsberichte, 84(12), 783-796.

Ederveen, S./De Gorter, J./De Mooij, R./Nahuis, R. (2002) „Funs and Games: the Economics of European Cohesion Policy", CPB Discussion Paper, De Hague.

Eposti, R./Bussoletti, S. (2008) „Impact of Objective 1 Funds on regional Growth Convergence in the European Union: a Panel-data Approach". In: Regional Studies, 42(2), 159-174.

European Commission (2007) „Fourth Report on economic and social Cohesion". DG Regional Policy, Brussels.

European Commission (2007a) „Cohesion Policy 2007-13. Commentaries and official Texts". DG Regional Policy, Luxembourg.

European Commission (2010) „Europe 2020: A European Strategy for Smart, Sustainable and Inclusive Growth". Publications Office of the European Union, Luxembourg.

European Commission (2011) „Proposal for a Regulation of the Euroean Parliament and of the Council laying down common Povisions on the ERDF, the ESF, the CF, the EAFRD and the EMFF covered by the Common Strategic Framework". COM (2011) 615 final, Brussels.

European Commission (2014) „Investment for jobs and growth: promoting Development and good Governance in EU Regions and Cities. Sixth Report on economic, social and territorial Cohesion". DG Regional and Urban Policy, Luxembourg.

European Commission (2015) „European Structural and Investment Funds 2014-2020: Official Texts and Commentaries". DG Regional and Urban Policy, Brussels.

European Commission (2016) „Ex post Evaluation of the ERDF and Cohesion Fund 2007-13". Commission Staff Working Document, SWD (2016) 316 final, Brussels.

European Commission (2016a), „Ex post Evaluation of Cohesion Policy Programmes 2007-2013, focusing on the European Regional Development Fund (ERDF) and the Cohesion Fund (CF). WP1: Synthesis Report". DG Regional and Urban Policy, Brussels.

Fagerberg, J./Verspagen, B. (1996) „Heading for Divergence? Regional Growth in Europe reconsidered". In: Journal of Common Market Studies, 34, 431-438.

Fayolle, J./Lecuyer, A. (2000) „Regional Growth, national Membership and European Structural Funds: an empirical Appraisal". In: La Revue de l'OFCE, 1-31.

Filipetti, A./Peyrache, A. (2015) „Labour Productivity and Technology Gap in European Regions: a Conditional Frontier Approach". In: Regional Studies, 49(4), 532-554.

Foray, D. (2009) „Understanding Smart Specialisation". In: Pontikakis, D./Kyriakou, D./Van Bavel, R. (Eds.) The Questions of R&D Specialisation: Perspectives and Policy Implications, EC/JRC, Sevilla, 14-24.

Foray, D./Goenaga, X. (2013) „The Goals of Smart Specialisation" JRC Scientific and Policy Reports, S3 Policy Brief Series, 01, Seville.

Foray, D./David, P.A./Hall, B.H. (2011) „Smart Specialization. From academic Idea to political Instrument, the surprising Career of a Concept and the Difficulties involved in its Implementation". MTEI Working Paper, Lausanne.

Fratesi, U. (2016) „Impact Assessment of EU Cohesion Policy: theoretical and empirical Issues". In: Piattoni, S./Polverari, L. (eds.) Handbook on Cohesion Policy in the EU. Edward Elgar, Cheltenham, 443-460.

Fratesi, U./Perucca, G. (2014) „Territorial Capital and the Effectiveness of Cohesion Policy in urban and rural Regions". In: Regional Studies, 29(8), 165-191.

Fratesi, U./Wishlade, F.G. (2017) „The Impact of European Cohesion Policy in different Contexts". In: Regional Studies, 51(6), 817-822.

Fujita, M./Krugman, P./Venables, A.J. (1999) „The Spatial Economy. Cities, Regions, and International Trade". The MIT Press, Cambridge, MA..

Gagliardi, L./Percoco, M. (2017) „The Impact of European Cohesion Policy in urban and rural Regions". In: Regional Studies, 51(6), 857-868.

Garcia-Mila, T./McGuire, T.J. (2001) „Do interregional Transfers improve the economic Performance of poor Regions? The Case of Spain". In: International Tax and Public Finance, 8, 281-295.

Garcilazo, E./Rodriguez-Pose, A. (2015) „Quality of Government and the Returns of Investment: examining the Impact of Cohesion Expenditure in European Regions". In: Regional Studies, 49(8), 1274-1290.

Gardiner, B./Martin, R.L./Tyler, P. (2004) „Competitiveness, Productivity and Economic Growth across the European Regions". In: Regional Studies, 38, 1045-1067.

Gardiner, B./Martin, R.L./Sunley, P./Tyler, P. (2013) „Spatially unbalanced Growth in the British Economy". In: Journal of Economic Geography, 13, 1-40.

Garretsen, H./McCann, P./Martin, R./Tyler, P. (2013) „The Future of Regional Policy". In: Cambridge Journal of Regions, Economy and Society, 6, 179-186.

Grossman, G./Helpman, E. (1991) „Innovation and Growth in the Global Economy". MIT Press, Cambridge, MA.

Hagen, T./Mohl, P. (2008) „Which is the right Dose of EU Cohesion Policy for Economic Growth?". ZEW Discussion Paper, 08-104, Mannheim.

Hagen, T./Mohl, P. (2009) „Econometric Evaluation of EU Cohesion Policy: a Survey". ZEW Discussion Paper, 09-052, Mannheim.

Harris, J.R./Todaro, M. (1970) „Migration, Unemployment, and Development: a Two-Sector-Analysis". In: American Economic Review, 60(1), 126-142.

Hausmann, R./Rodrik, D. (2003) „Economic Development as Self-Discovery". In: Journal of Development Economics, 72, 603-633.

Heckscher, E. (1949) „The Effect of Foreign Trade on the Distribution of Income". Reprint in American Economic Association (ed.) Readings in the Theory of international Trade. Philadelphia, 272-300.

Helpman, E., Krugman, P., „Market Structure and Foreign Trade", MIT Press, Cambridge, MA, 1985.

Huber, P./Mayerhofer, P. (2010) „Kohäsionspolitik und Disparitäten in der WWU". In: Aiginger, K./Ederer, S./Handler, H./Huber, P./Mayerhofer, P./Rünstler, G. Funktionsfähigkeit und Stabilität des Euro-Raums. WIFO-Studie, Wien, 23-31.

Kaldor, N. (1970) „The Case for Regional Policy". In: Scottish Journal of Political Economy, 17(3), 337-348.

Krugman, P. (1980) „Scale Economics, Product Differentiation, and the Pattern of Trade". In: American Economic Review, 70, 950-959.

Krugman, P. (1991) „Geography and Trade". MIT Press, Cambridge, MA.

Lammers, K. (2007) „Die EU-Regionalpolitik im Spannungsfeld von Integration, regionaler Konvergenz und wirtschaftlichem Wachstum". In: Raumforschung und Raumordnung, 66(4), 288-300.

Le Gallo, J./Dall'Erba, S./Guillain, R. (2011) „The Local versus Global Dilemma of the Effects of Structural Funds". In: Growth and Change, 42(4), 466-490.

Lopez-Rodriguez, J./Faina, J.A. (2006) „Objective 1 Regions versus Non-Objective 1 Regions. What does the Theil Index tell us?". In: Applied Economic Letters, 13, 815-820.

Martin, R. (2008) „National Growth versus spatial Equality? A cautionary Note on the new „Trade-off" Thinking in Regional Policy Discourse". In: Regional Science Policy & Practice, 1(1), 3-13.

Martin, P./Sunley, P. (2006) „Path Dependence and regional economic Evolution". In: Journal of Economic Geography, 6, 395-437.

Maskell, P./Malmberg, A. (1999) „Localised Learning and industrial Competitiveness". In: Cambridge Journal of Economics, 23(2), 167-185.

Marzinotto, B./Pisani-Ferry, J./Sapir, A. (2010) „Two Crisis, two Responses". Bruegel Policy Brief, 01, Brussels.

Mayerhofer, P./Klien, M. (2016) „Unternehmensinvestitionen in den österreichischen Bundesländern. Entwicklung – Struktur – Funktion regionaler Förderung". WIFO-Studie, Wien.

Mayerhofer, P./Fritz, O./Hierländer, R./Streicher, G. (2008) „Quantitative Effekte der EU-Regionalförderung in Österreich. Eine Pilotstudie". WIFO-Studie, Wien.

Maynou, L./Saez, M./Kyriacou, A./Bacaria, J. (2016) „The Impact of Structural and Cohesion Funds on Eurozone Convergence, 1990-2010". In: Regional Studies, 50(7), 1127-1139.

McCann, P./Ortega-Argilés, R. (2013) „Transforming European Regional Policy: a Results-driven Agenda and Smart Specialization". In: Oxford Review of Economic Policy, 29(2), 405-431.

McCann, P./Ortega-Argilés, R. (2013a) „Smart Specialization, Regional Growth and Applications to European Union Cohesion Policy". In: Regonal Studies, 49(8), 1291-1302.

McCann, P./Ortega-Argilés, R. (2013b) „Redesigning and reforming European Regional Policy: the Reasons, the Logic and the Outcomes". In: International Regions Science Review, 36(3), 424-445.

McCann, P./Van Oort, F. (2009) „Theories of Agglomeration and regional Growth: a historical Review". In: Capello, R./Nijkamp, P. (eds.) Handbook of Regional Growth and Development Theories. Edward Elgar, Cheltenham, 19-33.

Meliciani, V. (2006) „Income and Employment Disparities across European Regions: The Role of national and spatial Factors". In: Regional Studies, 40, 75-91.

Midelfart-Knarvik, K.H./Overman, H.G. (2002) „Delocation and European Integration – is Structural Spending justified?". In: Economic Policy, 17, 323-359.

Mohl, P./Hagen, T. (2008) „Does EU Cohesion Policy promote Growth? Evidence from regional Data and alternative Econometric Approaches". ZEW Discussion Paper, 08-086, Mannheim.

Monti, M. (2010) „A new Strategy for the Single Market". Report to the President of the European Commission, José Manuel Barroso, Brussels.

Mouqué, D. (2012) „What are counterfactual Impact Evaluations teaching us about Enterprise and Innovation Support?". European Commission, DG Regional and Urban Policy, Regional Focus, 02, Brussels.

Myrdal, G. (1957) „Economic Theory and Underdeveloped Regions". London.

Neary, J.P. (2001) „Of Hype and Hyperbolas: Introducing the New Economic Geography". In: Journal of Economic Literature, 110(463), 484-508.

OECD (2009) „How Regions grow"., OECD, Paris.

OECD (2009a) „Regions matter: Economic Recovery, Innovation and sustainable Growth". OECD, Paris.

OECD (2011) „Regional Outlook 2011: building resilient Regions for stronger Economies". OECD, Paris.

OECD (2012) „Promoting Growth in all Regions". OECD, Paris.

OECD (2016) „Regions at a Glance 2016". OECD, Paris.

Ohlin, B. (1933) „Interregional and International Trade". Harvard University Press, Cambridge, MA.

Pellegrini, G./Terribile, F./Tarola, O./Muccigrosso, T./Busillo, F. (2013) „Measuring the Effects of European regional Policy on Economic Growth: a Regression Discontinuity Approach". In: Papers in Regional Science, 92(1), 217-233.

Peroco, M. (2017) „Impact of European Cohesion Policy on regional Growth: does local Economic Structure matter?". In: Regional Studies, 51(6), 833-843.

Pinho, C./Varum, C./Antunes, M. (20159 „Structural Funds and European Regional Growth: Comparison of Effects among different Programming Periods". In: European Planning Studies, 23(7), 1302-1326.

Rodriguez-Pose, A./Fratesi, U. (2004) „Between Development and Social Policy: the Impact of European Structural Funds in Objective 1 Regions". In: Regional Studies, 38, 97-113.

Rodrik, D. (1996) „Coordination Failures and Government Policy: A Model with Applications to East Asia and Eastern Europe". In: Journal of International Economics, 40(1-2), 1-22.

Rodrik, D. (2007) „Industrial Policy for the Twenty-first Century". In: Rodrik, D. One Economics, many Recipes: Globalisation, Institutions, and Economic Growth. Princeton University Press, Princeton, 99-152.

Romer, P.M. (1986) „Increasing Returns and Long Run Growth". In: Journal of Political Economy, 94(8), 1002-1037.

Rosenthal, S.S./Strange, W.C. (2004) „Evidence on the Nature and Sources of Agglomeration Economics". In: Henderson, J.V., Thisse, J.F. (eds.) Handbook of Regional and Urban Economics: Cities and Geography. North Holland, Amsterdam, 2119-2172.

Samuelson, P.A. (1949) „International Trade and the Equalisation of Factor Prices". In: Economic Journal, 59, 181-197.

Spence, M./Annez, P.C./Buckley, R.M. (2009) „Urbanization and Growth". Commission on Growth and Development, IBRD, World Bank.

Solow, R.M. (1956) „A Contribution to the Theory of Economic Growth". In: Quarterly Journal of Economics, 70(1), 65-94.

Swan, T.W. (1956) „Economic Growth and Capital Accumulation". In: Economic Record, 32, 324-361.

Thissen, M./Van Oort, F. (2010) „European Place-based Development Policy and sustainable Economic Agglomeration". In: Tijdschrift voor Economische en Sociale Geografie, 101(4), 473-480.

World Bank (2009) „World Development Report 2009: reshaping Economic Geography". World Bank, Washington, DC.

Migrationen und der Europäische Sozialfonds

Gudrun Biffl

Zusammenfassung

Der Europäische Sozialfonds (ESF) ist der älteste Förderfonds der EU. Er feierte 2017 sein 60-jähriges Bestehen. Die Förderungen aus dem ESF dienen der Sicherung der Beschäftigungsfähigkeit der Arbeitskräfte und der Bekämpfung von Diskriminierung, Armut und Ausgrenzung. Aus den Mitteln des ESF werden regionale und lokale Projekte kofinanziert mit dem Ziel der Anhebung der Beschäftigungsquote, der Verbesserung der Qualität der Arbeitsplätze und der Integration marginalisierter Personengruppen, viele davon Migranten/innen. Die innereuropäische Migration und die Förderungen aus dem ESF sind wesentliche Instrumente der Verringerung der Ungleichgewichte innerhalb der Europäischen Union, gemessen an der Arbeitslosenquote, dem kaufkraftbereinigten Bruttoinlandsprodukt pro Kopf und der Produktivität. Die Förderungen aus dem ESF haben im Zusammenwirken mit der Freizügigkeit und der Mobilität der Arbeitskräfte zu einer Verringerung der regionalen Ungleichgewichte beigetragen. Sie konnten aber nicht verhindern, dass die Finanz- und Eurokrise Südeuropa und Irland in eine schwierige wirtschaftliche und gesellschaftliche Situation gebracht hat.

Die europäische Regionalpolitik und der Europäische Sozialfonds

Die Regionalpolitik der Europäischen Union hat die Förderung des wirtschaftlichen und sozialen Zusammenhalts innerhalb der Europäischen Union zum Ziel. Sie basiert auf zwei grundlegenden Säulen, dem Kohäsionsfonds und den Strukturfonds. Kohäsionszahlungen gehen an Staaten, deren Bruttoinlandsprodukt je Kopf der Bevölkerung weniger als 90 % des durchschnittlichen EU-Bruttoinlandsprodukts beträgt. Die Strukturfonds fördern hingegen Regionen direkt und operationalisieren damit das politische Konzept vom *Europa der Regionen*. Die Regionalpolitik der EU ist nach der Gemeinsamen Agrarpolitik der zweitwichtigste Ausgabenposten des EU-Budgets. In der Förderperiode 2007 bis 2013 betrug die Fördersumme 347 Mrd. Euro, das waren etwas mehr als ein Drittel des gesamten EU-Haushalts in diesem Zeitraum. Für die Förderperiode 2014 bis 2020 sind 450 Mrd. Euro vorgesehen, davon 351,8 Mrd. für *EFRE* (Europäischer Fonds für regionale Entwicklung), *ESF* (Europäischer Sozialfonds) sowie *KS* (Kohäsionsfonds). Von der gesamten Fördersumme entfällt etwa ein Drittel auf den ESF. Hinzu kommen 99,6 Mrd. für *ELER* (Entwicklung des ländlichen Raums – häufig als zweite Säule der

gemeinsamen Agrarpolitik bezeichnet), sowie 5,7 Mrd. für *EMFF* (Europäischer
Meeres- und Fischereifonds). Gemeinsam bilden sie die Europäischen Struktur- und
Investitionsfonds (*ESI-Fonds*). Die ESI-Fonds der EU wurden 2014 unter einem
gemeinsamen strategischen Rahmen zusammengefasst.[1]

Die Förderprogramme werden für Perioden aufgestellt; die bisherigen Förderpe-
rioden liefen von 1989 bis 1993, 1994 bis 1999, 2000 bis 2006, 2007 bis 2013, 2014
bis 2020. Durch die Unterteilung in einzelne Perioden können die einzelnen Ziele
der Regionalpolitik jeweils weiterentwickelt werden. Die Europäische Struktur-
und Kohäsionspolitik fokussiert auf die Ziele der Europa 2020-Strategie, vor allem
auf Wachstum und Beschäftigung.

Jeder EU-Mitgliedstaat geht mit der Europäischen Kommission eine Partnerschaftsvereinbarung ein, in der die übergeordneten EU-Ziele auf nationaler Ebene
festgelegt werden. Dabei handelt es sich um ein nationales Dokument, in dem die
Gesamtstrategie des EU-MS für den Einsatz der Europäischen Struktur und Inves-
titions-Fonds (ESI-Fonds) beschrieben wird. In dem Dokument werden Zielvorga-
ben und thematische Schwerpunkte festgelegt, sowie Indikatoren für die Zielerreichung definiert. In Österreich wird der Einsatz und das Zusammenspiel der ESI-
Fonds (EFRE, ELER, EMFF, ESF, KF) im Rahmen der mit der Europäischen Kommission abgeschlossenen Partnerschaftsvereinbarung *STRAT.AT 2020* dargelegt.[2]

Der jüngsten Eurobarometer Umfrage zur EU-Regionalpolitik zufolge (Flash
Eurobarometer 2017) ist vielen EU-BürgerInnen nicht bewusst, wie wichtig die EU-
Förderungen für die Regionalentwicklung sind – im Schnitt wissen 65% der Befragten nichts über die ESI-Fonds. Dabei bestehen große Unterschiede zwischen
den einzelnen EU-MS: so sind sich in Polen beispielsweise 80 % der befragten Bür-
ger/innen der großen Rolle der EU-Regionalpolitik für ihr Land bewusst, während
es in Österreich nur 35% sind und in Dänemark sogar nur 14%. Von den befragten
EU-BürgerInnen bewerteten 78 % die regionalen Investitionen der EU in ihrer Stadt
oder Region als positiv. Weiters sind 53 % der befragten Europäer/innen der Meinung, dass die Investitionen in alle EU-Regionen beibehalten werden sollten.

Der Europäische Sozialfonds und Migrationen

Der Europäische Sozialfonds (ESF) ist der älteste Förderfonds der EU. Er steht seit
nunmehr 60 Jahren für Beschäftigung, aktive Arbeitsmarktpolitik und den Kampf
gegen Diskriminierungen jeglicher Art auf dem Arbeitsmarkt. Das explizite ESF –
Ziel ist die Förderung der Beschäftigung(sfähigkeit), der Aus- und Weiterbildung,
des Trainings, der Förderung der Arbeitsmobilität fachlich und geographisch, der

---

[1]   Mehr dazu auf https://ec.europa.eu/info/funding-tenders/funding-opportunities/funding-pro
      grammes/overview-funding-programmes/european-structural-and-investment-funds_de
[2]   Der Website der Österreichischen Raumordnungskonferenz können die konkreten Inhalte der
      Partnerschaftsvereinbarung Österreichs entnommen werden http://www.oerok.gv.at/esi-fonds-
      at/; abgerufen 23.2.2018

Bekämpfung von Diskriminierung, Armut und Ausgrenzung. Das Ziel der ESF-Finanzierung ist die Schaffung neuer und qualitativ besserer Arbeitsplätze in der EU, was durch die Ko-Finanzierung nationaler, regionaler und lokaler Projekte erfolgt, die auf die Erhöhung der Beschäftigungsquote, die Verbesserung der Qualität der Arbeitsplätze und eine stärkere Integration auf dem Arbeitsmarkt in den Mitgliedstaaten und ihren Regionen abzielen.

Der ESF ist eine wichtige Ergänzung und Unterstützung der Freizügigkeit der Arbeitskräfte innerhalb der EU. Letztere ist ein Ausgleichsmechanismus für Arbeitskräfteangebot und Nachfrage mit dem Ziel der Verringerung der Ungleichgewichte in der EU. Im Zusammenwirken tragen beide Instrumente zu einem Ausgleich der Ungleichgewichte in der EU bei, gemessen an der Arbeitslosenquote, dem BIP/Kopf und der Produktivität. Sie stellen ein Instrument zur Verringerung der Nord-Süd-Teilung des Euroraums dar: Abwanderung von Arbeitslosen aus Ländern/Gebieten mit hoher Arbeitslosigkeit in Länder mit Beschäftigungsmöglichkeiten, gleichzeitig Aus- und Weiterbildung der Arbeitslosen zur Förderung ihrer Beschäftigungschancen.

Der ESF trägt durch die Förderung der Anpassungsfähigkeit der Arbeitskräfte zur Bewältigung des Strukturwandels bei, der von Globalisierungsprozessen ebenso geprägt ist wie von technologischen und gesellschaftspolitischen. Er will die Fähigkeiten und Fertigkeiten des Arbeitskräfteangebotes aufwerten bzw. modernisieren und die unternehmerische Initiative stimulieren. Somit beteiligt sich die Europäische Union mit dem ESF an der Arbeitsmarktpolitik der Mitgliedstaaten. Der Fonds verfolgt keine eigenen sozialpolitischen Ziele, sondern ist ein Instrument zur Unterstützung der nationalen arbeitsmarktpolitischen Maßnahmen.

Da die Europäische Union ausschließlich über den ESF auch finanziell zur Arbeitsmarktpolitik der Mitgliedsländer beiträgt, kann sie über den ESF einen stärkeren Einfluss auf die nationalen Strategien ausüben als im Rahmen anderer beschäftigungs-, sozial- und arbeitsmarktpolitischer Aktivitäten auf Gemeinschaftsebene. Aufgrund des Prinzips der Zusätzlichkeit der eingesetzten ESF-Förderung zur nationalen Finanzierung werden insgesamt mehr Mittel für die Arbeitsmarktpolitik in den Mitgliedsländern eingesetzt.

Allen Interventionen des ESF liegt das Prinzip der Chancengleichheit aller Bevölkerungsgruppen im Zugang zu ESF-Maßnahmen zugrunde. Dies betrifft die Chancengleichheit von Frauen und Männern, von Behinderten und Nicht-Behinderten und von benachteiligten Minderheiten, die dem Risiko sozialer Ausgrenzung ausgesetzt sind. Aus dieser Zielorientierung resultiert in vielen EU-MS eine überproportionale Förderung von Migranten/innen, so auch in Österreich.

Der Europäische Sozialfonds in Österreich

Mit dem Beitritt zur EU im Jahre 1995 hatte Österreich den vollen Zugang zu Fördermitteln aus dem Europäischen Sozialfonds. In gewissem Maße konnten aber schon ab 1993 ESF-Förderungen in Anspruch genommen werden. (Biffl 1994)

Diese Mittel waren ein wichtiger Beitrag zur Förderung der Anpassungsfähigkeit der österreichischen Wirtschaft und des Arbeitsmarktes an die zum Teil unerwartet hohen Herausforderungen. Letztere resultierten aus dem Wegfall einer jahrzehntelangen Wettbewerbseinschränkung in bestimmten Dienstleistungen, insbesondere dem Bankensektor, der Post und Telekommunikation, dem Bahnwesen und dem Energiesektor, andererseits aus der Ostöffnung und der damit verbundenen Handelsliberalisierung. Sowohl aus dem ersten als auch dem zweiten Grund kam es in vielen Sektoren zu zum Teil abrupten Änderungen der Wettbewerbslage, insbesondere auch regionalwirtschaftlichen Ungleichgewichten. Aber auch im statistischen Bereich waren Anpassungen notwendig; so löste etwa die EU-Mitgliedschaft einen öffentlichen Diskurs und in der Folge Anpassungen bei der Definition und Erfassung der Arbeitslosigkeit in Österreich aus. (Biffl 1997)

ESF-Förderschwerpunkte 1995-2006

In den 1990er Jahren und bis 2006 dienten die ESF-Förderungen der Umsetzung der beschäftigungspolitischen Ziele der EU im Rahmen der Europäischen Beschäftigungspolitik, die sich in den Nationalen Aktionsplänen für Beschäftigung spiegelten. Die drei übergeordneten Ziele betrafen die Sicherung der Vollbeschäftigung, die Steigerung der Arbeitsplatzqualität und der Arbeitsproduktivität, sowie die Stärkung des sozialen Zusammenhalts und der sozialen Eingliederung.

Die Förderungen aus dem ESF ergänzten nicht nur Ausgaben der österreichischen Arbeitsmarktpolitik, sondern spielten auch eine große Rolle in der Regionalpolitik, insbesondere über die Ziel 1 Förderregion Burgenland. Die Förderungen des ESF betrafen Maßnahmen in den folgenden sechs Zielgruppen:

- Ziel 1: Regionen mit Entwicklungsrückstand (in Österreich das Burgenland),
- Ziel 2: Regionen, die von der De-Industrialisierung betroffen sind (in Österreich Gebiete in Niederösterreich, Oberösterreich, der Steiermark und Vorarlberg),
- Ziel 3: Arbeitslose, Langzeitarbeitslose, von Ausschluss vom Arbeitsmarkt Bedrohte, sozial Benachteiligte, Frauen und Jugendliche (in Österreich das gesamte Bundesgebiet mit Ausnahme der Ziel-1-Region Burgenland),
- Ziel 4: Beschäftigte, die vom Strukturwandel betroffen sind (ganz Österreich mit Ausnahme des Ziel-1-Gebietes Burgenland),
- Ziel 5: ländliche Regionen (in Österreich Regionen in Kärnten, Niederösterreich, Oberösterreich, Salzburg, der Steiermark, Tirol und Vorarlberg),
- Ziel 6: arktische, dünn besiedelte Regionen (Gebiete in Schweden und Finnland).

In den beiden Umsetzungsphasen 1995-1999 und 2000-2006 gab es unterschiedliche Schwerpunktsetzungen. Während in der ersten Phase vor allem Maßnahmen zur Schaffung von Arbeitsplätzen (dauerhafte Arbeitsplätze in Handel und Industrie, in technologieintensiven Klein- und Mittelbetrieben sowie in Technologiezentren) und zur Anhebung der Qualifikation der Arbeitskräfte (mittels Ausweitung des bedarfsorientierten Aus- und Weiterbildungsangebots) gesetzt wurden, lag der

Schwerpunkt in der zweiten Periode bei innovativen arbeitsmarktpolitischen Maßnahmen, die vor allem der Förderung der Frauenbeschäftigung und der Integrationsförderung von Langzeitbeschäftigungslosen dienten (EQUAL-Projekte). (Biffl und Bock-Schappelwein, 2003)

Mit Jänner 2007 hat für Österreich die 3. Strukturfondsperiode begonnen. Die Gesamtstruktur der Ziele und Programme und ihrer Administration wurde im Gefolge der Neuausrichtung der europäischen Strukturfondspolitik (Strukturfondsreform 2007-2013) deutlich verändert. Es gab kein Nachfolgeprogramm für die Gemeinschaftsinitiative EQUAL, obschon es inhaltlich neben der Fortführung und Weiterentwicklung bewährter ESF-Maßnahmen zu Ergänzungen um Akzentsetzungen aus vormaligen EQUAL-Programmen kam. Im Burgenland kam es zum Phasing-Out der Ziel-1 Regionalförderung, wobei ESF- und EFRE- Förderungen aufeinander abgestimmt wurden. In ihnen waren die übergeordneten Zielsetzungen für die Förderperiode 2007 – 2013 festgelegt, die im Einklang mit der gesamtösterreichischen Entwicklungsstrategie STRAT.AT standen[3]. Das übergeordnete Ziel ist nunmehr die Unterstützung der Gestaltung des Übergangs zu einer wissensbasierten Wirtschaft und Gesellschaft.

EU-Strukturfondsreform: Förderschwerpunkte 2007-2013

In Reaktion auf die EU-Osterweiterung wurden die Ziele der ESF-Strukturpolitik adaptiert und in drei übergeordneten Zielen zusammengefasst:

- Konvergenz (bisher Ziel 1)
- Regionale Wettbewerbsfähigkeit und Beschäftigung (bisher Ziel 2 und 3)
- Europäische Territoriale Zusammenarbeit (bisher die Gemeinschaftsinitiative INTERREG)

Die Aktionsfelder des ESF lagen bei den ersten beiden Zielen, nicht aber beim dritten Ziel. Durch die inhaltliche Ausweitung der Ziele wurden die Strukturfonds EFRE und ESF theoretisch allen europäischen Regionen zugänglich.

Der inhaltliche Fokus lag auf der überarbeiteten *Lissabon-Strategie*[4]. Die Lissabon-Strategie, die im Jahr 2000 entworfen worden war, wurde im Jahr 2005 neu ausgerichtet, da ihre Ziele zu hochgesteckt und gleichzeitig zu wenig operationalisiert worden waren. Nunmehr wurde der Fokus auf Wachstum und Beschäftigung gerichtet. Zur Sicherstellung der Umsetzung wurde eine partnerschaftliche Governance-Struktur für die Mitgliedstaaten und die EU-Institutionen eingeführt, verbunden mit der Festlegung von Indikatoren, um den Maßnahmenmix und die Zielerreichung mit den einzelnen Mitgliedstaaten abzustimmen.

---

[3] Mehr dazu auf http://www.oerok.gv.at/eu-regionalpolitik/eu-strukturfonds-in-oesterreich-2007-2013/nationale-strategie.html

[4] Zur Bewertung der Lissabon Strategie (KOM 2010).

In Österreich wurde von der langjährigen Praxis der kleinräumigen Gebietsabgrenzungen und Gebietsförderungen abgegangen, nicht zuletzt, weil für die Erreichung des Ziels der Steigerung der Wettbewerbsfähigkeit Städte und Zentralräume mit peripheren und ländlichen Räumen verknüpft und in ein gemeinsames Entwicklungskonzept eingebunden sein sollten.

In der Arbeitsmarktpolitik im engeren Sinn wurden die ESF-Mittel weiterhin vorrangig für die Qualifizierung von Arbeitslosen und Beschäftigten und für Integrationsmaßnahmen eingesetzt; es kam aber zu einer stärkeren Betonung der Maßnahmen für Beschäftigte, insbesondere mit Fokus auf Ältere. Auch im Behindertenbereich kam es zu einer stärkeren Konzentration auf einzelne Zielgruppen (insbesondere Ältere, Jugendliche und Frauen mit stärkeren Behinderungen) – auch hier verbunden mit einem Ausbau betriebsnaher Interventionen.

Die Aufnahme des Schwerpunktes *Integration arbeitsmarktferner Personen* brachte eine deutliche Veränderung - diese Zielgruppe war vor allem im Rahmen der Gemeinschaftsinitiative EQUAL gefördert worden. Aus dieser neueren Zielorientierung resultierte eine stärkere Förderung von Migranten/innen. Fortgeführt wurde die Unterstützung der Territorialen Beschäftigungspakte (*TEP*) als wichtige Vernetzungsstruktur im Zusammenwirken arbeitsmarkt-, behinderten-, sozial- und regionalpolitischer Institutionen (wobei zunehmend auch die Bildungspolitik eine wichtige Rolle spielte). (ZSI 2003, 2011) Die TEPs übernahmen auch die Koordination der innovativen Maßnahmen zur Integration arbeitsmarktferner Personen.

Im Bereich des Lebensbegleitenden Lernens kam es zu einer Verschiebung der Gewichtung hin zur Erwachsenenbildung. Gleichstellungspolitik blieb ein zentrales Thema in der Planung und Umsetzung der Maßnahmen des Europäischen Sozialfonds. Neben spezifischen Frauenfördermaßnahmen traten Aktionen zum Gender Mainstreaming und Gender Budgeting in den Vordergrund.

Förderschwerpunkte 2014-2020

Die aktuelle Förderperiode ist eng an der Europa-2020-Strategie für intelligentes, nachhaltiges und integratives Wachstum in der EU ausgerichtet. Ein Kernziel ist die Bekämpfung der Jugendarbeitslosigkeit. Zudem fließen 20 % der ESF-Mittel in die soziale Eingliederung. Unterstützt werden Menschen mit besonderen Schwierigkeiten und Mitglieder benachteiligter Gruppen, damit sie bessere Chancen für eine Integration in die Gesellschaft haben. Die Thematischen Ziele sind:

1. Förderung nachhaltiger und hochwertiger Beschäftigung und Unterstützung der Mobilität der Arbeitskräfte
2. Förderung der sozialen Inklusion und Bekämpfung von Armut und jeglicher Diskriminierung
3. Investitionen in Bildung, Ausbildung, und Berufsbildung für Kompetenzen und lebenslanges Lernen
4. Verbesserung der institutionellen Kapazitäten von öffentlichen Behörden und Interessenträgern und der effizienten öffentlichen Verwaltung.

Die territorialen Beschäftigungspakte, die auf Anregung der Europäischen Kommission 1997 als vertraglich vereinbarte regionale Partnerschaften zwischen AMS, Gemeinden, Sozialpartnern sowie zum Teil auch NGOs und regionalen Verbänden in Österreich eingeführt und bis 2013 aus Mitteln der EU und des Sozialministeriums finanziert wurden, bilden in der neuen Förderperiode des Europäischen Sozialfonds (ESF) keinen Schwerpunkt mehr. Aus Eigenmitteln wurde das Koordinationsmodell der Territorialen Beschäftigungspakte in Österreich nicht weitergeführt, was von vielen arbeitsmarktpolitischen Akteuren bedauert wird.

Neu ist, dass die Mitgliedstaaten gemäß den europarechtlichen Vorgaben ihre finanziellen und materiellen Ziele in einem Leistungsrahmen verbindlich festlegen und mit Indikatoren unterlegen müssen. Das bedeutet, dass jedes ESF-Programm die Ziele (z.B. Teilnehmerzahlen) definieren und sie auch erreichen muss. Die sogenannte Leistungsprüfung über die Erreichung der Ziele wird 2019 erfolgen; eine abschließende Prüfung ist für 2023 vorgesehen. Zielverfehlungen können zu finanziellen Sanktionen führen.

Damit gewinnt das Europäische Semester, das 2011 im Rahmen der Europa-2020-Strategie zur Evaluierung der Reformfortschritte der EU-MS eingeführt wurde, auch in der Erfolgsmessung des Mitteleinsatzes von ESF-Maßnahmen (etwa bei der Bekämpfung der Jugendarbeitslosigkeit) Eingang.

Grenzen des Europäischen Sozialfonds zur Sicherung des Zusammenhalts und der Wohlfahrt

Es stellt sich die Frage, ob und inwieweit die europäischen Strukturfonds, allen voran der ESF, in der Lage sind, die Disparitäten zwischen den Regionen der EU zu verringern. Aus Abbildung 1 ist ersichtlich, dass sich die durchschnittliche Arbeitslosenquote in der EU zwischen dem Jahr 2000, dem letzten Hochkonjunkturjahr vor der Krise 2008/09, und 2016 leicht von 8,9% auf 8,5% verringert hat. Gleichzeitig hat sich jedoch die Spanne der Arbeitslosenquoten innerhalb der EU von 16,7 Prozentpunkten auf 19,6 Prozentpunkte erhöht. Die substanzielle Abwanderung von Arbeitskräften aus den neuen EU-MS im Osten der EU in die westlichen EU-MS hat zusammen mit ESF-Förderungen vor Ort sowie infolge regionalpolitischer Schwerpunktsetzungen die Arbeitslosenquoten in den östlichen EU-MS deutlich verringert. Jedoch kam es im Gefolge der Wirtschafts- und Euro-Krise in den südeuropäischen Mitgliedsländern und Irland zu einer merklichen Anhebung der Arbeitslosenquoten. Die „GIIPS-Länder" der südlichen Peripherie und Irlands (Griechenland, Irland, Italien, Portugal, Spanien) wurden von der Euro-Krise voll getroffen. Der ESF und innereuropäische Migrationen können in einer derartigen Krise nur mildernde Instrumente zur Sicherung der Wohlfahrt sein.

Arbeitsmärkte unterlagen in den letzten Jahrzehnten im Gefolge von Globalisierung, technologischem Wandel und EU-Erweiterungen tiefgreifenden Transformationsprozessen, während sich die institutionellen Koordinationsmechanismen (und damit die institutionellen Rahmenbedingungen) kaum geändert haben. Daraus ergeben sich Grenzen der EU-Strukturpolitik und damit der ESI-Fonds für die Sicherung der Wohlfahrt und des Zusammenhalts.

Was die Angleichung des Lebensstandards zwischen den EU-MS anbelangt, gemessen am kaufkraftbereinigten Bruttoinlandsprodukt pro Kopf (BIP/Kopf in KKS)[5], gibt es ebenfalls keine überzeugende positive Nachricht. So ist zwischen den Jahren 2000 und 2016 die Spanne des kaufkraftbereinigten BIP/Kopf von 217 Punkten auf 219 Punkte angestiegen. Dabei hat sich die relative Position von Nordeuropa leicht verschlechtert, mit Ausnahme von Deutschland, Irland und Luxemburg, während die Mitgliedstaaten Osteuropas deutlich aufgeholt haben. Südeuropa ist jedoch mit Ausnahme von Malta und Kroatien zurückgefallen.

Diese Entwicklung ist nicht unabhängig von der Einbindung in den Euroraum. Hier werden Länder mit höchst unterschiedlichen Wirtschafts-, Arbeitsmarkt- und Bildungsstrukturen zusammengeführt. Wortmann & Stahl (2015) führen uns klar vor Augen, dass eine *One-size-fits-all*-Geldpolitik für den Euroraum den nationalen wirtschafts- und sozialpolitischen Aktionsrahmen einschränkt. Die südlichen EU-MS bräuchten eine expansive Geldpolitik und einen schwachen Euro, um aufholen zu können, bzw. um rasch aus der Wirtschafts- und Euro-Krise zu kommen, während für viele nördliche Euroländer das Gegenteil sinnvoll wäre. Das zeigt, dass unterschiedliche Faktoren für die Entwicklung der Arbeitslosigkeit und der Wohlfahrt verantwortlich sind, die nur über eine Kombination von Instrumenten bekämpft werden können, die nur zum Teil von der EU und den Struktur- und Kohäsionsfonds beeinflusst werden können.

Die Finanzkrise von 2008-2013 hat verdeutlicht, dass die Kompetenzverteilung zwischen der EU und den Nationalstaaten – die Sozialpolitik liegt bei den Nationalstaaten – die Krisenlage in bestimmten EU-MS des Euroraums verstärkt hat. In der Vergangenheit konnten diese Länder Verschiebungen in der Wettbewerbsfähigkeit, die nicht zuletzt aufgrund unterschiedlicher Strukturen und Entwicklungen in den nationalen Sozialpolitiken zustande kamen, durch die Anpassung der Wechselkurse abfangen. (Busch 1998) Mit dem Übergang zur Wirtschafts- und Währungsunion waren jedoch neue Spielregeln angesagt. Divergierende sozialpolitische Strategien und Strukturen haben nämlich in einem gemeinsamen Währungsraum einen direkten Effekt auf die Wettbewerbsfähigkeit der nationalen Unternehmen; sie beeinflussen unmittelbar die Verteilung von Wachstum und Beschäftigung in der EU und damit Arbeitslosigkeit und Wohlfahrt.

---

[5]   Der Volumenindex des BIP in Kaufkraftstandards (KKS) pro Kopf wird relativ zum Durchschnitt der Europäischen Union (EU28), der zu 100 gesetzt ist, ausgedrückt.

Abbildung 1: Arbeitslosenquoten in der EU: 2000 und 2016

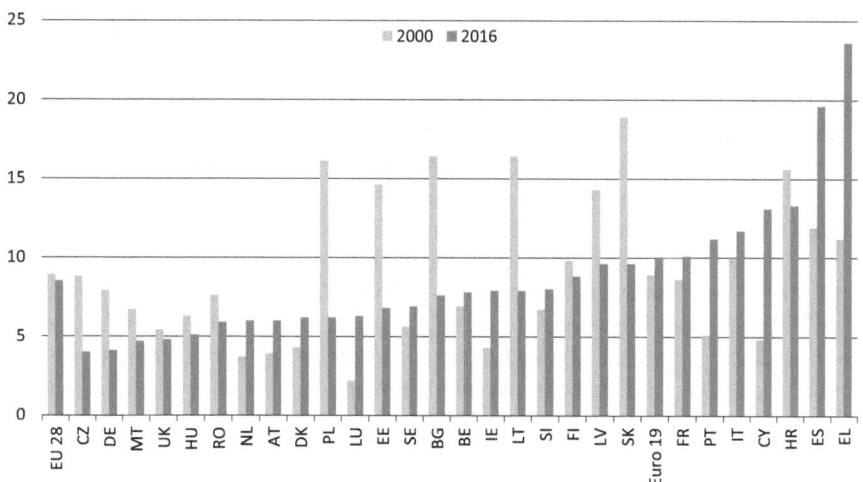

Quelle: Eurostat database, total unemployment rate (code: tsdec450), eigene Darstellung

Abbildung 2: Bruttoinlandsprodukt pro Kopf in Kaufkraftstandards (Index: EU 28/27 = 100): 2000 und 2016

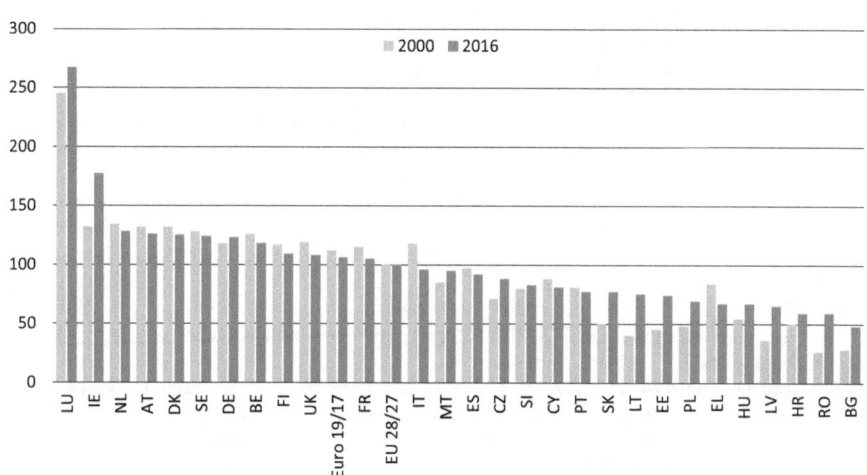

Quelle: Eurostat database, purchasing power parities (code: tec00114), eigene Darstellung

Aus dieser Erkenntnis heraus wurde die europäische Governance-Struktur im Gefolge der Finanz- und Eurokrise fundamental verändert. (Berkowitz et al. 2015) Eine wesentliche Neuerung ist das Europäische Semester für die Koordinierung der Wirtschaftspolitik, das 2011 eingeführt wurde. Es erlaubt der Europäischen Kommission die Überprüfung der nationalen Haushalts- und Reformentwürfe, bevor sie noch in den nationalen Parlamenten beschlossen werden, um frühzeitig makroökonomische Ungleichgewichte identifizieren zu können. Damit geht die Macroeconomic Imbalance Procedure (*MIP*) Hand in Hand, welche mit Hilfe eines Scoreboards makroökonomischer Indikatoren frühzeitig auf Risiken für die Währungsunion hinweist. Darüber hinaus wurden von der Europäischen Zentralbank (*EZB*) geldpolitische Maßnahmen gesetzt, die auf die Bedürfnisse der GIIPS-Länder an der südlichen Peripherie des Euroraums eingehen. Da ihr Ausscheiden aus dem Euroraum politisch nicht gewünscht ist, werden ‚vorübergehende' schwache Lohn- und Preisentwicklungen in Kauf genommen, um die preisliche Wettbewerbsfähigkeit der südlichen Peripherie wiederherzustellen. Um Deflation und Rezession zu vermeiden, sind aber deutliche Wachstumsimpulse in Form von Investitionen notwendig, die allerdings gewisse Reformen in den nationalen institutionellen Rahmenbedingungen voraussetzen.

Literatur

Berkowitz, P./ E. Von Breska/ J. Pieńkowski/ A. C. Rubianes (2015): The impact of the economic and financial crisis on the reform of Cohesion Policy 2008-2013. Regional working Paper 03/2015. European Commission. http://ec.europa.eu/regional_policy/sources/docgener/work/2015_03_impact_crisis.pdf

Biffl, Gudrun (1997): Erfassung der ‚wahren' Arbeitslosigkeit in Österreich, WIFO-MB 1/1997.

Biffl Gudrun (1994). Evaluierung von Instrumenten der experimentellen Arbeitsmarktpolitik. WIFO-Studie im Auftrag des Arbeits- und Sozialministeriums, Wien.

Biffl, G./ J. Bock-Schappelwein (2003): Institutionelle Rahmenbedingungen an der Schnittstelle zwischen Arbeitsmarkt- und Sozialpolitik in der EU. WIFO-Monographie im Rahmen der EQUAL-Entwicklungspartnerschaft "Erweiterter Arbeitsmarkt – Integration durch Arbeit". Wien.

Busch, Klaus (1998): Das Korridormodell: ein Konzept zur Weiterentwicklung der EU-Sozialpolitik. Internationale Politik und Gesellschaft (ipg) 2-98, Friedrich-Ebert-Stiftung. http://library.fes.de/pdf-files/ipg/ipg-1998-2/artbusch.pdf.

Flash Eurobarometer (2017): Citizens' awareness and perceptions of EU regional policy. Flash Eurobarometer 452 Report, TNS political & social. European Union, 2017.

KOM (2010): Bewertung der Lissabon-Strategie. Arbeitsdokument der Kommissionsdienststellen. Brüssel, den 2.2.2010. SEK(2010) 114 endgültig. http://ec.europa.eu/archives/growth and-jobs_2009/pdf/lisbon_strategy_evaluation_de.pdf

Wortmann, M./ Stahl, M. (2015): Die MIP-Indikatoren zur Analyse von Kern-Peripherie-Strukturen in der EU. Center for European Governance and Economic Development Research Discussion Papers Nr. 258, Georg August Universität Göttingen.

ZSI (2003): Territoriale Beschäftigungspakte in Österreich 2000-2006. Zwischenbilanz. Koordinationsstelle der Territorialen Beschäftigungspakte in Österreich am Zentrum für Soziale Innovation, Wien. https://www.zsi.at/object/publication/1278/attach/TEPs_ZwiBi_gesamt.pdf

ZSI (2011): Territoriale Beschäftigungspakte in Österreich 2007-2013. Zwischenbilanz. Koordinationsstelle der Territorialen Beschäftigungspakte in Österreich am Zentrum für Soziale Innovation, Wien. http://www.oerok.gv.at/fileadmin/Bilder/3.Reiter-Regionalpolitik/2.EU-SF_ in_OE_07-13/2.5_RWB_ESF/TEP_2010_web.pdf

Entwicklungszusammenarbeit: Auf dem Weg zu einer neuen Governance-Architektur?

Kurt Bayer

Zusammenfassung

Die seit den 1980er Jahren zunehmende Globalisierung (grenzüberschreitender Handel, Investitionen, Migration, Aufbau von Wertschöpfungsketten) hat die Regelungsmacht der Nationalstaaten reduziert. Diese Regelungsmacht wurde nur teilweise auf globaler Ebene, vor allem durch die in den Jahren nach dem 2. Weltkrieg gegründeten so genannten „Bretton Woods" Institutionen (Internationaler Währungsfonds, Weltbank, Welthandelsorganisation) wettgemacht. Der wirtschaftliche Aufschwung vieler großer und kleiner Länder führte jedoch nicht zu proportionalem Einfluss in diesen Organisationen, da dort die OECD-Staaten (vor allem die USA, die EU-Staaten und Japan) ihre übermächtigen Stimmgewichte verteidigten. Auch Versuche, die G-20 ab Ende der 1990er Jahre zu einer wirksamen Global Governance-Institution zu machen, scheiterten. Die Schwellenländer, vor allem die BRICS-Länder, gründeten daher ihre eigenen Institutionen. Damit wurde die Einheitlichkeit der wirtschaftspolitischen Governance weiter geschwächt und die Versorgung mit globalen öffentlichen Gütern, vor allem der armen und kleinen Länder, gefährdet. Dazu kommt seit der Finanz- und Wirtschaftskrise 2008 ff. ein Legitimationsverlust des „westlichen" Wirtschaftsmodells, welcher durch neuere nationalstaatliche und populistische Tendenzen zunehmend verstärkt wird. Derzeit sind – trotz der 2015 erfolgten globalen Abkommen zu den Nachhaltigkeits-Entwicklungszielen und zur Bekämpfung des Klimawandels – keine neuen Abkommen und kein Wille zur globalen Zusammenarbeit absehbar. Ob Kooperation auf subnationaler Ebene, z.B. durch Netzwerke von Städten und Regionen, dieses Vakuum füllen können, bleibt abzuwarten.

Wirtschaft – Entwicklung: Oder – Und?

Die Fragen der Sinnhaftigkeit von „Entwicklungshilfe", bzw. „Entwicklungszusammenarbeit" (EZA) wurden und werden intensiv diskutiert. Experten wie z.B. Dambisa Moyo argumentieren (Dead Aid, 2009) gegen solche Hilfeleistungen der reichen für arme Länder mit dem Argument, dass dadurch Abhängigkeiten geschaffen würden, wodurch die ärmeren Länder daran gehindert würden, ihren je eigenen Weg zu gehen und ihre eigenen Wirtschaften und Gesellschaften zu gestalten.

Moyo, die auch bei Goldman Sachs gearbeitet hat, tritt für eigene Anstrengungen und Finanzmarktfinanzierungen ein. Viele andere Experten haben ähnlich argumentiert (z.B. Easterly 2006), doch werden weiterhin mehr als 143 Mrd $ pro Jahr an solchen Finanzierungen von reichen Ländern geleistet (OECD 2017). Einige reiche Länder, wie z.B. Großbritannien, haben ihre Finanzierungsleistungen vom allgemeinen Spardruck des öffentlichen Haushalts befreit, andere, vor allem die USA, planen, ihre Leistungen drastisch zurückzunehmen (OMB 2017).

Welche Art von EZA sinnvoll und vor allem wirksam ist, ist umstritten, je nach Interessenlage. Faktum ist, dass im letzten Jahrzehnt der Privatsektorentwicklung in Entwicklungsländern große Bedeutung beigemessen wird: alle Entwicklungsbanken haben ihre Privatsektor-Aktivitäten ausgebaut mit dem Argument, ohne einen florierenden Privatsektor sei „nachhaltige Entwicklung" nicht möglich.

In Bezug auf Fragen der Global Governance stelle ich zur Diskussion, dass eine Trennung zwischen „Wirtschaft" und „Entwicklung" nicht sinnvoll ist. Global Governance bedeutet ja, dass sie sich über die gesamte Welt erstreckt und damit alle Volkswirtschaften der Welt umfasst. Sie muss daher im Idealfall so gestaltet sein, dass sie sehr unterschiedliche Entwicklungsstufen bedienen kann, und vor allem die Interaktionen und Verflechtungen der Wirtschaften zur Kenntnis nimmt. So argumentiert z.B. der Politikwissenschafter Ulrich Brand, dass die „imperiale Lebensweise" der reichen Länder für die Unterentwicklung vieler Länder (durch deren Ausbeutung von Mensch und Natur) verantwortlich sei, und dass diese Lebensweise auch das größte Hindernis für eine solidarische globale Lebensweise sei (Brand und Wissen, 2017, 165 ff.). Gleichzeitig aber zeigt die Verabschiedung der „Sustainable Development Goals" 2015 durch alle UNO-Mitglieder, dass hierbei ein gemeinsames Verständnis für die Verantwortung aller Länder für die Entwicklung und Nachhaltigkeit der Welt hergestellt wurde, da die vereinbarten Ziele für alle Länder der Welt gelten.

Die seit den 1980er Jahren einsetzende Welle der Globalisierung hat die Regelungskompetenz der Nationalstaaten massiv beschnitten. Gleichzeitig sind immer mehr Probleme manifest geworden, deren Lösung über nationalstaatliche Regelungskompetenz hinausgeht: Klimawandel, Verseuchung der Meere, Verlust von Artenvielfalt, grenzüberschreitender Drogenhandel, Seuchenausbreitung, Terrorismus, aber auch ökonomische Probleme wie Steuerflucht, Geldwäsche und einige andere benötigen weltweite oder zumindest regionale Lösungsansätze und damit auch Institutionen. Es zeigt sich jedoch, dass aufgrund vielfältiger Interessen und Einflüsse der Verlust der Regelungsmacht auf nationalstaatlicher Ebene nicht oder zumindest nicht ausreichend auf globaler Ebene wettgemacht wurde. Bei den oben angesprochenen Problemlösungen geht es vielfach um in der Ökonomie so genannte „Globale Öffentliche Güter", die vorrangig auf globaler Ebene zu lösen wären (Kaul und Conceiao, 2006; Kaul, 2016). Das offenbare Problem dabei ist, dass die genannten Problembereiche weit über jene Bereiche hinausgehen, bei denen in den letzten Jahren globaler Wille zur Zusammenarbeit im Rahmen einer Global Governance sichtbar geworden ist. Positive Beispiele sind die von allen UNO-Mitgliedstaaten unterzeichneten „Sustainable Development Goals" (2015), welche nicht nur

Entwicklungsländer, sondern alle Länder der Welt im Rahmen der UN-Agenda 2030 zum Handeln auffordern, sowie die Klimaziele der Konferenz von Paris (2015), in welcher die Weltgemeinschaft sich zur Bekämpfung des Klimawandels verpflichtet hat. Dies gibt zu ein wenig Hoffnung auf die Rationalität der Welt"gemeinschaft" Anlass, allerdings stehen die Umsetzungsschritte und -erfolge noch aus. Aber immerhin hat man sich bereitgefunden, in wichtigen globalen Problembereichen zumindest gemeinsame Ziele und Umsetzungspläne zu vereinbaren, auch wenn in jüngster Zeit (Mai 2017) Absetzbewegungen der USA aus diesen Abkommen sichtbar werden.

Auf der anderen Seite zeigt das Scheitern der letzten WTO-Verhandlungsrunde („Doha Round") nach zehnjährigen Verhandlungen, dass es nicht (mehr) möglich ist, gemeinsame Handels- und Investitionsregeln festzulegen, dass die Interessen von Ländern unterschiedlicher Entwicklungsstufen so sehr divergieren, dass sie nicht vereinbar sind, bzw. dass der politische Wille zum Kompromiss nicht gegeben war. In der Zwischenzeit sind eine Vielzahl von regionalen Handelsabkommen geschlossen worden, die je eigene Regeln aufstellen – und damit zu einer weiteren Fragmentierung von Handelsaktivitäten führen. Nicht nur die Ankündigungen des neuen US-Präsidenten Trump, alle US-Handelsabkommen zu überprüfen, da er sie als schädlich für die US-Interessen ansieht, bedeuten ein Ende des Dogmas, dass Welthandel unabdingbar für weiteres Wirtschaftswachstum ist, sondern auch der nunmehr vereinbarte Austritt von Großbritannien aus der Europäischen Union zeigt, dass die bisher geltende Euphorie von den Vorteilen weiterer Integration zu Ende geht – und damit stärkerem Nationalismus oder Regionalismus, stärkerem Hegemonialismus starker Länder zum Durchbruch verholfen werden soll. Damit zeichnet sich ab, dass die Interessen kleiner und armer Länder stärker als bisher unter die Räder kommen könnten.

Die Periode der westlichen Dominanz

Die Katastrophe des 2. Weltkrieges mit seinen Dutzenden Millionen Toten (die Hälfte Zivilisten), der Zerstörung der materiellen Infrastruktur und gesellschaftlichen Basis in Europa und Asien, der vielfachen Vertreibung von Millionen hat die Alliierten unter Führung der Vereinigten Staaten und Großbritanniens dazu bewegt, die Neuordnung der globalen Wirtschaft auf eine geordnete Basis zu stellen. Ausgehend von der Diagnose, dass die Hegemonialkämpfe in der Zwischenkriegszeit den Krieg mitverursacht hätten, ging es primär darum, die Bedingungen für eine Ausweitung des Handels zwischen den Staaten zu verbessern. Dazu wurde auf der Konferenz von Bretton Woods 1944 der Internationale Währungsfonds geschaffen, der Wechselkursstabilität garantieren und Zahlungsbilanzungleichgewichte ausgleichen sollte, flankiert von der Weltbank (International Bank for Reconstruction and Development), deren Aufgabe es war, langfristige Investitionen in den Nachkriegsländern zu finanzieren, um deren wirtschaftliche Basis zu stärken. Eine Welthandelsorganisation namens GATT (General Agreement on Tariffs and Trade) kam

1947 dazu, welche multilaterale Regeln für den Handel mit Gütern, später auch Dienstleistungen aufstellte. Später, nach abgeschlossener Wiederaufbauphase, wurde die Weltbank exklusiv in den Dienst der so genannten „Entwicklungsländer" gestellt, mit dem Ziel, ihr Aufholen gegenüber den Industrieländern sicherzustellen. Diese Form der eindeutig westlich orientierten Governance der Weltwirtschaft „funktionierte" einigermaßen bis 1971, als sich die USA von diesem System verabschiedeten und die Dollarbindung an den Goldpreis aufgaben: ihr Versuch, gleichzeitig den Vietnamkrieg zu finanzieren und ein heimisches Sozialsystem aufzubauen, war an Finanzierungsengpässe gestoßen.

Natürlich muss in diesem Zusammenhang auch erwähnt werden, dass der Kalte Krieg eine Spaltung der Welt, vor allem in Europa, zur Folge hatte, die ebenfalls einen Keil in den Versuch der Etablierung einer Weltwirtschaftsordnung trieb. 1946 kündigte die Sowjetunion an, nicht dem Bretton Woods System beizutreten (siehe z.B. Judt, 2007, 108). Aber auch nach 1971 blieben die Bretton Woods Institutionen, sowie die 1994 als Nachfolgeorganisation des GATT gegründete Welthandelsorganisation WTO, dem westlichen Entwicklungsmodell („Washington Consensus") verbunden, welches auf Liberalisierung, Privatisierung, Haushaltsdisziplin und Flexibilisierung von Faktor-, Güter- und Dienstleistungsmärkten setzte (Katseli, 2008, 14 f.). Nach dem Ende der Kolonialisierung, also ab den 1960er Jahren, folgte die Gründung von regionalen Entwicklungsbanken für Afrika, Asien, Lateinamerika (und andere, kleinere, Regionen), deren Kriterien für Kreditvergaben sich im Wesentlichen an jenen der Weltbank orientierte.

Von Seiten der Entwicklungsländer, vor allem von den so genannten „Schwellenländern" als jenen rasch wachsenden größeren Volkswirtschaften, aber auch von einer Vielzahl von Entwicklungsökonomen aus weniger entwickelten Ländern kam immer wieder Kritik an diesem „westlichen" Entwicklungsmodell. Vielfach konzentrierte sich diese Kritik einerseits an den zu geringen Einflussmöglichkeiten (anhand der Stimmrechte, der Besetzung der Verwaltungsräte und der „Quoten", welche die Mittelzuteilung im IMF regeln) von seiten der Politik, und an den sozialen Folgen dieser Politik für die Bevölkerungen durch die Ökonomen (z.B. Sen 1989; Easterly, 2006; Wade 2013; Huber, 2017, 6ff.). Durch die unzweifelhaften Erfolge Chinas bei der Armutsbekämpfung und seinem kometenhaften Aufstieg als nunmehr (2017) drittgrößte Volkswirtschaft der Welt (nach den USA und der Europäischen Union), den wirtschaftlichen Erfolgen von Indien, Brasilien, Indonesien und anderen wurde der Druck der Schwellen- und Entwicklungsländer auf ihren „gerechten" Anteil an den globalen Institutionen der Weltwirtschaft immer stärker.

Gleichzeitig erschütterte die Große Rezession seit dem Zusammenbruch der Bank Lehman Brothers 2007, die primär von den die Governance Institutionen dominierenden Industrieländern ausgelöst wurde und diese betraf, auch die vermeintliche Legitimität des „westlichen" liberalen Entwicklungsmodells als allgemein zu folgender Blaupause. Auch die politische Fragmentierung, die Schwächung der UNO, ein zunehmender Nationalismus in vielen Ländern der Welt, neu aufkeimende kriegerische Auseinandersetzungen und Hegemoniebestrebungen (Jugoslawien, Naher Osten, Südost-Asien, Afrika) dazu, dass das Vertrauen in Institutionen der Globalen Governance zunehmend verloren ging. Zwar wurde einigen Schwellenländern im IMF nach langem Kampf eine „Quotenerhöhung" (von wenigen Prozentpunkten) zugestanden, sowie ein zusätzlicher Sitz im Verwaltungsrat von IMF und Weltbank, doch blieb dies für diese Länder unbefriedigend.

Daher gründeten 2014 die BRICS-Länder (Brasilien, Russland, Indien, China und Südafrika) eine eigene Entwicklungsbank (New Development Bank), sowie den Kern eines eigenen Währungsfonds (Contingent Reserve Arrangement), der durch Währungsswaps Zahlungsbilanzausgleich ermöglichen sollte (Bayer, 2017, 51). Ebenfalls 2015 gründete China die AIIB (Asian Infrastructure Investment Bank), der nunmehr etwa 60 Länder als Mitglieder beigetreten sind, und welche primär, aber nicht ausschließlich, der Finanzierung des riesigen Projekts einer „Neuen Seidenstraße" (One Belt, One Road) dienen soll. Deren Kapitalisierung übersteigt bereits jene der Weltbank. Die bestehenden Banken (Weltbank, Asiatische Entwicklungsbank) sahen diese Bank zuerst als Konkurrent, haben sich aber beeilt, Kooperationsabkommen mit ihr zu schließen, mit dem Ziel, die riesigen Investitionsnotwendigkeiten in Asien (und Europa) gemeinsam zu erfüllen. Ein wichtiger Diskussionspunkt von Anfang an war die Frage, inwieweit diese neuen Banken auch im Sozial- und Umweltbereich die Standards der bestehenden Banken, die Anliegen der bestehenden Banken sind, übernehmen werden, oder ob sie ohne diese „Safeguards" primär wirtschaftliche Interessen nachgeben werden. Derzeit steht eine seriöse Bewertung noch aus.

Rettungsversuche der Großen

In der UNO, deren Wirtschaftsagenden sich weitgehend analysierend und beschreibend auf die regionalen Economic Commissions beschränken, hat sich UNCTAD, die UN Commission on Tariffs and Trade, zunehmend kritisch mit Welthandelsaktivitäten aber auch Entwicklungsaktivitäten befasst. Allerdings wurde deren Mandat eingeschränkt, da sie sich offenbar zu sehr für die Interessen der weniger entwickelten Länder einsetzte (Wade 2013). Lange Zeit war die Formation der G-7 (USA, Kanada, Japan, Deutschland, Frankreich, Großbritannien, Italien) die Führungsinstitution politischer und ökonomischer Governance. Als deren Führungsrolle (zum Teil auch mit Einbeziehung Russlands) unter verstärkte Kritik der Schwellenländer geriet, wurde 1999 die Formation der G-20 (zusätzlich zu den obigen Brasilien, Argentinien, Australien, Indien, Indonesien, Korea, Mexiko, Saudi-Arabien, Russland, Südafrika, Türkei, EU-Präsidentschaft) geschaffen, um vor allem den Schwellenländern ihrer wirtschaftlichen Bedeutung entsprechend Mitsprache in der globalen Governance zu geben. Auch wenn deren Repräsentativität höher als jene der G-7 Länder ist, fehlen noch immer kleine und wenig entwickelte Länder, deren Interessen dadurch nicht wahrgenommen werden.

Einige Autoren, darunter der Schreiber dieser Zeilen (Bayer 2008, 319), sahen am Beginn des Millenniums die G-20 als möglichen Kern einer Führungsinstitution

der globalen ökonomischen Governance, wenn auch vergrößert um Vertreter kleiner und armer Entwicklungsländer. Um diese Führungsinstitution (Global Economic Policy Council) sollten sich „Thematische Netzwerke" für Makrostabilität,
Umwelt, Gesundheit und Ressourcen, Arbeit-Soziales-Migration, Handel-Direktin-
vestitionen-Wettbewerb, Armutsbekämpfung, illegale Aktivitäten gruppieren, welche in diesen jeweiligen Bereichen Lösungsvorschläge durch Experten, Zivilgesellschaft und öffentlich Bedienstete erarbeiten sollten, deren Umsetzung durch den
Council vorangetrieben wird (Bayer 2008, 319 f.). Die Hoffnung auf die Effektivität
einer solchen (idealtypischen) Struktur hat sich seither verflüchtigt, da die Treffen
der G-20 in den letzten Jahren nur mehr routinemäßige Treffen veranstalten, die
zwar wichtige Themen betreffen, aber keine wie immer gearteten Fortschritte in der
Umsetzung gemacht haben.

In den letzten Jahren hat sich auch die politische Situation in der Welt insofern
verändert, als politischer Wille zu gemeinsamem Handeln und zu Integration weitgehend nationalistischen Strömungen gewichen ist. Naheliegendste Beispiele sind
die Entscheidung der Briten für den Austritt aus der Europäischen Union („Brexit"),
die Äußerungen und protektionistischen Handlungen des neuen US-Präsidenten
(Aufkündigung des pazifischen Handelsabkommens, Neuverhandlung von
NAFTA), aber auch die gegen die neuen Handels- und Investitionsabkommen ge-
richteten Bewegungen in Europa (CETA, TTIP), die stärker hegemonialen Bestrebungen Russlands, sowie Chinas Aktivitäten im südchinesischen Meer. All dies
deutet darauf hin, dass auf der einen Seite die Dominanz des US-geführten „westlichen" Führungsanspruchs für die globale Wirtschaft stagniert oder zu Ende geht,
andererseits aber kein gemeinsamer Wille der Staatengemeinschaft sichtbar ist, die
globalen Herausforderungen gemeinsam zu lösen. Zwar werden immer wieder die
erfolgreichen Abschlüsse der Agenda 2030 in New York, des Financing for Development Abkommen in Addis Abeba, sowie der Klimakonferenz in Paris im Jahr
2015 als Gegenargument angeführt, doch bleiben diese wichtigen Ausprägungen
einer Global Governance Stückwerk – und stehen in ihrer Umsetzung erst am Anfang. Anfangs Juni 2017 hat US-Präsident Trump bekanntgegeben, dass die USA
aus dem Pariser Abkommen austreten werden. Dies stellt – über die realen Effekte
hinaus – ebenso eine massive symbolische Schwächung dieses Abkommens dar,
wie dies der Brexit für die EU tut.

Über diese Abkommen hinausgehende Vereinbarungen auf globaler Ebene stehen im Frühjahr 2017 jedenfalls in den Sternen. Die Chancen dafür sind äußerst
gering. Der wirtschaftliche Aufstieg der Schwellenländer (wenn auch in den letzten
Jahren verhaltener) hat jedenfalls die frühere Hegemonie des Westens herausgefor-
dert: dessen Unwillen, bzw. Unfähigkeit, in den bestehenden (Bretton Woods-) Institutionen entsprechenden Platz für diese Länder zu machen und ihnen mehr Einfluss zuzugestehen, hat wie oben ausgeführt, zur Gründung eigener Institutionen
dieser Länder geführt – und die bestehenden Institutionen geschwächt. Eklatantestes Beispiel ist die kürzliche Wiederwahl von Präsident Kim (USA) in der Weltbank
und von Managing Director Lagarde im IMF (Frankreich) – womit die oftmals geforderte und vielfach versprochene weltweite Ausschreibung und Rekrutierung in

diesen globalen Institutionen wieder einmal voll konterkariert wurde (Wade 2013 spricht dies noch vor diesen letzten Bestellungen im Jahr 2016 an).

Nicht zuletzt zeigt der Rückzug der USA aus der Führungsrolle bei der Global Governance, erstmals für alle sichtbar gemacht bei den Auftritten des U.S.-Präsidenten beim NATO-Gipfel in Brüssel und beim G-7 Gipfel in Taormina Ende Mai 2017, dass die Nachkriegs"ordnung" unter Führung der USA zu Ende gegangen ist. Zwar gibt es Versuche der asiatischen Pazifikländer, unter Führung Japans (und Neuseelands) das Transpazifische Partnerschafts-Abkommen (TPP), aus dem sich die USA zurückgezogen haben, auch ohne diese zu ratifizieren – doch ist damit der Anspruch der vorigen USA-Regierungen, mithilfe dieser Abkommen auch weltweit die Handels- und Investitionsregeln zu bestimmen, obsolet geworden. Dasselbe trifft auch TTIP, das Abkommen der USA mit der EU – wenn auch aus anderen Gründen – zu.

Neuere Entwicklung: Fragmentierung

Global Governance im 21. Jahrhundert hängt von geopolitischen und ökonomischen Entwicklungen ab. Die Qualität der Global Governance kann immer nur vor dem Hintergrund der durch sie zu lösenden globalen Probleme bewertet werden. Derzeit wird die Geopolitik überwiegend so gesehen, dass sich die Welt von einer stärker unipolaren Führungsmacht (USA) hin zu einem multipolaren System entwickelt, in welchem aufstrebende Länder wie China, Indien und Brasilien, vielleicht auch Indonesien, Russland, die EU und die USA wichtige regionale und globale Rollen spielen. Die Aufzählung dieser Länder ist eher beispielhaft als erschöpfend zu sehen. Inwieweit diese Länder(blöcke) miteinander konkurrieren oder kooperieren, inwieweit sie Länder in ihrem regionalen Umfeld mitvertreten, ist derzeit (noch) nicht klar. Klar hingegen ist, dass die 70-jährige Dominanz des wirtschaftlichen und politischen Weltgeschehens durch die USA und ihre Verbündeten zu Ende geht. Damit gerät auch die inhaltliche Dominanz einer sich als liberal und offen verstehenden westlichen Weltordnung als *der* Standard für die Weltgemeinschaft ins Wanken. Durch den Aufstieg Chinas ist das langjährig vertretene Dogma, dass Marktwirtschaft und Demokratie Hand in Hand gingen, glaubwürdig erschüttert worden (siehe z.B. Bayer 2010). Die Diskussionen der Schwellen- und Entwicklungsländer über die Finanzierung von den Klimawandel bekämpfenden Maßnahmen zeigen, dass einzelne globale Ziele zwar allgemein anerkannt werden, die Bereitschaft, deren „Legacy"-Bürden zu finanzieren jedoch nicht von allen akzeptiert ist. Die Diskussionen über soziale und Umwelt-Safeguards bei der Projektauswahl der China-geführten Asiatischen Infrastruktur-Investitionsbank (AIIB) geben zumindest Hinweise darauf, dass auch im Rahmen der UNO bisher weitgehend allgemein akzeptierte Ziele mit der geringer werdenden Macht des Westens zunehmend in Zweifel gezogen werden. Es ist derzeit (Mitte 2017) daher unklar, welche Zielsetzungen und welche institutionelle Ausprägungen die internationale „Gemeinschaft" in Zukunft verfolgen wird. Die laufende Diskussion über mehr Einfluss der

Schwellenländer zeigt jedoch auch, dass in dieser sehr stark von ökonomischen Kriterien beeinflussten Diskussion, die Interessen der kleinen, armen Entwicklungsländer weitgehend unbeachtet bleiben. Gerade aus der Sicht der Entwicklungspolitik ist dies unverzeihbar, da eben dort die aus Zunahme der Armut, schwacher Ökonomie und starker Betroffenheit durch Klimawandel stammenden Probleme der Zukunft besonders gravierend sein werden.

Neben der Geopolitik verändert sich auch die Einschätzung des wirtschaftlichen Weges, den sowohl reiche wie ärmere Länder gehen sollen: eklatantestes Beispiel ist die Einschätzung der Globalisierung, spätestens seit den 1980er Jahren weitgehend anerkannter Treiber des Welthandels, der globalen Wirtschaftsentwicklung, und auch Knackpunkt für die Entwicklungschancen ärmerer Länder. Lange Zeit galt als Dogma der Entwicklungspolitik, dass Entwicklungschancen nur in der möglichst kompletten Eingliederung jedes Landes in die globale Wirtschaft lägen (Huber 2017). Damit wurden die Anziehung ausländischer Direktinvestitionen (weniger wünschenswert ausländischer Finanzströme), Steigerung der Exporte in möglichst anspruchsvolle Märkte zu weitgehend anerkannten und von den Entwicklungsinstitutionen geförderten und finanzierten Instrumenten einer Entwicklungspolitik. Importsubstitution galt als verpönt, Exporte und die Einbindung in internationale Wertschöpfungsketten waren die Hauptstoßrichtungen, denen sich andere Ziele, vor allem soziale und Umweltziele, unterordnen mussten. Dass diese Hauptstoßrichtung der internationalen Wirtschafts- und Entwicklungspolitik nicht von allen mitgetragen wurde, dass aber anderen Entwicklungswegen von den bestehenden internationalen Institutionen wenig Platz eingeräumt wurde, ja solche Wege etwa vom Internationalen Währungsfonds und der Weltbank aktiv bekämpft und sanktioniert wurden, spielte so lange keine Rolle, als die westlichen Länder die globalen Governance-Institutionen (IMF, Weltbank, OECD, teilweise UNO) dominierten.

Im zweiten Dezennium des Millenniums jedoch traten zunehmend Widerstände gegen weitere Globalisierung auf, sowohl in den Industrieländern als auch den weniger entwickelten Ländern. Verstärkt wurde diese Dynamik durch die Finanz- und Wirtschaftskrise seit 2008, durch die immer manifester werdende Information über ungleiche Einkommens- und Vermögensverteilungen (Piketty 2014), sowie durch Technikentwicklungen, welche vor allem in den Industrieländern zu massiven Verwerfungen, bzw. Ängsten davor, auf den Arbeitsmärkten führten. Der Rückzug der USA aus ihrer Führungsrolle bei globalen Institutionen mit dem Slogan „Amerika zuerst", der Austritt Großbritanniens aus der EU, das Erstarken einer starken nationalistisch und sich autark gebenden politischen Bewegung in Europa, diverse stärkere separatistische Bestrebungen, der stark wirksame Slogan der auf Autarkie hinwirkenden „Energy Security" – all diese Signale stärken nationalistische und isolationistische Kräfte, welche nationalstaatliche „Souveränität" propagieren und eigene Interessen vor regionale oder gar globale stellen.

Die Welt ist also „gleichgewichtiger" geworden, besser „multipolar". Denn die Idee von einem Gleichgewicht birgt immer die Hoffnung auf Stabilität in sich, oder zumindest, wie im marktwirtschaftlichen neoklassischen Ökonomiemodell, eine selbstregulierende Tendenz, zu diesem „Gleichgewicht" zurückzukehren, wenn dieses vorher durch „Schocks" gestört wurde. Durch die neue Multipolarität ist auch das dominante „Wertesystem" der Weltwirtschaft, das seit Ende des 2. Weltkrieges durch den „Westen", geführt von den USA, der Welt mithilfe der globalen Governance Institutionen auferlegt wurde („Washington Consensus"), zumindest geschwächt worden. Es ist vorstellbar, dass etwa bis zur Irak-Invasion 2003 es möglich gewesen wäre, einen langsamen geordneten Übergang zu einem multipolaren Wertesystem auf globaler Ebene zu organisieren. Allerdings hätte dieser Übergang letztlich durch den „Westen" organisiert werden müssen, hätte doch dieser (vor allem die USA und die europäischen Länder) in diesen Institutionen sowohl Stimmrechte, Sitze im Verwaltungsrat, das Monopol, eine/n der Ihren zum Präsidenten/Managing Director zu machen, aufgeben müssen, aber auch inhaltlich in IMF und Weltbank (und den regionalen Entwicklungsbanken) andere Entwicklungspfade als durch den Washington Consensus vorgegeben, zulassen, ja fördern müssen. Dies ist jedoch nicht geschehen, daher bestimmen nationalistische, „my country first"-Bestrebungen, gekennzeichnet durch den Rückzug der USA aus den globalen Gremien, die neue Lage: ungeordnet, chaotisch, mit Unsicherheiten über künftige mögliche Kooperationen bezüglich der Weltwirtschaft behaftet.

Ob sich durch den nur zögerlich zugestandenen Aufstieg in diesen (und anderen, eigenen) Gremien durch die rasch wachsenden Schwellenländer etwas an der Verteidigung ihrer „imperialen Lebensweise" (Brand, Wissen, 2017) zugunsten der Schwellen- und Entwicklungsländer ändern wird, steht in den Sternen. Zwar argumentieren etwa die chinesischen Behörden, dass sie in Chinas Entwicklungsländer-Aktivitäten diesen „auf Augenhöhe", weil ohne koloniale Vergangenheit, und damit glaubwürdiger gegenübertreten würden, doch zeigen steigende Unzufriedenheiten mit chinesischen Praktiken etwa in Afrika, dass die Zielländer dieser Aktivitäten im Verhalten der Chinesen kaum einen Unterschied zu jenem ihrer vorherigen Kolonialherren sehen. Und tatsächlich zeigt auch China (immer nur als Beispiel genannt, welches auch für andere Länder gilt) „imperiales" Verhalten, welches sich weltweit Natur und Arbeitskraft zunutze macht, und dabei die anfallenden ökologischen, teilweise auch sozialen Kosten externalisiert, in Gestalt von Zerstörungen des Ökosystems und der Umwelt, der Ausbeutung von mineralischen Rohstoffen für die eigene Produktion, in Gestalt von Landraub für die Ernährung der eigenen Bevölkerung und in Gestalt von ausbeuterischen Arbeitsverhältnissen in den Zielländern (Brand, Wissen 2017, 12).

Die derzeitige Lage bezüglich einer erneuerten, diese Gegebenheiten berücksichtigenden, Global Governance muss sich zwischen dem Wünschenswerten und dem Möglichen bewegen. Wünschenswert wäre aus Sicht des Autors ein globaler Bauchaufschwung, der geeignete globale Institutionen mit Inhalten füllt, welche einer nachhaltigen Entwicklung von Weltwirtschaft und damit der Weltgesellschaft dienlich sind. Dessen primäres Ziel müsste sein, das Wohlbefinden der Weltgesellschaft, und zwar aller ihrer Mitglieder, zu erhalten und steigern. Dabei müssten die Ziele Schaffung des sozialen Zusammenhalts, der ökologischen Nachhaltigkeit und der materiellen Sicherheit gemeinsam und gleichwertig verfolgt werden. Inhaltlich wäre damit noch immer die Organisation der Versorgung mit jenen globalen öffentlichen Gütern (Kaul 2016) anzustreben, die schon Zielsetzungen der oben angesprochenen „Thematischen Netzwerke" waren: makroökonomische Stabilität; Armutsbekämpfung; Handel, Direktinvestitionen und Wettbewerb; Arbeitsplätze, Migration und Soziales; Umwelt und Gesundheit; sowie Illegale Aktivitäten (Bayer 2008, 319). Dazu wären Legitimität, Repräsentativität und weitestgehende Partizipation möglichst aller Bevölkerungsgruppen nötig, um Umsetzbarkeit und damit Effektivität herzustellen (Bayer, 2008, 308 f.). Sind diese drei Voraussetzungen nicht gegeben, werden jene, die die Ziele nicht unterstützen, diese ignorieren oder sabotieren.

Dass diese Prinzipien derzeit nicht auf zentralisierter Basis herstellbar sind, wurde oben ausgeführt. Wie Zizek überzeugend argumentiert (2017) ist eine solche Neue Weltordnung nicht mehr als von Francis Fukuyama nach dem realen Ende der Sowjetunion propagiertes „Ende der Geschichte" und damit einer liberalen offenen Weltordnung vorstellbar, sondern bestenfalls als „eine friedliche Koexistenz unterschiedlicher politisch-theologischer Lebensweisen" (Zizek 2017, 36) im Rahmen des Kapitalismus. In einer solchen Koexistenz würden alle Lebensweisen gleichwertig behandelt, sei es Robert Mugabes „Zimbabwe zuerst" oder Donald Trump's „America first" oder Vladimir Putins Hegemoniebestrebungen, oder auch Angela Merkels „marktkonforme Demokratie" (Merkel 2011). Es würde auch bedeuten, dass etwa lateinamerikanische Entwicklungspfade oder die unterschiedlichen Regime asiatischer Prägung legitimes Gehör auf Weltebene erlangen. Die jüngsten Äußerungen des chinesischen Präsidenten, die bisherigen Führungsrolle der USA übernehmen und sich an gemeinsam erarbeitete Regeln halten zu wollen (etwa beim diesjährigen Global Economic Forum in Davos (Xi Jinping 2017)) zeigen zumindest Machtstreben und den politischen Willen, endlich eine (anerkannte) Führungsrolle in der Globalen Governance spielen zu wollen. Bisherige Investitions-Aktivitäten Chinas in Afrika und Lateinamerika, die sich um die von globalen Institutionen vorgegebenen Regeln keineswegs kümmerten, lassen Zweifel an der Regeltreue entstehen. Das Angebot Chinas, gemeinsam mit der EU die Führungsrolle bei der Umsetzung des Paris Agreement zu übernehmen, ist dennoch als positives Zeichen zu werten. Die beim selben Treffen auftretenden Meinungsverschiedenheiten zwischen der EU und China zeigen auch deutlich, dass gemeinsame Führungsanstrengungen einzelner Akteure sich je nach Eigeninteressen und Materie auf unterschiedliche Koalitionen werden stützen müssen.

Die Fragmentierung der Machtstrukturen bei globalen Institutionen (und der verkündete Rückzug der USA als Regelsetzer und „Verantwortlicher für die Weltgemeinschaft") bedeutet aber auch, dass gemeinsame Kampagnen (z.B. Bekämpfung des Klimawandels, Terrorismusbekämpfung, Kampf gegen Steuerflucht) nur insoweit möglich sind, als sie von allen Staaten und all ihren Bevölkerungsgruppen als im jeweils eigenen Interesse gelegen gesehen werden. Als im globalen Interesse gelegen dürfte nicht einmal mehr als nach außen argumentiertes Feigenblatt benutzt werden.

Wie etwa globale Regeln, die z.B. von China, Russland oder anderen BRICS-Staaten initiiert werden, aussehen könnten, steht in den Sternen. Gewiss scheint im Frühsommer 2017 nur, dass die alte Welt"ordnung", die fälschlich so genannte „Pax Americana" (Wikipedia 2017) zu Ende geht. Für viele Länder und Bevölkerungs-gruppen außerhalb des „Westens" dürfte dies eher positiv gesehen werden, anders als von den liberalen Eliten innerhalb der OECD-Länder. Sollte dies friedlich ge-schehen, würde damit eine viel breitere, viel fragmentiertere, viel diversere Gover-nance-Struktur geschaffen, wobei sich Koalitionen der Willigen je nach Thema, je nach Interesse, je nach Sachlage jeweils neu bilden. Eine neue Unübersichtlichkeit der Global Economic Governance wäre das Resultat. Im schlimmsten Fall – und das könnte geschehen, wenn vitale Interessen einzelner Länder aneinander geraten – könnte diese Situation auch zu gewaltsamen Auseinandersetzungen führen, bzw. zu virtuellen Cyber-Auseinandersetzungen, bei denen die Großmächte ihre je eige-nen Interessen gegen die anderen verteidigen. Chaos und großes Leid für die Be-völkerungen wäre die Folge. Verlierer einer solchen neuen chaotischen Struktur werden jedenfalls die ärmsten, schwächsten und kleinsten Entwicklungsländer sein, deren Interessen im Rahmen einer von globalen Strategieinteressen geprägten Ko-operationsstruktur weitgehend unberücksichtigt bleiben werden. Die daraus resul-tierenden Migrationsströme in die reicheren und größeren Länder könnten den Be-ginn der Beachtung der Interessen auch dieser Länder bilden.

Kürzlich werden als Alternative zur auf nationalstaatlicher Ebene organisierter Global Governance vermehrt Netzwerke von Städten diskutiert (Acuto 2016, 1145f.), in denen bald 50% der Weltbevölkerung leben werden. Substaatliche Ein-heiten wie Städte sind näher bei den Bürgern und deren Problemen und haben auch eine Vielzahl von Lösungsmöglichkeiten bei der Versorgung mit öffentlichen Gü-tern. Bei einer Reihe von Problembereichen können solche Netzwerke (Acuto zählt bereits mehr als 200) über Staatsgrenzen hinaus eine wichtige Rolle spielen (z.B. im Umwelt- und Verkehrsbereich, im Gesundheitsbereich, aber auch anderen lokal sichtbar werdenden Problemen), doch bleiben damit die Probleme der nicht-städti-schen Bevölkerungen unbeachtet und ungelöst. Derzeit haben auch Städte üblicher-weise wenig eigene Finanzmittel, um in die Versorgung mit öffentlichen Gütern, über städtische Kommunalleistungen hinaus investieren zu können. Eine ähnliche Vernetzung von nicht-städtischen Regionen scheint – über Nachbarschaftsbezie-hungen hinaus – derzeit kaum absehbar. Dennoch können in Zeiten stärkerer Frag-mentierung und Verengung der Interessenlagen nationalstaatlicher Strukturen sol-che Vernetzungen einen wichtigen Teilaspekt einer neuen Globalen Governance-Struktur bilden.

Literatur

Acuto, Michele (2016): City networks: breaking gridlocks or forging (new) lock-ins?, International Affairs, 92/5, 1142-1166.

Bayer, Kurt (2010): Does Market Economy Require Democracy? Kurt Bayer's Commentary, April 6, 2010, https://kurtbayer.wordpress.com/2010/04/06/does-market-economy-require-democracy/

Bayer, Kurt/Giner-Reichl, Irene (Hrsg.) (2017): Entwicklungspolitik 2030. Auf dem Weg zur Nachhaltigkeit (Manz, Wien)

Bayer, Kurt (2017): Die Governance der Globalen Wirtschaft in einer Multipolaren Welt. In: Bayer/Giner-Reichl (Hrsg.) Entwicklungspolitik 2030 (Manz, Wien), 47-62.

Brand, Ulrich, Wissen, Markus (2017): Imperiale Lebensweise. Ausbeutung von Mensch und Natur im Globalen Kapitalismus (Ökom, München).

Easterly, William (2006): The White Man's Burden. Why the West's Efforts to Aid the Rest Have Done So Much Ill and So Little Good. (Penguin, New York).

Freudenschuß-Reichl, Irene/Bayer, Kurt (Hrsg.) (2008): Entwicklungspolitik und Entwicklungszusammenarbeit (Manz, Wien).

Huber, Konstantin (2017): Was kann Entwicklung sein? In: Bayer/Giner-Reichl (Hrsg.) Entwicklungspolitik 2030 (Manz, Wien), 5-16.

Judt, Tony (2007): Postwar. A History of Europe Since 1945. (Pimlico, New York).

Katseli, Louka (2008): Historischer Überblick zur Geschichte der EZA, in: Freudenschuß-Reichl/Bayer, Entwicklungszusammenarbeit und Entwicklungspolitik (Manz, Wien), 9-22.

Kaul, Inge (Hrsg.)(2016): Global Public Goods, (Edward Elgar, Cheltenham, in: The International Library of Critical Writings in Economics series, No. 321)

Kaul, Inge (2008): Bereitstellung Öffentlicher Güter. In: Freudenschuß-Reichl/Bayer (Hrsg.) Entwicklungspolitik und Entwicklungszusammenarbeit. (Manz, Wien), 285-303.

Merkel, Angela (2011): Marktkonforme Demokratie, http://www.nachdenkseiten.de/?p=10611

Moyo, Dambisa, (2009): Dead Aid: Why Aid is Not Working and How There is a Better Way for Africa. (Allen Lane, London), ISBN 978-1-84614-006-8

OECD (2017): Development Aid Rises Again in 2016, http://www.oecd.org/dac/

Office of Management and Budget (2017), Comprehensive Plan for Reforming the Federal Government and Reducing the Federal Civilian Workforce. (Apr 12, 2017) Memorandum for Heads of Agencies and Executive Departments

Piketty, Thomas (2014): Capital in the Twenty-First Century. (Belknap, Cambridge, London)

Sen, Amartya (1989), Development as Capability Expansion, Journal of Development Planning 19, 41-58

Wade, Roger (2013): The Art of Power Maintenance: how Western states keep the lead in global organizations. In: Challenge 56/1, 1-35.

Wikipedia (2017): Pax Americana. https://en.wikipedia.org/wiki/Pax_Americana

Woods, Ngaire (2000): The Political Economy of Globalization, McMillan, New York

Xi Jinping (2017): Rede in Davos, https://www.weforum.org/agenda/2017/01/full-text-of-xi-jinping-keynote-at-the-world-economic-forum

Zizek, Slavoj (2017): Vom zionistischen Antisemitismus zum islamfeindlichen Respekt vor dem Islam, In: FALTER 20/17, 36-38.

Die Europäische Nachbarschaftspolitik am Beispiel von Ägypten und Tunesien: eine besondere Form der Entwicklungszusammenarbeit

Cengiz Günay

Zusammenfassung

Aus europäischer Perspektive gilt die südliche Nachbarschaft als eine potenzielle Quelle für Sicherheitsrisiken wie Instabilität, Terrorismus und unregulierte Migrationsbewegungen. Die euro-mediterranen Beziehungen sind deshalb seit ihrer Institutionalisierung durch die Barcelona Erklärung im Jahr 1995 durch eine Logik der Versicherheitlichung (Pace 2010) geprägt. In Folge der Umstürze in der arabischen Welt war die Europäische Nachbarschaftspolitik (ENP) gegenüber der Region zwar durch mehrere Initiativen hinsichtlich der Unterstützung der Transitionen zur Demokratie geprägt, dies war jedoch nur von kurzer Dauer. Seit ihrer Revision im Jahr 2015 vertritt die ENP einen praktischeren und pragmatischeren Ansatz. Als primäres Ziel wird die Stabilisierung der Region benannt. Im Geiste des „Entwicklungs-Sicherheitsnexus", wird wirtschaftliches Wachstum als ein Mittel zur Bekämpfung von Instabilität, Terrorismus und Migration betrachtet. Der Fokus der EU auf Migration und die Sicherung der Außengrenzen macht diese Bereiche zu einem Verhandlungsgegenstand in den Beziehungen mit den Ländern der Nachbarschaft

Die Geschichte der schwierigen euro-mediterranen Beziehungen

Aus europäischer Perspektive gilt das südliche Mittelmeer (Nordafrika und der Mashriq), vor allem seit dem Ende des Kalten Krieges, als eine Region, von der potenziell Gefahren wie Terrorismus, Migration und Instabilität ausgehen. Damit wanderte der Fokus der europäischen Sicherheitspolitik ab Beginn der 1990er Jahre vom Osten in den Süden des Kontinents. In diese Zeit fällt auch das Bestreben, eine gemeinsame europäische Außen- und Sicherheitspolitik zu formulieren. Die EU wollte und musste sich als ein neuer internationaler Akteur positionieren.

Die im Jahr 1995 verfasste Barcelona Erklärung, die den sogenannten Barcelona Prozess einleiten sollte, gilt als Versuch der EU, auf die Herausforderungen, die mit dieser Region in Verbindung gebracht werden, zu reagieren. Die so genannte euro-mediterrane Partnerschaft (EMP) stellte einen ersten Versuch dar, eine „mediterrane Region" zu bilden und dadurch zusammen mit den Mittelmeeranrainerstaaten ein multilaterales Instrument für die Governance dieser Region zu schaffen.

Die EMP schuf eine Plattform, durch die die EU ihre eigenen Ansätze, Erwartungen, Werte, Normen und Standards auf die Region ausweiten konnte. *„In the post-Cold War environment, a debate on 'civilian power' in Europe ensued and asserted that an ethical foreign policy should form the basis of the EU's global reach. The Mediterranean formed an important dimension of this global strategy of the EU"* (Pace 2007: 660).

Michelle Pace (2010) kritisiert aber auch, dass die EMP vor allem von sicherheitspolitischen Überlegungen geprägt ist und insbesondere dem Management von Migration aus dieser Region dienen sollte. Im Zeitgeist der 1990er Jahre stehend, stellte die EMP auch einen Nexus zwischen der Entwicklungspolitik und der Verhinderung von sicherheitspolitischen Gefahren her.

Demnach sind Herausforderungen wie Terrorismus und Migration vor allem durch wirtschaftliche Unterentwicklung, soziale Ungerechtigkeit und Autoritarismus in der Region bedingt. Intensivierung von Handel, die Liberalisierung der Wirtschaft, Reformen in der Administration, Kooperation bei der Sicherheit, sowie die Förderung der Zivilgesellschaft sollen demnach diesen Gefahren entgegenwirken.

Im Geiste von Kants Ewigem Frieden sollte durch die graduale Transformierung der Nachbarschaft entlang europäischer Normen und Standards eine Zone des Friedens und der Stabilität geschaffen werden. Als wichtige Elemente der Transformierung galten wirtschaftliche Interdependenz durch Handelsliberalisierungen sowie die Heranführung der Nachbarschaft an die rechtlichen Normen und Regeln, technischen und bürokratischen Abläufe sowie Handelsvorschriften, Maßstäbe und Normierungen der EU. In diesem Zusammenhang wurde mit Ländern wie Tunesien und Marokko die Liberalisierung des Handels, zumindest in einigen Marktsegmenten, eingeleitet. Die dahinterstehende Idee war, dass die Liberalisierung von Handel im Rahmen von europäischen Normen und Regeln wirtschaftliches Wachstum auslösen und dadurch wiederum politische Reformen einleiten würde.

Tocci und Cassarino (2011: 4) stellen fest, dass zehn Jahre nach seiner Einführung der Barcelona Prozess nicht die erhofften Erfolge liefern konnte. Eine wesentliche Rolle spielte dabei, dass die EMP zwar das langfristige normative Ziel der Demokratisierung der Region anstrebte, aber dieses Bestreben von Beginn an durch die „Logik der Versicherheitlichung" unterminiert wurde (vgl. Pace 2010).

Die Entwicklungen in der arabischen Welt verdeutlichten auch, dass es keine positive Korrelation zwischen Wirtschaftsliberalisierung, politischen Reformen und wirtschaftlichem Wachstum bzw. wachsendem Wohlstand gibt (Hurt, Knio and Ryner 2009: 307). Positive Wirtschafsdaten wirkten sich kaum positiv auf die breite Bevölkerung aus. Reformen, die oft im Einklang mit den Wünschen und Forderungen des Internationalen Währungsfonds waren, führten zwar zu einem Schrumpfen des staatlichen Sektors, allerdings kam es kaum zu einer breiteren Diversifizierung. Vielmehr entstanden in den meisten Ländern wie Tunesien und Ägypten sogenannte „crony capitalist" Ökonomien, die durch Regime-nahe, wenige ‚Cronies' geprägt sind.

Die erhofften politischen Transformationen blieben weitgehend aus. Reformen im politischen Bereich blieben meist kosmetischer Natur und veränderten nicht den

Charakter der Regime. Trotz finanzieller Unterstützungen, blieben auch im Bereich der Zivilgesellschaft die Entwicklungen aufgrund der Beschränkungen durch die Regime weit unter den Erwartungen (Behr und Siitonen 2013: 20).

Die Ereignisse des 11. September 2001 und der daraufhin eingeleitete US geführte Krieg gegen den islamistischen Terrorismus führte zu einer weiteren Schwächung des multilateralen Charakters der Partnerschaft sowie ihres normativen Ziels der Demokratisierung der Region, zugunsten der Stärkung bilateraler Kooperationen im Bereich der Sicherheit, Überwachung und Kontrolle mit den einzelnen autoritären Regimen. Die autoritären Herrscher in der arabischen Welt entwickelten sich zu unverzichtbaren Partnern im Kampf gegen den islamistischen Extremismus. Die EMP entwickelte sich weg vom Geist einer Reformpartnerschaft hin zu einem Sicherheitssystem, das auf die autoritären Herrschaften aufbaute. Bilaterale Abkommen wie z.B. der Freundschaftsvertrag zwischen Italien und Libyen sollten wirtschaftliche Kooperation und verstärkte Kontrolle der Migrationsflüsse gewährleisten. Die Verschiebung des Fokus von normativen hin zu realpolitischen Zielsetzungen ging mit einem Legitimitätsgewinn der autoritären Herrscher in der arabischen Welt einher. Als Alliierte des Westens im Kampf gegen den islamistischen Terror waren sie in geheimdienstliche Kooperationen eingebunden, kooperierten eng auf politischer Ebene und konnten wichtige Mittel generieren und gleichzeitig ermöglichte es ihnen, jenseits von westlicher Kritik an Menschenrechtsverletzungen, gegen lästige Oppositionsgruppen im eigenen Land vorzugehen (Pace 2010, 434).

13 Jahre nach der Barcelona Erklärung suchte die EU nach einem neuen Ansatz. Die EMP wurde in die Union für das Mittelmeer (UfM) umgewandelt. Die UfM steht von Anfang an unter dem Ruf, ein politisches Projekt des ehemaligen französischen Präsidenten Nicolas Sarkozy zu sein. Die UfM sollte zum einen das durch die Osterweiterung der EU entstandene geographische Ungleichgewicht ausgleichen und zum anderen die wirtschaftliche Kooperation im Süden vorantreiben. Damit hatte die UfM eine starke, geostrategische und wirtschaftliche Komponente; beides ging zu Lasten der wirtschafts- und demokratiepolitischen Ansätze.

Von Beginn an traf die UfM, die ein Wahlkampfversprechen Nicolas Sarkozys war, auf Widerstand. Zum einen fühlten sich die nördlichen und östlichen EU Mitgliedsstaaten nicht eingebunden und zum anderen wurde die UfM auch von einzelnen Mittelmeeranrainerstaaten kritisiert. So hielt sie die türkische Regierung für den Versuch, eine Alternative zu einer Vollmitgliedschaft in der EU zu schaffen, zum anderen betrachtete Libyens Muammar al Gaddafi die UfM als ein Mittel, um die Arabische Liga zu entwerten.

Die im Jahre 2004 als Folge der ersten Runde der EU-Osterweiterung für die östliche Nachbarschaft entwickelte Europäische Nachbarschaftspolitik (ENP) wurde kurz darauf auch auf die südliche Nachbarschaft der EU, sprich den Mittelmeerraum, ausgeweitet. Damit gibt es neben der eher schwächeren multilateral ausgerichteten UfM auch die ENP, die bilateral ausgerichtet ist.

Getragen von den Erfolgen der Transformationsprozesse im Zuge der EU Osterweiterung, sollte die ENP dazu dienen, die transformative Kraft der EU auch auf

Staaten in ihrer Nachbarschaft auszudehnen, denen man zwar keine Beitrittsperspektive bieten konnte oder wollte, die aber eine wesentliche Bedeutung für die Sicherheit und Stabilität Europas darstellten.

Angelehnt an die Konditionalität im Zusammenhang mit den EU-Beitrittsprozessen, verknüpfte die ENP die schwierige Übernahme von EU Normen und Regeln durch die Staaten in der direkten Nachbarschaft mit der Karotte eines Zugangs zum europäischen Binnenmarkt, einem Ausbau der Handelsbeziehungen und der Aussicht auf einen -wenn auch eingeschränkten- freien Personen-, Waren-, Dienstleistungs- und Kapitalverkehr (vgl. Lavenex 2004, 688). Schimmelfennig (2010: 5) hält in diesem Zusammenhang fest, dass sich die EU als eine Kraft wahrnimmt; *"that is civilizing the international system by transforming it into a system of rule-based governance according to its own model"*. Federica Bicchi (2006) kritisiert dies als einen *„our size fits all"* Ansatz.

Nach dem Arabischen Frühling

Die EU wurde, ebenso wie die autoritären Herrscher, vom Arabischen Frühling überrascht. Nach kurzem Zögern übten sich die europäischen Entscheidungsträger in Selbstkritik. Der damalige EU-Kommissar für Erweiterung und Europäische Nachbarschaftspolitik Štefan Füle meinte in Reaktion auf die Umstürze, dass die EU lange Zeit der Annahme zum Opfer gefallen sei, dass die autoritären Regime eine Garantie für Sicherheit und Stabilität in der Region gewährleisten würden (Füle in Tocci 2011). In einer ersten Reaktion wurden die finanziellen Mittel aufgestockt, neue Programme beschlossen.

Die erste Revision der Nachbarschaftspolitik war geprägt durch die Idee der Demokratisierung. Dies sollte durch eine Unterstützung der Zivilgesellschaft, der Transitionsprozesse, Justiz- und Sicherheitssektorreform erfolgen. Die EU wollte, wie es ein hoher EU-Diplomat ausdrückte[1], auf der richtigen Seite der Geschichte stehen. Dies ging damit einher, dass die EU und die einzelnen Mitgliedsstaaten, wie im Übrigen auch die USA, auf rasche Wahlen drängten. Aus den ersten freien Wahlen in Tunesien und Ägypten gingen moderate islamistische Kräfte hervor. Die EU sowie auch die Obama Administration waren darum bemüht, die Beziehungen mit den neuen Machthabern aufzubauen und sie im demokratischen Transitionsprozess zu unterstützen, sehr zum Unmut der Vertreter des alten Regimes und der linken und säkularen Kreise in beiden Ländern.

In einer ersten Reaktion wurde die ENP mit mehr finanziellen Mitteln ausgestattet und diese an eine positive Konditionalität gekoppelt. Mit dem sogenannten „More for More" Ansatz wurden wirtschaftliche Integration und finanzielle Hilfe von der Reformleistung der einzelnen arabischen Staaten abhängig gemacht (Colombo und Tocci 2012, 87). Damit sollte die Demokratisierung gefördert bzw. Re-

---

[1] Interview mit Vertretern der EU Kommission in Kairo, Mai 2017

formen belohnt werden. Getragen durch die positive Rolle, die die EU in den demokratischen Transitionen der osteuropäischen Staaten nach dem Ende des Kalten Kriegs gespielt hatte, setzte die EU auf Konditionalität als zentrales Element ihrer transformativen und demokratisierenden Wirkungskraft.

Es zeigte sich allerdings recht bald, dass zum einen Konditionalität ohne tatsächliches großes finanzielles Engagement, oder andere Zugeständnisse, kaum erfolgreich war, die EU in ihren Ansätzen und Politiken kaum innenpolitische Dynamiken und historische, mit dem Kolonialismus verbundene Ressentiments bedachte, und vor allem, dass der gesamtregionale Ansatz gegenüber einer äußerst diversen MENA-Region nicht funktionierte.

Tunesien und Ägypten: Musterschüler versus Sitzenbleiber

In Ägypten übernahm nach dem Abgang Hosni Mubaraks die Armee eine zentrale Rolle. Der oberste Militärrat, als das höchste politische Entscheidungsgremium, leitete und koordinierte den Transitionsprozess. Der Rat löste das Parlament auf, setzte die Verfassung aus und berief einen Expertenrat ein, den er mit der Ausarbeitung einer Verfassungsänderung beauftragte. Die Armee legte einen recht knappen Zeitplan vor.

Die Armee betrachtete den Transitionsprozess eher als einen technischen denn einen politischen Prozess. Politische Bewegungen, Vertreter der Protestbewegung bzw. Vertreter der Zivilgesellschaft, die eine umfassende Reform der Verfassung und des politischen Systems forderten, wurden gezielt isoliert. Die Ausarbeitung der Änderungen wurde stattdessen Technokraten und Experten übertragen. Die Strategie des Militärs zielte vor allem auf Stabilität ab. Dies führte auch dazu, dass sie die Muslimbruderschaft, die ebenfalls auf rasche Wahlen drängte, für die Isolierung der reformistischen Kräfte an Bord holte. Mit der Absetzung Mohammed Mursis, der Ägyptens erster ziviler Präsident und ein Vertreter der Muslimbruderschaft (MB) war, wurde diese Zweckallianz endgültig gebrochen. Seit 2013 wird die MB brutal verfolgt, die meisten ihrer VertreterInnen, darunter auch Mohammed Mursi, sitzen im Gefängnis. Unter Präsident al-Sisi wurden die wenigen Errungenschaften der „Revolution" von 2010 zurückgenommen. Die Armee ist nicht nur eine zentrale Stütze des Regimes, sie ist auch zentraler Faktor des Wirtschaftslebens. Nicht nur demokratische Rechte, sondern auch die Menschenrechte sind in al-Sisis Ägypten weitgehend eingeschränkt. Die neuen Machthaber in Ägypten werfen der EU vor, sich in den Transitionsprozess zu sehr eingemischt und vor allem die Muslimbruderschaft, die vom Sisi-Regime zu einer terroristischen Organisation erklärt wurde, aktiv unterstützt zu haben. Die Beziehungen zwischen der EU und Ägypten erreichten deshalb nach der Machtübernahme al-Sisis einen Tiefpunkt. Heute sind sie vor allem durch Wirtschaftspolitik bzw. Sicherheitspolitik (Bekämpfung des Terrorismus und Migrationsmanagement) geprägt, normative Aspekte wie die Förderung der Zivilgesellschaft bestehen weitgehend nur mehr auf dem Papier.

Im Gegensatz zu Ägypten hat in Tunesien nicht das Militär nach dem Sturz des autoritären Herrschers die Macht übernommen, sondern die Transition wurde von zivilen Kräften gesteuert. Aufgrund der Integration von VertreterInnen verschiedener Parteien und der Einbindung der starken tunesischen Zivilgesellschaft, hatte Tunesiens Transition von Beginn an einen politischen und keinen rein technischen Charakter. Damit passten die Voraussetzungen in Tunesien von Vornherein auch mehr mit den normativen Ansätzen der EU, wie z.B. ein starker Fokus auf die Zivilgesellschaft als demokratiepolitisches Instrument, überein. Zwar ging auch in Tunesien mit der Ennahda eine islamistische Partei als Sieger aus den ersten freien Wahlen hervor, aber anders als die MB in Ägypten signalisierte diese von Beginn an den Willen zur Kooperation mit säkularen und sogar linken Kräften. Anders als in Ägypten spielen in Tunesien die relativ kleinen Streitkräfte keine zentrale politische Rolle. In weiterer Folge entwickelte sich Tunesien, auch mit Hilfe massiver finanzieller und technischer Unterstützung durch die EU, Mitgliedsstaaten und andere internationale Akteure zu einem, und im Wesentlichen dem einzigen, erfolgreichen Beispiel einer demokratischen Transition in der Region. Angesichts der vielen Rückschläge in anderen Bereichen wird Tunesien deshalb von EU Entscheidungsträgern gerne als ein Modell für die weiterhin bestehende transformierende und demokratisierende Kraft der EU gehandelt. Die EU gilt in Tunesien als wichtiger Garant für wirtschaftliche und politische Stabilität. Dies fördert aber auch eine gewisse Stagnation im politischen Bereich und schränkt den Einsatz für einschneidende Reformen ein. Heute ist Tunesien zwar politisch frei bzw. demokratisch, aber wirtschaftlich weitgehend abhängig von Zuwendungen durch die EU. Politische und wirtschaftliche Stagnation haben das Anwachsen radikaler Tendenzen unter Jugendlichen gefördert. Tunesien gilt als jenes Land, aus dem proportional zur Zahl der Einwohner die meisten dschihadistischen Foreign Fighter kommen.

Die neue ENP

Ende 2015 wurde die zweite Revision der Europäischen Nachbarschaftspolitik abgeschlossen. Die nun überarbeitete ENP ist durch einen stärkeren Realismus geprägt. Dieser baut zum einen auf der Erkenntnis auf, dass nicht alle Partner im Süden so sein wollen wie die EU, bzw. sich nach den Vorgaben der EU richten möchten – so ist z.B. Algerien kaum an Bewertungen der EU interessiert - und zum anderen darauf, dass die transformative Kraft der EU in vielen Ländern kaum Wirkung zeigte. Insgesamt ist festzuhalten, dass die neue ENP zwar weiterhin liberale Werte wie Demokratisierung und Menschenrechte beinhaltet, allerdings eine viel stärkere Betonung europäischer realpolitischer Interessen (Sicherheit und Wirtschaft) aufzeigt. Als primäres Ziel wird die Stabilisierung der Region benannt. Instabilität wird vor allem als ein Ergebnis der wirtschaftlichen Unterentwicklung und der Armut gesehen. Es gilt demnach diese Ursachen zu bekämpfen.

In diesem Sinne vertritt die neue ENP einen praktischeren und pragmatischeren Ansatz, der durch sicherheitspolitische Interessen (wie die Bekämpfung von Terrorismus und unregulierter Migration) geleitet ist. Damit steht die neue ENP auch im Zeichen der Entwicklungen des Sommers 2015. Vor allem Vertreter der südlichen Nachbarn halten der EU vor, dass ihre Politik in der Geiselhaft der Sicherheitspolitik steht.

Weiterhin werden wirtschaftliche Entwicklung und die Liberalisierung des Handels als Mittel zur Ursachenbekämpfung betrachtet. Damit steht die neue ENP in Kontinuität mit früheren regionalpolitischen Ansätzen der EU. Wirtschaftliche Interdependenz auf Basis eines liberalisierten Handels wird dabei als ein zentrales Instrument gesehen. In diesem Zusammenhang forciert die EU die Liberalisierung des Handels und erhofft sich dadurch eine Ankurbelung der Wirtschaft, was sich wiederum auf den sozialen Frieden und die Wohlfahrt auswirken soll. Der Ansatz wird fortgesetzt obwohl eine positive Korrelation zwischen freiem Handel und Wohlfahrt nicht nachgewiesen werden kann, vor allem nicht für diese Region. Zugute zu halten ist, dass die neue ENP in diesem Zusammenhang auch auf die Förderung von KMUs (Klein und Mittelgroße Unternehmen) setzt. Dennoch ist davon keine effektive Armutsbekämpfung zu erwarten.

Die neue ENP hat den bilateralen Aspekt noch weiter verstärkt. Indem die neue ENP auf einen stärkeren bilateralen Ansatz setzt, wird Zusammenarbeit zum einen wesentlich auf eine zwischenstaatliche Ebene beschränkt und zum anderen wird dadurch die Idee einer gemeinsamen Strategie gegenüber einer regional verstandenen Nachbarschaft aufgeweicht. Dies hat Vor- und Nachteile. Während dadurch die einzelnen Staaten als gleichwertige Partner angesehen werden und von eurozentristischen Konzepten abgerückt wurde[2], birgt es die Gefahr, dass der Kontakt und die Kooperation sich auf Regierungen in den jeweiligen Ländern beschränkt, aber auch, dass die einzelnen Mitgliedsstaaten die gemeinsame Linie der EU weiter durchbrechen und ihre eigenen Interessen verfolgen. Immer öfter preschen einzelne Mitgliedsstaaten mit eigenen Interessen vor.

Es besteht zudem die Gefahr, dass angesichts der realpolitischen Herausforderungen von liberalen normativen Konzepten wie Demokratieförderung und der Propagierung von einem universellen Verständnis der Menschenrechte abgegangen wird, gleichzeitig aber das normative Element der ENP nicht verschwindet, sondern in andere Bereiche wandert. So haben die EU bzw. auch ihre Mitgliedsstaaten konkrete Vorstellungen davon, wie Grenzsicherung oder Migrationsmanagement auszusehen haben. Interessant ist in diesem Zusammenhang, dass die Forderung der EU, Camps für Flüchtlinge einzurichten, in einigen Ländern auf Ablehnung stößt. Die Weigerung Ägyptens, Camps für Flüchtlinge einzurichten, wird zu einem der Gründe gezählt, warum das Land kein Flüchtlingsabkommen mit der EU nach dem Vorbild des Abkommens mit der Türkei anstrebt.

---

[2]   Statt den Fortschrittsberichten werden nun bilateral zwischen der EU und den einzelnen Staaten Prioritäten festgelegt. Die EU meint, dass es einen ganzen Katalog gibt, aber nicht jeder Partner muss den ganzen Katalog übernehmen, er kann sich das aussuchen, was er möchte.

Durch den starken Fokus der EU auf Migration und die Sicherung der Grenzen wird dieses Thema jedoch immer stärker zu einem Verhandlungsgegenstand mit Ländern der Nachbarschaft.

Conclusio

Die euro-mediterranen Beziehungen waren von Anfang an durch sicherheitspolitische Ansätze belastet. Die im Jahr 1995 begründete EMP sollte, inspiriert durch die Erfahrungen der EU, einen regionalen, multilateralen Ansatz für die Lösung der Probleme der Region bieten. Diese wurden damals wie heute vor allem als Terrorismus und Migration definiert. Die Bekämpfung der Ursachen dieser Übel wurde damals wie heute vor allem in wirtschaftlicher Entwicklung und der Liberalisierung des Handels gesehen. Auch die im Jahr 2005 eingeleitete europäische Nachbarschaftspolitik ging davon aus, allerdings sah sie, beflügelt durch die Erfolge bei den demokratischen Transitionen in Osteuropa, eine größere und aktivere Rolle für die EU vor. Der ehemalige Kommissionspräsident Romano Prodi definierte den Export europäischer Normen und Standards und die damit verbundene regionale wirtschaftliche Integration mit der Nachbarschaft als „alles was die EU zu bieten hat, außer den Institutionen". Bis zum Ausbruch des Arabischen Frühlings baute die EU darauf, dass wirtschaftliche Integration und Zusammenarbeit langsam zu Demokratisierung und Wohlstand führen würden. Die Entwicklungen nach den Umstürzen zeigten aber, dass die sicherheitspolitischen Interessen der EU gegenüber der Region überwiegen. Nach einer recht kurzen Phase der Hoffnung setzten sich mit Ausnahme Tunesiens überall radikale oder autoritäre Kräfte durch. Anders als das, was die ENP ursprünglich anstrebte, verwandelte sich die Nachbarschaft Europas nicht in einen Ring der Stabilität und des Friedens, in dem gemeinsame Normen und Standards gelten, sondern Europas direkte Nachbarschaft rutschte in Instabilität ab. Man kann heute sagen, die EU ist von einem Feuerring umgeben. Angesichts der wachsenden Instabilität setzt die EU in der überarbeiteten ENP primär auf Stabilisierung. Dieser realpolitische und pragmatische Ansatz geht zu Lasten der transformativen Kraft der EU als ein Faktor, der demokratische Kräfte und Strukturen unterstützt. Während Tunesien als einziges Erfolgsbeispiel einer gelungenen Transition gilt – und diese auch nur mit massiven Zuwendungen der EU bzw. der Mitgliedstaaten funktioniert – hat Ägypten einen vollkommen anderen Weg eingeschlagen. Auch wenn das Verhältnis mit Ägypten zerrüttet ist, profitieren beide, Tunesien und Ägypten, von der Zusammenarbeit und von Förderungen durch die EU. Die Erklärungen dafür, warum in den einzelnen Fällen die Zusammenarbeit gefördert wird, dass nämlich Tunesien zu wichtig und Ägypten zu groß sind, um zu scheitern, verdeutlicht, dass die EU zwar ihre Politiken und Instrumente an die jeweiligen realpolitischen Herausforderungen anpasst – im Falle Tunesiens z.B. Förderung der Zivilgesellschaft und im Falle Ägyptens ein Zurückfahren der demokratiepolitischen Maßnahmen – es deutet aber nicht unbedingt auf eine ausgearbeitete Strategie hin. Die EU scheint inzwischen nicht wie angestrebt, die Nachbarschaft zu prägen und zu formen, sondern die Entwicklungen in der Nachbarschaft zwingen vielmehr die EU dazu, sich daran anzupassen.

Literatur

Behr, T. and Siitonen, A. (2013): Building Bridges or Digging Trenches? Civil Society Engagement after the Arab Spring, Finnish Institute for International Affairs Working Paper 77, January.

Bicchi, F. (2006): 'Our size fits all': normative power Europe and the Mediterranean, Journal of European Public Policy 13:2, S. 286-303.

Colombo, S., and Tocci N. (2012): The EU Response to the Arab Surprising: Old Wine in New Bottles?", Re-thinking Western Policies in Light of the Arab Uprising, edited by Riccardo Alcaro and Miguel Haubrich-Seco, Istituto Affari Internazionali, Research Papers, Rome [online] Abrufbar unter: http://www.iai.it/pdf/quaderni/iairp_04.pdf [Zugriff: 09. Juni 2014].

Hurt, S., and Knio, K, and Ryner, M. (2009): "Social Forces and the Effects of (Post-) Washington Consensus Policy in Africa: Comparing Tunisia and South Africa" The Round Table: the commonwealth journal of international affairs 98: 402, S. 301-317.

Lavenex, S. und Schimmelfennig, F. (2011): "EU democracy promotion in the neighbourhood: from leverage to governance?" Democratization, 18:4.

Pace, M. (2007): Norm shifting from EMP to ENP: the EU as a norm entrepreneur in the south?, Cambridge Review of International Affairs, 20:4, S. 659-675

Pace, M. (2010): The European Union, security and the southern dimension, European Security 19: 3, S. 431-444.

Schimmelfennig, Frank. 2010. "Europeanization beyond member states" (unpublished manuscript) [online]. Available from: http://www.eup.ethz.ch/people/schimmelfennig/publications/ 10_ZSE_Europeanization__manuscript_.pdf [Zugriff: 20. August 2013].

Tocci, N. und Cassarino, J.P. (2011): Rethinking the EU's Mediterranean Policies Post-1/11, IAI Working Papers 11/ 06 March 2011 [online]. Abrufbar unter: http://www.iai.it/ pdf/dociai/iaiwp1106.pdf [Zugriff: 10. Juni 2014].

Tocci, N. (2011): Rethinking EuroMed policies in the light of the Arab Spring, Open Democracy, 25 March 2011 [online]. Abrufbar unter: http://www.opendemocracy.net/nathalie-tocci-jean-pierre-cassarino/rethinking-euro-med-policies-in-light-of-arab-spring [Zugriff: 05. März 2013].

Welche europäische Zukunft für den Balkan? Europa am Balkan in der (mitverschuldeten) geopolitischen Falle

Vedran Dzihic

Zusammenfassung

Anfang des Jahres 2018 wurde die neue Erweiterungsstrategie der EU präsentiert. Im Mai 2018 findet in Sofia das Westbalkan-Gipfeltreffen der EU statt. Es gibt im Jahr 2018 – zumindest diesen Schritten nach zu urteilen – eine intensivere Hinwendung der EU zum Westbalkan. Die Frage ist nun, ob die in der letzten Zeit zunehmend autoritär regierenden politischen Eliten in vielen Staaten des Westbalkans bereit und willens sind, den Weg der demokratischen und rechtsstaatlichen Reformen konsequent zu verfolgen. In der Region gibt es zugleich vermehrte Anzeichen für eine neue geopolitische Front, in der sich Russland, die Türkei, die USA, die EU aber auch Staaten wie China um Einfluss bemühen. Der folgende Artikel geht den Fragen nach der europäischen Zukunft des Balkans nach, diskutiert die strukturelle Lage in der Region und nähert sich der Frage nach „geopolitischen Fallen" in Südosteuropa.

Die EU als langersehntes Ziel

Es war im Jahr 1980, vor mehr als 37 Jahren, als die Europäische Gemeinschaft (EG) und die ehemalige Sozialistische Föderative Republik Jugoslawien das erste umfassende Kooperationsabkommen unterzeichneten. Jugoslawien, das von allen anderen Staaten des östlichen Europas am weitesten entwickelt war und die besten Voraussetzungen für einen Vollbeitritt zur EG hatte, geriet in den 1980er Jahren in eine tiefe Krise, die in Kriegen der 1990er Jahre und dem Staatszerfall mündete. Wenn auch Slowenien 2004 und Kroatien 2013 Mitglieder der Europäischen Union wurden, sind die restlichen Staaten der heute als Westbalkan bezeichneten Region (Bosnien und Herzegowina, Serbien, Montenegro, Mazedonien und Kosovo) aus der Perspektive des Jahres 2017 vermutlich genauso weit von der EU entfernt wie das damalige Jugoslawien von der EU. Lässt sich diese Entfernung genau vermessen? Stecken wir inmitten einer tiefgreifenden Veränderung der Beziehungen zwischen der EU und den Staaten des Westbalkans, die mit sich neue Unsicherheiten und die jungen Demokratien ins Wanken bringt? Und wenn die These von der verlorenen Strahlkraft der EU stimmt, wie stark strahlen Russland oder die Türkei als

alte-neue Player am Balkan, die Europa am Balkan in eine geopolitische Falle bringen?

In einem unlängst veröffentlichten Blog erinnert uns Tobias Flessenkemper
(2017) mit einigen nackten Wirtschaftszahlen daran, wie das Verhältnis zwischen
der EU und den Staaten des ehemaligen Jugoslawien aussieht. Waren es im Jahr
1979 noch 3,5 Milliarden US $ Handelsdefizit mit der EG zuungunsten Jugoslawi-
ens, haben die sechs Westbalkanstaaten heute (inklusive Albanien) in den Jahren
zwischen 2006 und 2016 ein Handelsdefizit von 98 Milliarden akkumuliert. Eine
andere Ziffer ist genauso bedenklich: Um wirtschaftlich zum EU-Durchschnitt auf-
zuschließen, müssten die Volkswirtschaften der Westbalkanstaaten bis zum Ende
der 2030er Jahre jährlich um sechs Prozentpunkte wachsen. (Flessenkemper, Reljic
2017) Angesichts der derzeit zwar etwas stabileren aber dennoch mageren Wachstumsraten von etwa zwei bis maximal drei Prozent scheint der Traum von der sogenannten Konvergenz, dem Aufholprozess der Länder, ein nahezu utopischer zu sein.

EU als Versprechen für eine bessere Zukunft

Am Gipfeltreffen von Thessaloniki im Jahr 2003 gab die EU den Staaten des ehemaligen Jugoslawien ein festes und feierliches Versprechen, dass sie in absehbarer
Zeit volle Mitglieder einer florierenden Union sein werden. Die EU schien all das
zu verkörpern, was die Bevölkerungen der Staaten der Regionen sehnlich wünsch-
ten – Stabilität, Wohlstand, Prosperität. Die EU strahlte und motivierte die Staaten,
den mühsamen Weg der Reformen in Angriff zu nehmen, um einmal dem Klub
anzugehören. Das Versprechen kam allerdings einige Jahre vor den gescheiterten
Verfassungsreferenden in Frankreich und Holland und vor dem Beginn der langen
Serie an Krisen – von der Weltwirtschaftskrise über die EURO- und Griechenland-
Krise bis hin zur Flüchtlingskrise und zum Brexit. Die heutige EU ähnelt der Union
des Jahres 2003 kaum noch. Die EU kriselt und mit ihr kriselt auch das ehemals
strahlende Vorbild.

Die EU war und ist weiterhin für viele Menschen am Balkan vor allem die Ver-
heißung eines besseren Lebens, des wirtschaftlichen Wohlstandes. Nach 15 Jahren
der EU-Annäherung liegen aber für Menschen im mittleren Alter in Bosnien, Kosovo oder in Mazedonien die möglichen Beitrittsdaten fast schon außerhalb ihrer
eigenen Lebensspanne. Es gibt daher auch immer mehr Menschen, die den Weg in
die EU als unumstößliches Ziel in Frage stellen. Immer mehr Menschen in allen
Staaten des ehemaligen Jugoslawien sind skeptisch in Bezug auf einen möglichen
Beitritt zur EU. So sagen z.B. 32% der Serbinnen und Serben, 28% der Mazedoni-
erinnen und Mazedonier oder 33% der Bürgerinnen und Bürger von Bosnien und
Herzegowina, dass diese Länder nie der EU beitreten werden.[1]

---

[1]   Alle statistischen Angaben stammen aus dem Balkan Opinion Barometer 2016 (Regional
       Cooperation Council 2016)

EU-Begeisterung weicht einer EU-Skepsis

Meinungsumfragen, wie der Balkan Opinion Barometer, der seit Jahren die Frage nach der Unterstützung der Bevölkerungen der Region für den EU-Beitrittsprozess und nach Sympathien für die EU stellt, zeigen eine zunehmende Skepsis in Bezug auf die EU (Regional Cooperation Council 2016, Anm. 3). Hatte man noch in den 2000er Jahren in allen Staaten des Westbalkans Zustimmungsraten zur EU über 70 oder 80%, sind diese in den letzten Jahren kontinuierlich gesunken. Im Jahr 2016 waren in der gesamten Region 39% der Menschen der Meinung, dass die EU „eine gute Sache" ist. 36% meinten, dass sie weder gut noch schlecht ist, während 20% der Meinung waren, dass die EU-Mitgliedschaft „schlecht" wäre.

Allgemein zeigt sich, dass in den albanisch sprechenden Staaten, also im Kosovo und in Albanien, die Zustimmung nur wenig abnimmt. Auch in Mazedonien überwog im Jahr 2016 noch knapp die Anzahl jener, die die EU gut finden. In Serbien, Montenegro und Bosnien und Herzegowina ist die EU-Skepsis am stärksten vorhanden. In Serbien waren es beispielsweise im Jahr 2016 nur 21% der Menschen, die die EU-Mitgliedschaft positiv einschätzten, während 31% explizit der Meinung sind, dass die Mitgliedschaft in der Union für Serbien schlecht wäre. Ähnlich schlechte Zustimmungsraten findet man auch im serbisch besiedelten Teil von Bosnien und Herzegowina, in der Republika Srpska.

Wenn man sich parallel zu diesen Meinungsumfragen über die EU jene ansieht, die die Sympathiewerte für Russland oder die Türkei in einzelnen Staaten abfragt, dann zeigt sich eine gefährliche Tendenz zur Abwendung von der EU und einer Hinwendung zu anderen für die Region relevanten geopolitischen Playern. So waren in Serbien Anfang 2017 61% der Menschen der Meinung, dass der russische Einfluss sehr positiv ist für das Land, während z.B. nur 35% der Bevölkerung einen positiven Einfluss Deutschlands sehen. 32% der Serbinnen und Serben würden sogar einer Euroasiatischen Union unter der Führung Russlands beitreten, hingegen wären nur 5% für eine Mitgliedschaft in der NATO (Belgrade Centre for Security Policy, 2017). Im Kosovo hingegen, und das zeigt die Diskrepanz in den Einstellungen der Bevölkerung, sind mehr als 90% der Bewohner für einen Beitritt zur NATO.

Putin und Erdogan als neue Vorbilder

Wenn man in den einzelnen Staaten des Balkans die Frage nach der Popularität bestimmter Politiker stellt, dann ist der russische Präsident Vladimir Putin in Serbien und in der Republika Srpska mit Popularitätsraten von über 70% an der Spitze zu finden. Im öffentlichen Diskurs und im politischen Leben wird die Nähe Russlands und von Putin offen gesucht und hilft den Politikern in Wahlkämpfen. So besuchten beispielsweise sowohl der Präsident der Republika Srpska, Milorad Dodik, als auch der neugewählte Präsident Serbiens, Aleksandar Vucic, wenige Tage vor den für sie entscheidenden Wahlgängen den russischen Präsidenten in Moskau und warben mit der Putinschen Unterstützung für ihren politischen Kurs in der heißen Wahlkampfphase. In der letzten Zeit waren wir mehrmals Zeugen einer mehr oder weniger direkten Einmischung Russlands in die innenpolitischen Angelegenheiten einzelner Staaten in der Region. Es gab anlässlich der Wahlen in Montenegro im Oktober 2016 eine hitzige Debatte über einen Putschversuch, der laut montenegrinischen Regierungsquellen von Russland geplant war. Der Hintergrund dafür war die bevorstehende und mittlerweile erfolgte Aufnahme Montenegros in die NATO, ein Akt, der von Russland als feindlich angesehen wurde. Russland unterstützte auch offen den abgewählten ehemaligen mazedonischen Premierminister Nikola Gruevski, der mit seiner Weigerung, eine neue sozialdemokratisch angeführte Regierung in Skopje zu akzeptieren, Mazedonien an den Rand eines Krieges gebracht hatte. Große Debatten werden auch über die Rolle eines von Russland unterhaltenen „Humanitären Zentrums" in der südserbischen Stadt Nis geführt. (The Economist 2017) Kurzum, Russland nutzt jede Gelegenheit, sich in die Entwicklungen am Balkan einzumischen und sich als Alternative zur EU und zur NATO zu positionieren.

In den muslimisch besiedelten Staaten und Gebieten am Balkan, in Bosnien und Herzegowina, in Albanien und Teilen von Mazedonien und Serbien, ist hingegen der türkische Präsident Erdogan an der Spitze der populärsten Persönlichkeiten zu finden. Wie stark die Loyalität zur Türkei und auch zu Erdogan ist, zeigt sehr illustrativ die Reaktion des prominentesten bosniakischen Politikers in Bosnien und Herzegowina, Bakir Izetbegovic, Sohn des ersten Präsidenten des unabhängigen Bosnien Alija Izetbegovic und heutiges Mitglied der bosnisch-herzegowinischen dreiköpfigen Präsidentschaft[2]. Seine Reaktion auf den positiven Ausgang des Verfassungsreferendums in der Türkei im April 2017 war von Begeisterung geprägt: *„Dies* (der Ausgang des Referendums – Anm. d. Autors) *wird meiner Meinung nach die Türkei stabilisieren und sie zu einer noch mächtigeren regionalen Macht machen. Die Türkei spielt eine sehr stabilisierende und sehr positive Rolle in diesem Teil der Welt und ich bin der Meinung, dass eine starke Leadership in der Türkei gut ist."* (zitiert nach Karabegović (2017), eigene Übersetzung) Miljenko Jergovic, einer der besten Schriftsteller der mittleren ex-jugoslawischen Generation, beschreibt in einem seiner Texte eine andere sehr aussagekräftige Szene von der Hochzeit der Tochter von Erdogan im Mai 2016 (Jergovic 2017). Unter den Hochzeitsgästen fanden sich der albanische und der pakistanische Premierminister sowie Bakir Izetbegovic.

Die Türkei hat den Balkan in den letzten zwei Jahrzehnten „wiederentdeckt". Auf der Spur der gemeinsamen Geschichte und der starken kulturellen und identitären Bindung zwischen den muslimischen Bevölkerungen am Balkan und der Türkei ist parallel mit dem wirtschaftlichen Aufstieg der Türkei seit den 2000er Jahren und dem neuen Selbstbewusstsein der Türkei die symbolische Strahlkraft der Türkei am Balkan gestiegen. Objektiv betrachtet ist aber der Einfluss der Türkei in der

---

[2]   Die Präsidentschaft von Bosnien und Herzegowina besteht aus drei direkt gewählten Mitgliedern. Diese drei Mitglieder müssen nach dem Wortlaut der Verfassung jeweils aus den drei größten Völkern des Landes stammen, aus Bosniaken, Kroaten und Serben.

Region überzeichnet – weder wirtschaftlich (türkische Investitionen sind im Vergleich zu jenen z.b. aus Deutschland und Österreich, sehr viel kleiner), noch politisch und im Sicherheitsbereich ist die Türkei der dominante Player am Balkan. (Vracic 2016) Das Gleiche lässt sich auch für Russland sagen.

Es gibt aber eine gefährliche symbiotische Beziehung zwischen der jetzigen Türkei unter Erdogan und dem Balkan. Kennzeichnend dafür ist das Verhältnis der Türkei zu Bosnien und Herzegowina und zu bosnischen Muslimen. Bei den Bosniaken (bosnischen Muslimen) sind wie bei den anderen Muslimen die geschichtlichen und kulturellen Verbindungen mit der Türkei sehr eng. Was aber in der Gegenwart dominant ist, ist der Wunsch nach einer imaginären Größe, der die in ihrer Selbstwahrnehmung regional marginalisierten Bosniaken in die Hände der Türkei treibt. Der Umstand, dass Erdogan selbst die imperiale Megalomanie der Türkei tagtäglich poliert und mit dem Versprechen einer großen, mächtigen und selbstbewussten Türkei seinen Wählern imponieren will, trifft also auf den intimen Wunsch der Bosniaken nach Anerkennung und Geltung und vermischt sich zu einer emotionalisierten und bisweilen irrationalen Bindung der Bosniaken an die Türkei unter Erdogan.

Es gibt eine zweite Ebene, wo die Entwicklungen und Empfindungen in der Türkei und in den Ländern des Balkans korrelieren, und zwar die Ebene des Autoritarismus. Hier wie da ist ein tiefer autoritärer Code vorhanden, der sich aus Versatzstücken von Patriarchalismus und Machismus, Traditionalismus, der Sehnsucht nach dem starken Mann und Nationalismus nährt. Erdogan bedient diese emotionale Ebene perfekt, genauso wie es Putin in den serbisch besiedelten Gebieten tut. Der starke Mann, der den anderen zeigt, wo es langgeht und den Mächtigen der Welt trotzt, das ist der Stoff, der vielen am Balkan imponiert. Und der von politischen Eliten bedient wird. Dies erklärt die „tiefe Liebe" von Bakir Izetbegovic zu Erdogan oder auch jene Wertschätzung, die Putin von serbischen Politikern in Serbien und in der Republika Srpska entgegengebracht wird.

Demokratische Regression und neue autoritäre Tendenzen

Was uns einerseits die oben genannten Statistiken und die Entwicklungen in der Beziehung zwischen dem Balkan und Russland und der Türkei klar zeigen, ist eine zunehmende Skepsis in die EU als das primäre oder das alleinige Role-Model für die Entwicklung der Gesellschaften am Balkan und zugleich eine zunehmende Sympathie für autoritär herrschende starke Männer in Russland und in der Türkei. Wenn man der These folgt, dass der Prozess der Europäisierung gleichgesetzt werden kann mit dem Prozess der Demokratisierung der Gesellschaften in der Region, dann ist die logische Schlussfolgerung wohl jene, dass man auch der Demokratie als der Gesellschaftsform immer mehr misstraut und zunehmend bereit ist, andere – illiberale oder autoritäre – Formen der Herrschaft zu akzeptieren. In der Tat zeigt sich in allen vergleichenden Untersuchungen zum Zustand der Demokratie am Balkan eine eindeutige regressive Tendenz.

Die Demokratiebegeisterung ist in vielen Staaten des Balkans gering und zum Teil einer Demokratieskepsis gewichen. Wenn in einer neuesten Untersuchung des Pew Research Centers zu Zentral- und Osteuropa (Pew Research Center 2017) Serbien als jenes Land ausgewiesen ist, in dem nur 25% der Bürger von Demokratie als der besten Regierungsform überzeugt sind, während zugleich 28% meinen, dass unter bestimmten Umständen nicht-demokratische Regierungen besser sind, und weitere 43% sagen, dass ihnen die Regierungsform vollkommen egal ist, dann sollten die Alarmglocken der liberalen Demokratie in Serbien und in der Region schon längst schrill läuten. Die Daten von Freedom House oder aus dem Bertelsmann Transformation Index zeigen ebenfalls eine kontinuierliche Erosion der demokratischen Entwicklung in der Region.[3]

Die derzeit aktivste Policy-Gruppe auf der EU-Ebene, die sich mit dem Westbalkan beschäftigt, die so genannte BiEPAG (Balkans in Europe Policy Advisory Group), schlussfolgerte in ihrem Bericht im März 2017:

„Democracy in the Western Balkans has been backsliding for a decade. There is no single turning point for the entire region, but the downward spiral began a decade ago, and accelerated with the economic crisis in 2008 and multiple crisis within the EU that distracted the Union from enlargement". (BiEPAG 2017)

Wir haben es in der Region also mit einer Krise der demokratischen Entwicklung und einer Zunahme von autoritären Tendenzen zu tun. Wie spiegelt sich dies auf der politischen und gesellschaftlichen Ebene wider?

Krise als Herrschaftselement

Ein Element in dieser neuen Situation ist ein mittlerweile sich festgesetztes Gefühl der permanenten Krise am Balkan. Konflikthafte Situationen und Rhetorik häufen sich in den letzten Jahren. Am Höhepunkt der Flüchtlingskrise im Jahr 2015, als die meisten Flüchtlinge ihren Weg Richtung EU über die sogenannte „Westbalkanroute" machten, verschlechterten sich die Beziehungen zwischen Kroatien und Serbien derart, dass man in westlichen Medien von einem regelrechten Handelskrieg sprach. 2016 eskalierte die Situation in Mazedonien derart, dass es auch Tote zu beklagen gab. Im Kosovo und Bosnien und Herzegowina ist die politische Situation derart verfahren gewesen, dass man den politischen Verwirrungen seitens der EU teilweise nur noch mit Kopfschütteln begegnete. In Serbien befand sich der ehemalige Premierminister und der heutige Präsident Serbiens, Aleksandar Vucic, seit Jahren in einem selbstinszenierten permanenten Wahlkampf. Hinzu kamen auf der regionalen Ebene eine ganze Reihe von regelrechten Affären voller Dramatik hinzu – sei es jene mit dem serbischen Zug, der auf dem Weg in den Kosovo aufgehalten

---

[3]   Vgl. „Nations in Transit 2017, The False Promise of Populism" (Freedom House 2017) und „Im Schatten der europäischen Krise: BTI-Regionalbericht Ostmittel- und Südosteuropa" (Martin Brusis (2016).

wurde, oder jene rund um die Verhaftung von Haradinaj in Frankreich auf Grund eines serbischen Haftbefehls.

Am illustrativsten für diese aufgeheizte krisenhafte Stimmung sind die Entwicklungen in Mazedonien. Am 27. April 2017 stürmte nach der Wahl des neuen Parlamentssprechers ein von der mazedonischen national-konservativen Partei VMRO-DPMNE orchestrierter Mob das Parlament in Skopje, verletzte den Parteichef der Sozialdemokratischen Partei Mazedoniens Zoran Zaev und weitere Parlamentarier und brachte Mazedonien an den Rand der Explosion der Gewalt. In den Tagen und Wochen nach diesem traurigen Höhepunkt der politischen Krise im Land wurden die Ereignisse im Dreieck zwischen Serbien, Albanien und dem Kosovo von unterschiedlichen Kräften instrumentalisiert. Vor allem in Serbien geisterte seit Ende April 2017 das Gerede vom „mazedonischen Szenario" in Politik und Medien herum und man sprach von rapider Verschlechterung der Beziehungen zwischen Serbien und Mazedonien.

Die politische Rhetorik in Serbien nach den Ereignissen im mazedonischen Parlament suggerierte, dass die sogenannte „mazedonische Frage" eine große Bedrohung für den Frieden in der Region darstellt. Dahinter stand das Bild, in dem hinter dem „mazedonischen Szenario" das Gespenst einer großalbanischen Idee heraufbeschworen wird, das direkt gegen die Serben gerichtet sei. Die Aussagen albanischer Politiker wie von Edi Rama oder Ramush Haradinaj, die sich gegen jegliche Einmischung aus Serbien verwehrten, verstärkten in der serbischen Öffentlichkeit den Eindruck, dass eine neue offensive (groß)albanische Front gegen Serbien entsteht und Serbien bedroht wird. Aleksander Vucic beteiligte sich selbst intensiv an dieser Kampagne. Zuletzt wurde an der Eskalationsschraube im August 2017 gedreht, als Serbien und Aleksandar Vucic sich ohne nähere Erklärung der dahinterliegenden Umstände entschieden haben, das gesamte serbische Botschaftspersonal aus Mazedonien abzuziehen. Im Nachhinein suchte die serbische Seite – auch auf Druck der EU – dann wieder den Dialog zu Mazedonien. Als Resultat blieb aber das Gefühl, dass wir auch diesmal eine künstliche Erzeugung einer Krise gesehen haben, wo metaphorisch gesprochen jener, der den Brand gelegt hat, diesen auch zu löschen vorgibt und sich gleichzeitig als Retter in Not darstellt.

Jenseits dieser Erzeugung von Krisen spiegelt sich der Aufstieg von autoritären Tendenzen vor allem in einem starken Ausbau der Macht einzelner politischer Parteien und in weiterer Folge der von dieser dominanten Partei kontrollierten exekutiven Teile der Regierung wider. Was wir aber auch betrachten können ist eine zunehmende Kontrolle der Medien, sowie ein Aufbau klientelistischer Netzwerke rund um die Regierungspartei. Dazu einige Skizzen aus der Region.

Starke Männer, nationalistische Mobilisierung

Was in der gesamten Region als Tendenz unverkennbar ist, ist eine gestiegene Dominanz des starken Mannes an der Spitze des Staates. Wir sehen hier neue Formen des Machtpragmatismus, hinter dem sich einerseits das Bedürfnis nach dem Schutz

der angehäuften Privilegien verbirgt, bei dem sich aber andererseits auch eine deutlich narzisstische bis messianische Selbstwahrnehmung der politischen Führungs-
persönlichkeiten versteckt. Dazu eine aussagestarke Skizze aus diesem Jahr.

Kurz nach seiner Ankündigung der Kandidatur für das Amt des Präsidenten Anfang des Jahres 2017 veröffentlichte Vucics Wahlkampfteam bereits einen ersten
professionell gemachten Videospot, der den Takt für die Kampagne vorgab. Im Vi-
deo sieht man den Kandidaten Vucic in einem Flieger auf seinem Sitz schlummern,
während zwei Piloten über den Kurs des Flugs heftig streiten. Als in einem Moment
die beiden Piloten wild am Steuerknüppel herumreißen und das Flugzeug und die
Passagiere in heftige Turbulenzen bringen, wacht der Passagier Vucic auf. Augen-
blicklich beruhigt sich die Lage und mit sanfter Stimme verkündet der vorhin
schlummernde Passagier, dass es einen klaren und eindeutigen Kurs für den Ser-
bien-Flieger braucht und dass nur er allein Serbien auf den richtigen Weg bringen
kann. Klare Ansage: Der Steuerknüppel bleibt in seiner – festen und stabilen –
Hand.

Die starken Männer am Balkan sind allesamt geschickte Rhetoriker. Sie geben
sich als Pragmatiker aus, die alles dem Fortschritt unterordnen. Parallel dazu pfle-
gen sie eine Rhetorik über ständige Bedrohung durch andere bzw. von außen. Bei-
gemischt wird stets auch eine ordentliche Prise Nationalismus, mit der sich die Unterstützung der Wähler für die dominanten Parteien immer wieder mobilisieren
lässt. Diese nationalistische Rhetorik verbreitet stets auch ein Gefühl der Viktimi-
sierung. Die starken Männer haben sich nicht nur bemüht, ihre bescheidenen Hintergründe hervorzuheben und sich als Menschen des Volkes zu präsentieren (besonders deutlich bei Vucic, aber auch sichtbar bei kosovo-albanischen Politiker, die aus
der UCK-Kampfbewegung entstammen), sie haben stets auch den Anspruch gehabt
zu definieren, wer die „wirklichen" Bürger sind (authentische Albaner, echte Serben, wahre Bosniaken, stolze Montenegriner oder Kosovaren). Diese politische Polarisierung hilft den dominanten Parteien intern, die Gesellschaft entlang eines
Freund-Feind-Schemas einzuteilen, in der jegliche Kritik an der Regierungspartei
und Dissens als Verrat an „der nationalen Sache" delegitimiert und teilweise krimi-
nalisiert wird. Auf diese Art und Weise schaffen es Leader wie Vucic, Thaci oder
Izetbegovic immer wieder, die Kritik der Opposition an ihrer Regierungsweise ab-
zuschmettern.

Allmächtige politische Parteien als Interessensmaschinen

Ein weiteres zentrales Muster, das einem autoritären Regieren entspricht, findet
man in der Art und Weise, wie wirtschaftliche Interessen der regierenden Parteien
durchgesetzt werden. Das Stichwort, das dieses Muster am besten erklärt, ist Informalität. Um die Herrschaft und Loyalität abzusichern, setzt man in den Staaten des
ehemaligen Jugoslawien auf eine Art von Politik, die eben einen neuen „Gesell-
schaftsvertrag der Informalität" mit sich bringt. (Harders, 2011: S24) Die Erosion
formaler Institutionen und die Unterwanderung von Bürgerrechten schufen einen

zunehmend unklar definierten Raum, in dem Unsicherheit herrscht und informelle, unantastbare Beziehungen im Vordergrund stehen. Daher setzt man in diesen neo-autoritären Regimen stark auf Informalität als Regierungspraxis. (Giordano & Hayoz 2013: S. 11-12) In so einem System zählt dann die persönliche Treue, die auf materieller Abhängigkeit, Familienbanden, Clan-Zugehörigkeit, ethnischer Herkunft oder Religion beruht, als Grundlage der Macht. Auf der Basis persönlicher Treue zum Leader oder zu den dominanten Parteistrukturen entstehen dann kliente-listische Netzwerke.

Die SNS in Serbien, die montenegrinische DPS (Demokratische Partei der Sozi-alisten), die SDA, SNSD oder die HDZ in Bosnien, die PDK und die AAK im Ko-sovo oder ehemals die VMRO-DPMNE in Mazedonien sind nicht einfach Instru-mente, um Macht zu organisieren. Sie fungieren auch als klientelistische Strukturen, die öffentliche Güter und staatliche Ressourcen innerhalb der klientelistischen Netzwerke kontrollieren und verteilen. Auf der Neuverteilung der staatlichen Res-sourcen basieren auch die Legitimationsstrategien der einzelnen Parteien. Beson-ders Infrastruktur- und Bauprojekte haben in der informellen Neuausrichtung der Staatsressourcen von der alten bis zu den neuen (pro-regionalen) Eliten eine wich-tige Rolle gespielt.

Stellvertretend für diese Form der Umverteilung von staatlichen Ressourcen in-nerhalb der von der Partei dominierten klientelistischen Netzwerke steht sicherlich das von der VMRO-DPMNE realisierte Megabauprojekt „Skopje 2014". Das von der Regierung finanzierte und von der Regierung geförderte massive Bauprojekt zum Wiederaufbau des Zentrums von Skopje entlang der imaginierten Vorstellung von Mazedonien als der Wiege der antiken Kultur kostete bis heute laut Schätzun-gen des Balkan Investigative Reporting Network BIRN etwa 670 Millionen Euro. Von dieser Summe sind große Mittel einfach verschwunden. Wie das BIRN auf seiner Webseite und mithilfe der interaktiven Internet-Plattform „Skopje 2014 Un-covered"[4] beweist, ist dieses Projekt einfach ein zentrales Vehikel zur Neuvertei-lung der öffentlichen Ressourcen Mazedoniens durch die VMRO-DPMNE-nahen Unternehmen gewesen.

Die EU als Teil des Problems?
Wege aus der (mitverschuldeten) Krise am Balkan

Kehren wir am Ende noch einmal zur Frage zurück, ob es einen Zusammenhang zwischen der nachlassenden Wirkung der EU und dem Aufstieg autoritärer Tenden-zen in der Region gibt bzw. letztlich auch zur Frage, was man seitens der EU tun

---

[4]   "Skopje 2014 Uncovered: The official database of buildings, new facades, sculptures, monu-ments, fountains and other structures which are components of Skopje's makeover financed by public funds", Project for Investigative Journalism and Cooperation Between Media and Civil Society - USAID Program for Strengthening Independent Media in Macedonia: http://skopje2014.prizma.birn.eu.com/en (Zugriff am 13.9.2017)

kann, um eine positive Trendwende in der Region einzuleiten. Um die Frage noch etwas zuzuspitzen, ist die EU ein Teil des Problems oder (doch) die Lösung?

Die rhetorischen Angriffe und Finessen von Aleksandar Vucic rund um die Affäre „Zug" oder das oben diskutierte „mazedonische Szenario" fallen in die Kategorie der gekonnt eingesetzten, machtpolitischen Schachzüge von politerfahrenen starken Männern. In dieselbe Kategorie fallen auch Aussagen des albanischen Premierministers Edi Rama vom Frühjahr 2017, als er in Interviews über Alternativen zur EU sinnierte, die er dann in einer „kleinen Union" mit dem Kosovo, als „Alternative" für einen ausbleibenden EU-Beitritt sah. Ähnliche rhetorische Spielchen findet man bei Izetbegovic, wenn er sich der Türkei zuwendet, zugleich aber stets betont, dass das Schicksal Bosnien und Herzegowinas in der EU liegt.

Eine banale Einsicht ist wohl jene, dass es für die lokalen Politiker und Lokalherrscher vom Schlag eines Vucic, Thaci oder Izetbegovic einfacher erscheint, mit einer schwachen EU die Politik für die eigene Klientel zu bestreiten. Mal kann man sich rhetorisch Richtung EU verneigen, mal die autoritäre Erdogan- oder Putin-Schiene spielen, die dem einfachen Wähler gut schmeckt. In diesem Reich der politischen Beliebigkeit verkommt Politik zu einem Spektakel ohne erkennbare Richtung und Programmatik.

Man kann aber in all diesen Aussagen das Symptom dafür sehen, dass in Zeiten von politischen Spannungen, in Zeiten, in denen vielleicht der Druck der Opposition zunimmt und der EU-Beitritt in unsicherer Ferne wartet, auch Pragmatiker wie Edi Rama oder Aleksandar Vucic gerne zu populären und bisweilen populistischen Mitteln greifen, um die eigene Macht abzusichern. Dabei darf trotz des formalen EU-Pragmatismus auch eine Breitseite gegen die Union selbst oder einzelne Mitglieder der EU nicht fehlen. Dies ist nur so lange möglich, solange die EU-Erweiterungspolitik nicht mehr zu den Prioritäten der Union dazugehört. Auch die tiefe Krise der Erweiterung im türkischen Fall, der derzeit die meiste Prominenz beansprucht, wirkt sich negativ auf den Westbalkan aus. So lässt sich behaupten, dass die nachlassende Wirkung der EU-Integration die demokratischen Entwicklungen behindert, die Entstehung autoritärer Tendenzen befördert und auch Platz macht für eine stärkere Hinwendung einzelner Staaten am Balkan zu Russland und zur Türkei. So betrachtet ist die EU am Balkan längst zum Teil des Problems geworden.

Rein technisch betrachtet läuft aber der EU-Integrationsprozess am Balkan scheinbar nach Plan. Verhandlungen werden geführt, neue Kapitel geöffnet, Beitrittsgesuche angenommen. Der Präsident der Europäischen Kommission Jean-Claude Juncker und die Spitzen der Kommission haben im Zuge der jüngsten EU-Reformdebatte unlängst das Jahr 2025 als ein mögliches Beitrittsdatum ins Gespräch gebracht. Dieses Datum wurde zumindest für Serbien und Montenegro in der neuen, Anfang Februar 2018 präsentierten, Erweiterungsstrategie der EU genannt. Die Frage, die sich eindringlich stellt, ob die bislang dominante und scheinbare „EU-Erweiterungsnormalität", und die technische Weiterabwicklung des Prozesses, auch mit der neuen Strategie, Erfolg garantieren können. Diese Frage verweist fundamental auf ein größeres Dilemma innerhalb der EU, auf das Dilemma einer Union, die sich in einem ungewissen Prozess der Selbstvergewisserung befindet, in dem trotz der programmatischen Ankündigung von EU-Granden das Erweiterungsprojekt keinen festen und wichtigen Platz hat.

Die Frage lautet daher heute mehr denn je: Ist die Erweiterungspolitik heute ein Beitrag zum Frieden auf dem Kontinent? Und kann die EU noch jenes Role-Model der demokratischen Friedensgemeinschaft sein, das sie nach 1989 lange Zeit war?

Schonungslos auf den Punkt gebracht muss man sagen, dass die EU-Erweiterungspolitik im letzten Jahrzehnt nicht mehr zu den Prioritäten der Union gehörte und bestenfalls halb-ohnmächtig vor sich dahinschlummerte. Ist es angesichts dieses Befundes und der Situation der EU im Jahr 2017 bereits illusorisch, nach einer reaktivierten neuen EU-Erweiterungspolitik zu fragen? Ich bin der Meinung, dass man gerade in Zeiten wie diesen kontraintuitiv handeln und denken müsste. Die neue EU-Erweiterungsstrategie ist nun zumindest ein Hinweis darauf, dass man sich der Dringlichkeit der Situation vor Ort bewusst ist und dass man seitens der EU bereit ist, die Region stärker als bisher zu unterstützen. Die große Frage ist natürlich, ob die nationalen politischen Eliten in der Region, die sich längst bequem in einer Politik des EU-Mimikry eingerichtet haben, zu harten und schnellen Reformen bereit sind, und vor allem ob sie bereit sind, bedingungslos zur Rechtstaatlichkeit und zu demokratischen Grundprinzipien zu stehen. Gerade in Zeiten der Zweifel und der Hinterfragung der EU als des primären Role-Models für die Region könnte die EU mit einer schnellen und offensiven, bisweilen mutigen, Erweiterungs- und Europäisierungspolitik am Balkan die eigene Funktionalität unter Beweis stellen und sich selbst womöglich neu erfinden.

Die große Frage im Jahr 2018 lautet wohl, ob man die notwendige Wende in der passiven und technisch-technokratischen Erweiterungspolitik der EU schaffen wird. Strukturell ist die EU weiterhin genauso aufgestellt wie vorher, die Mechanismen sind weiterhin dieselben. Mit dem Brexit ist es in vielen Staaten der EU noch schwieriger geworden, für die Erweiterung der EU offensiver einzutreten. Und dann gibt es auch noch in heiklen Fragen wie jener der Anerkennung des Kosovo große Bedenken in einigen Mitgliedsstaaten, wie z.B. in Spanien. Wenn man angesichts der neuen Erweiterungsstrategie und des geplanten Balkan-Gipfeltreffens im Mai 2018 in Sofia von einer graduellen Wende sprechen kann, dann speist sich diese aus neuen Ängsten der EU und einiger Mitgliedstaaten (und hier gehören sicherlich Deutschland und Österreich dazu) in Bezug auf den Balkan. Man könnte diese Angst als eine vor neuen Unsicherheiten am Balkan beschreiben, die durch die Relevanz der Westbalkanroute in der Flüchtlingskrise und die zunehmenden Berichte über islamische Radikalisierung am Balkan initiiert und in der letzten Zeit durch vielfache Krisen zwischen den Nachbarn (wie zwischen Serbien und Kroatien, Serbien und Kosovo, Serbien und Mazedonien etc.) verstärkt wurden. Dazu kommt – wie im Artikel diskutiert – die Angst vor dem Erstarken des russischen und des türkischen Einflusses am Balkan, hier durchaus mit dem Bewusstsein, dass jegliche Schwäche der EU an der Nebenfront Balkan von Putin oder Erdogan für Querschüsse in Richtung EU genutzt werden wird. Derzeit ist es vor allem diese Angst, die zwangsläufig zu mehr Aufmerksamkeit für die Region führt. Ob das dadurch bedingte Engagement tatsächlich zu einer Wende in der EU-Politik gegenüber dem Balkan führen wird können, darf man bezweifeln. Beim Umgang mit der seit 2017 brodelnden Krise in Mazedonien werden sicherlich schon die ersten Konturen einer neuen und hoffentlich aktiveren EU (und auch USA) Politik gegenüber der Region sichtbar werden.

Eines ist klar – für das Projekt der Revitalisierung der Rolle der EU und der Stärkung der Demokratie am Balkan wird man in großen Teilen der derzeitigen (teils korrupten, teils autoritären) politischen Eliten – dem größten Zweckoptimismus zum Trotz – nur schwer brauchbare Partner finden können. Wo wären denn die Quellen der möglichen neuen und in der Region tief verwurzelten Zuversicht? Die sozialen Protestformen, deren Zeugen wir in den letzten Jahren am Balkan geworden sind, sind aus meiner Sicht die wichtigste demokratiepolitische Entwicklung in der Region in den letzten zwei Jahrzehnten. Der Machtwechsel in Mazedonien, der ohne die sogenannte „Bunte Revolution" nicht möglich gewesen wäre, Proteste nach der Wahl Aleksandar Vucics zum Präsidenten Serbiens, Proteste und zivilgesellschaftliche Aktionen auch in Bosnien, im Kosovo, in Albanien oder in Montenegro in den letzten Jahren: sie alle sind Anzeichen dafür, dass es in den Staaten des Balkans progressive Kräfte gibt, die sich gegen die autoritären und nationalistischen Diskurse und Politiken wehren und offene, liberale und demokratische Gesellschaften schaffen wollen.

Die europäische Idee und jene liberal-demokratische Regierungspraxis, die mit ihr normativ einhergeht, braucht ein gesellschaftliches Substrat, das die Idee selbst trägt und ihre praktische Verwirklichung begleitet. Dieses gesellschaftliche Substrat ist in den letzten Jahren schwächer geworden, hier und da autoritären Werten und Haltungen gewichen. Es ist aber weiterhin vorhanden, muss aber von der EU erkannt, unterstützt und gefördert werden. Der liberal-humanistische Aktivismus in der Region repräsentiert den liberalen und emanzipatorischen Geist in den Gesellschaften des Westbalkans. Die aktiven, protestierenden, engagierten Bürgerinnen und Bürger ziehen – wie uns Jürgen Habermas unlängst angesichts der krisenhaften Erscheinungen in westlichen Demokratien lehrte (Habermas 2016) – Kontraste zwischen illiberalen, nationalistisch-populistischen und autoritär agierenden Kräften und jenen, die für Werte einer pluralen offenen demokratischen Gesellschaft einstehen. Sie vertreten dabei einen neuen Optimismus und eine Zukunftszuversicht. Hier muss die EU neue Verbündete suchen und neue Allianzen schmieden. Damit all diese emanzipatorischen Bewegungen und Energien am Balkan nicht erstickt werden und im Nachhinein als utopische Versuche bezeichnet werden müssen, braucht es letztlich die Revitalisierung des EU-Projekts als eines pulsierenden Zentrums der liberalen und freiheitlichen Weltordnung, in der dann auch die Region des Balkans als eine „normale" europäische Region jenseits der Klischees und Stereotype ihren Platz finden kann.

Es gibt nach so vielen Jahren, in denen die EU-Erweiterung prägend war, viele Erweiterungsjunkies – in den Staaten selbst, in den Institutionen, auf der Seite der EU. Was es heute braucht, sind Europajunkies, die von der europäischen Idee begeistert sind und bereit sind, sie gegen autoritäre Herausforderungen zu verteidigen.

Diese Europajunkies, nicht nur am Westbalkan, müssen den Kern eines neuen Europas bilden.

Literatur

Belgrade Centre for Security Policy (2017) Stavovi gradjana o spojnjoj politici Srbije [Die Einstellung der Bevölkerung Serbiens zur serbischen Außenpolitik], öffentliche Präsentation in Belgrade Media Center vom 8.3.2017, Abrufbar unter: www.bezbednost.org/upload /document/stavovi_graana_o_spoljnoj_politici_srbije.pdf (Zugriff am 3.9.2017)

BiEPAG (2017) The Crisis of Democracy in the Western Balkans. Authoritarianism and EU Stabilitocracy, Policy paper of the Balkans in Europe Policy Advisory Group (BiEPAG), Belgrade 2017. Abrufbar unter: http://www.biepag.eu/wp-content/uploads/2017/03/BIEPAG-The-Crisis-of-Democracy-in-the-Western-Balkans.-Authoritarianism-and-EU-Stabilitocracy-web.pdf (Zugriff am 3.9.2017)

Brusis, M. (2016) Im Schatten der europäischen Krise — BTI-Regionalbericht Ostmittel- und Südosteuropa, Gütersloh: Bertelsmann Stiftung. Abrufbar unter: http://www.bti-project.org/fileadmin/files/BTI/Downloads/Reports/2016/pdf_regional/BTI_2016_Regionalbericht_ECSE.pdf (Zugriff am 3.9.2017)

Flessenkemper, T. (2017): What's another year? The European Union and the Western Balkans 2017, in: Bled Strategic Times, The Official Gazette of the Bled Strategic Forum in September 2017.

Flessenkemper, T. / Reljic, D. (2017): EU-Erweiterung: Ein Sechs-Prozent-Ziel für die Westbalkanstaaten, Stiftung Wissenschaft und Politik (SWP), Kurz gesagt, 23.6.2017, Berlin. Abrufbar unter: https://www.swp-berlin.org/kurz-gesagt/eu-erweiterung-ein-sechs-prozent-ziel-fuer-die -westbalkanstaaten/ (Zugriff am 13.9.2017)

Freedom House (2017), Nations in Transit 2017, The False Promise of Populism, Freedom House, New York. Abrufbar unter: http://freedomhouse.org/report/nations-transit/nations-transit-2017 (Zugriff am 3.9.2017)

Giordano, Christian /Hayoz, Nicolas (2013) (Hrsg.) Informality in Eastern Europe. Structures, Political Cultures, and Social Practices. Bern, Wien (Peter Lang Verlag).

Habermas, J. (2016): Für eine demokratische Polarisierung. In: Blätter für deutsche und internationale Politik 11, 2016, S. 35-42.

Harders, C. (2011): Revolution I und II – Ägypten zwischen Transformation und Restauration. In: Annette Jünemann/Anja Zorob (Hrsg.), Arabellions. Zur Vielfalt von Protest und Revolte im Nahen Osten und Nordafrika. Heidelberg 2011, S. 19-42.

Karabegović, Dženana (2017) Vraca li se Turska neootomanskim ambicijama na Balkan? [Kehrt die Türkei mit neo-otomanischen Ambitionen auf den Balkan zurück?], Radio Slobodna Evropa, 17.4.2017,Abrufbar unter: www.slobodnaevropa.org/a/turska-refrendum-balkan/284 34948.html (Zugriff am 3.9.2017)

Pew Research Center (2017) Religious Belief and National Belonging in Central and Eastern Europe. Report produced by Pew Research Center as part of the Pew -Templeton Global Religious Future project, May 10th 2017. Abrufbar unter: http://assets.pewresearch.org/wp-content/uploads/sites/11/2017/05/15120244/CEUP-FULL-REPORT.pdf (Zugriff am 3.8.2017)

Regional Cooperation Council (2016): Balkan Opinion Barometer 2016: Public Opinion Survey, Regional Cooperation Council, Sarajevo.

The Economist (2017): Moscow is regaining sway in the Balkans, 25.2.2017, Abrufbar unter: www.economist.com/news/europe/21717390-aid-warplanes-and-aganda-convince-serbs-russia-their-friend-moscow-regaining-sway (Zugriff am 3.9.2017)

Vracic, A. (2016): Turkey's Role in the Western Balkans, SWP Research paper, December 2016, Berlin. Abrufbar unter: https://www.swp-berlin.org/fileadmin/contents/products/research_papers/2016RP11_vcc.pdf (Zugriff am 3.9.2017)

AutorInnen

Dr. **Kurt Bayer** ist Wirtschaftspublizist (https://kurtbayer.wordpress.com). Er hat Rechtswissenschaft (Graz), Internationale Beziehungen (Johns Hopkins, Bologna) und Volkswirtschaft (University of Maryland) studiert. 25 Jahre Tätigkeit als Referent und Manager im Österreichischen Institut für Wirtschaftsforschung, 12 Jahre als Gruppenleiter für Wirtschaftspolitik und EU-Fragen im Österreichischen Finanzministerium und insgesamt 7 Jahre als Board Director bei der Weltbank (Washington, D.C.) und der Europäischen Bank für Wiederaufbau und Entwicklung (London) bilden die Grundlage seiner breiten wirtschaftspolitischen Erfahrung. Er hat zahlreiche Publikationen im Bereich Entwicklungspolitik, Wirtschaftspolitik und zu EU-Fragen verfasst und zuletzt den Sammelband *Entwicklungspolitik 2030. Auf dem Weg zur Nachhaltigkeit* (Manz, Wien 2017) gemeinsam mit Irene Giner-Reichl herausgebracht. Er ist derzeit Mitglied des Aufsichtsrates der Österreichischen Entwicklungsbank.

Univ.-Prof. i.R. Mag. Dr. **Gudrun Biffl** war 1975 bis 2009 Wirtschaftsforscherin am Österreichischen Institut für Wirtschaftsforschung (WIFO). 2008 wurde sie an die Donau-Universität Krems auf den Lehrstuhl für Migration, Integration und Sicherheit berufen. Sie war zwischen 2009 und 2017 Leiterin des Departments für Migration und Globalisierung, sowie des 2013 gegründeten Zentrums für Europa und Globalisierung. Zwischen 2010 und 2015 war sie auch Leiterin des Departments für Wissens- und Kommunikationsmanagement sowie Dekanin der Fakultät Wirtschaft und Globalisierung der Donau Universität Krems. Sie ist Vorsitzende des Österreichischen Statistikrates, Mitglied des Expertenrates für Integration im Bundesministerium für Europa, Integration und Äußeres, Mitglied der Migrationskommission des Bundesministeriums für Inneres und Mitglied des wissenschaftlichen Beirats des Sir Peter Ustinov Instituts zur Erforschung und Bekämpfung von Vorurteilen.

DDr. **Wolfgang Bogensberger** ist seit 2017 stellvertretender Leiter der Vertretung der Europäischen Kommission in Österreich. Seit 2016 leitet er dort die Politische Abteilung und ist zudem Berater für Justiz und Inneres. Davor war er Rechtsberater im Juristischen Dienst der Europäischen Kommission in Brüssel (2 Jahre im sozialrechtlichen Team sowie 11 Jahre im Team Freiheit, Sicherheit, Recht) und wissenschaftlicher Mitarbeiter im Europäischen Parlament in Brüssel und Straßburg (3 Jahre im Sekretariat des LIBE-Ausschusses für Grundfreiheiten und innere Angelegenheiten). Er arbeitete als Richter, Staatsanwalt, Oberstaatsanwalt und zuletzt Sektionschef in der Straflegislativsektion im Justizministerium (8 Jahre) und war Richter am Jugendgerichtshof Wien (2 Jahre); Postgraduales Diplom zu Europarecht an der Europaakademie in Wien (1995); Doktorat der Politikwissen-schaft/Publizistik (1989) und Doktorat der Rechtswissenschaften (1985), jeweils an der Universität Wien.

Dr. **Vedran Dzihic** ist Senior Fellow am Österreichischen Institut für Internationale Politik (oiip) und Politologe an der Universität Wien. Darüber hinaus ist er non-resident Fellow am Center for Transatlantic Relations (CTR), SAIS, Johns Hopkins University, Washington D.C. Dzihic unterrichtet an der Universität Wien. Zu seinen Forschungsschwerpunkten gehören: Demokratietheorie und Demokratisierungsprozesse, Europäische Integration, Konfliktforschung, Zivilgesellschaft und Protestbewegungen, Außenpolitik und Nationalismus. Sein regionaler Fokus liegt auf Ost- und Südosteuropa mit besonderem Schwerpunkt auf dem Balkan und auf den USA. Er ist Autor zahlreicher Buchpublikationen und Artikel in internationalen wissenschaftlichen Journalen und Medien.

Dr. **Cengiz Günay** ist stellvertretender wissenschaftlicher Direktor und Senior Fellow am Österreichischen Institut für Internationale Politik und Lektor an der Universität Wien (Institut für Politikwissenschaft und Institut für Internationale Entwicklung, Orientalistik). Zu seinen Forschungsschwerpunkten gehören: Islamismus, politische Reform und Demokratisierung sowie die Rolle von nicht-staatlichen Akteuren. Sein regionaler Fokus liegt auf der Türkei, Ägypten und Tunesien. Er ist Autor der Monographie *Die Geschichte der Türkei. Von den Anfängen der Moderne bis heute* bei Böhlau Verlag, UTB, Wien.

Mag. Dr. **Othmar Karas** M.B.L.-HSG ist seit 1999 Mitglied des Europäischen Parlaments, dessen Vizepräsident er 2012 bis 2014 war. Seit Juli 2014 ist er Vorsitzender der interparlamentarischen Delegation für die Beziehungen zwischen der EU und Russland. Seit 1998 Präsident von Hilfswerk Österreich. 2009 gründete er das überparteiliche Bürgerforum Europa. 2013 wurde ihm die Ehrenprofessur der Donau-Universität Krems verliehen. Er ist Lektor an der Wirtschaftsuniversität Wien, sowie festes Mitglied der Teaching Faculty am Zentrum für Europa und Globalisierung der Donau-Universität Krems.

Dr. **Peter Mayerhofer** ist Senior Researcher des Österreichischen Instituts für Wirtschaftsforschung (wifo). Er war zwischen 2007 und 2009 stellvertretender Leiter des WIFO, verantwortlich für Wissenschaftliche Koordination und Qualitätssicherung. Er ist seit 2005 Lehrbeauftragter an der Technischen Universität Wien (Stadt- und Regionalökonomie). Seine Forschungsschwerpunkte betreffen Regional- und Stadtökonomie, Strukturwandel und regionale Entwicklung, Räumliche Effekte von Integrationsprozessen, Regionales Wachstum und Konvergenz und Regionale Wettbewerbsfähigkeit.

Dr.[in] **Daniela Pisoiu** ist Senior Researcher am Österreichischen Institut für Internationale Politik - OIIP. Sie promovierte an der Universität St Andrews, Centre for the Study of Terrorism and Political Violence. Zu ihren Forschungsschwerpunkten gehören: Terrorismus, Radikalisierung, Extremismus, Vergleichende Regionale Sicherheit, Amerikanische und Europäische Außen- und Sicherheitspolitik. Sie ist Autorin von *Islamist Radicalisation in Europe: An Occupational Change Process* (2011/2012), und Herausgeberin von *Arguing Counterterrorism: New Perspectives* (2014), beide bei Routledge.

Generalleutnant **Wolfgang Wosolsobe** war bis 1. September 2017 Berufsoffizier beim Österreichischen Bundesheer. Seine in den letzten Jahrzehnten überwiegend international ausgerichtete Karriere führte über die Stationen Verteidigungsattaché in Frankreich, Leiter der Abteilung Militärpolitik in Wien, Leiter der Österreichischen Militärvertretung in Brüssel zu EU und NATO und schließlich, von 2013 bis 2016, zur Funktion des Generaldirektors des Militärstabes der Europäischen Union. Aktuell übt er eine beratende Funktion in der Direktion für Sicherheitspolitik des BMLVS aus und kommt Lehraufträgen im In- und Ausland nach.

Zeitfracht Medien GmbH
Ferdinand-Jühlke-Straße 7
99095 Erfurt, Deutschland
produktsicherheit@kolibri360.de